ERFOLG
DURCH
QUALITÄT

Heinz Waldmüller

# DER GROSSE
# SCHNÄPPCHEN
# führer

FABRIKVERKAUF

## BADEN-WÜRTTEMBERG

### 300 starke Marken in 1 Band

D1734136

SCHNÄPPCHENFÜHRER-VERLAG
via GEOCENTER

Die Daten und Fakten für diesen Schnäppchenführer wurden nach bestem Wissen erarbeitet und geprüft. Da diese Daten jedoch ständigen Veränderungen unterliegen, kann für deren Richtigkeit keine Garantie übernommen werden.

© 2003, Schnäppchenführer-Verlag GmbH
Postfach 44 29
70782 Filderstadt
Fax: 07 11/77 72 06
E-Mail: Schnaeppchenfuehrer@t-online.de
www.schnaeppchenfuehrer-verlag.de

Herausgeber und Autor: Heinz Waldmüller
Redaktion, Produktionskoordination:
Parkstrasse62, Beatrice Weber
Umschlaggestaltung, Satz: Redaktionsbüro Seufferle

ISBN: 3-936161-15-1

# Liebe Leserin, lieber Leser!

Gleich zwei echte Neuigkeit aus dem Schnäppchenland Nr.1 in Deutschland: Die erste Neuigkeit ist dieses Buch. Es ist das **Who is Who des Fabrikverkaufs in Baden-Württemberg**. Die zweite Neuigkeit: Viele neue Firmen sind da, das wird Sie freuen! Levi's ist neu da, die Nr. 1 weltweit in Jeans-Moden, Nike ist neu da, die Nr. 1 weltweit im Sport, Esprit ist neu da, die stärkste Damenmode-Marke in Deutschland, Jil Sander ist neu da, der Uhrenhersteller Junghans hat einen Fabrikverkauf eröffnet, der Herrenkonfektionär Digel, der Outdoor-Spezialist Big Pack, der Besteckhersteller Auerhahn und, und, und. Dazu kommt: Unsere bewährten Hersteller sehen ihren Fabrikverkauf immer stärker als ihre Visitenkarte gegenüber dem Endverbraucher. Das werden Sie vor Ort spüren.

Vor genau zehn Jahren fing diese Buchreihe an: mit 100 Schnäppchen-Adressen aus dem Land. Das war unser Schnäppchenführer Band 1, das erste Buch über Fabrikverkauf in Deutschland. Er wurde ein großer Erfolg. Dann haben unsere Leser geschrieben. Wir veröffentlichten Band 2, die besten Tipps unserer Leser. Aus beiden Büchern und vielen neuen Fabrikverkäufen haben wir diesen Gesamtband gemacht. Mit über 300 Fabrikverkäufen. Damit haben Sie das ganze Schnäppchenparadies Baden-Württemberg mit allen starken Marken in einem Buch.

Wer unsere Bücher kauft, kann rechnen: Die bisherigen zwei Bände haben zusammen 19,20 € gekostet. **Der große Schnäppchenführer Baden-Württemberg** bietet Ihnen mehr starke Marken und mehr neue Hersteller als beide Bände zusammen. Trotzdem sparen Sie 8,30 €. Wenn das kein Schnäppchen ist!

Wer mit dem Schnäppchenführer einkauft, ist preis-, qualitäts- und markenbewusst. 100 % Marke, 50 % Preis, das ist es, was den Schnäppchenjäger zum Hersteller fahren lässt. In diesem Buch möchte ich meine guten Erfahrungen mit dem Einkaufen ab Fabrik an Sie weitergeben. Ich möchte Ihr Lotse sein. Unsere verlässliche Auswahl, die detaillierten Karten, Ortspläne und Anreise-Infos helfen Ihnen, Ihre Einkaufsziele rasch zu finden.

Dieses Buch soll Ihnen gute Dienste leisten. Wenn es das tut, empfehlen Sie es ruhig weiter. Und wenn Sie Verbesserungsvorschläge, Anregungen, Kritik oder Wünsche haben, schreiben Sie mir.

Diese Buchreihe Schnäppchenführer lebt vom guten Ruf. Unser Motto: Erfolg durch Qualität. Dazu gehört: Wir recherchieren vor Ort. Wir arbeiten unabhängig von Firmeninteressen. Bei uns finden Sie keine Werbung. Wir trennen die Spreu vom Weizen. Wir fühlen uns allein Ihnen, unseren Leserinnen und Lesern, verpflichtet.

Ihr
Heinz Waldmüller

# Schnäppchenführer-
# Programm

Im Programm des Schnäppchenführer-Verlages sind folgende Titel erhältlich:

**Schnäppchenführer Deutschland 2003**
Die besten Marken
ISBN: 3-936161-02-X

**Der große Schnäppchenführer Bayern**
250 starke Marken in 1 Band
ISBN: 3-936161-20-8

**Der große Schnäppchenführer NRW**
250 starke Marken in 1 Band
ISBN: 3-936161-25-9

**Schnäppchenführer Stuttgart/Mittlerer Neckar/Schwäbische Alb**
ISBN: 3-936161-33-X

**Schnäppchenführer rund um den Bodensee/Baden/Elsass**
mit Österreich und Schweiz
ISBN: 3-936161-30-5

**Schnäppchenführer Norditalien**
mit Südtirol und Gardasee
ISBN: 3-936161-38-0

**Schnäppchenführer Norddeutschland**
mit Berlin, Hamburg, Hannover
ISBN: 3-936161-53-4

Es gibt die Schnäppchenführer überall, wo es Bücher gibt.

## Inhaltsverzeichnis alphabetisch nach Orten

## Metzingen

# Pressestimmen

**„Zeitgemäße Antworten...** liefert Heinz Waldmüller. Leitz-Ordnerweise hortet er Anwaltspost, Unterlassungserklärungen, Ermahnungen, Drohungen mit Vertragsstrafen. Der Einzelhandel hatte ihm den Krieg erklärt. Seine „Schnäppchenführer" sind die bekanntesten Einkaufsratgeber im deutschen Sprachraum. Gesamtauflage: über zwei Millionen."
**stern**

„Heinz Waldmüller, Deutschlands Schnäppchen-Papst, weiß stets, wo's billig zugeht. Seine Tipps im Taschenbuchformat: Gesamtauflage über 2 Millionen Exemplare."
**„Die ZDF-Reportage"**

**„„Das Buch ist eine Sauerei!'** wetterte der deutsche Textileinzelhandel über den Schnäppchenführer. Inzwischen ist er längst zum Bestseller geworden. Er verrät nämlich, wo man direkt ab Fabrik einkaufen kann."
„Heinz Waldmüller ist vom Fuß bis zum Scheitel eine Provokation. Er hatte Dinge getan, die ehrbare Ladeninhaber für unfassbar halten. Nichts an ihm, aber überhaupt gar nichts stammt aus dem Einzelhandel, und auch alles in seinem Kleiderschrank ist in der Fabrik gekauft. Das Schlimme daran, er hat – so die Einzelhandelsverbände – mit seinem unglückseligen Schnäppchenführer andere Kaufwütige erst auf die Idee gebracht, es ihm nachzumachen."
**ZDF**

„...Ein Schnäppchenführer zu Sonderangeboten ab Fabrik wurde zum Bestseller."
**DER SPIEGEL**

„Darauf haben alle gewartet: die neuen ‚Schnäppchenführer' für den preiswerten Einkauf direkt ab Fabrik sind da! Die ersten Bände dieser Reihe ... wurden bereits zu Bestsellern."
**Zeitschrift „Brigitte"**

„Fabrik-Adressen, bei denen Direktverkauf möglich ist, waren bisher eher Geheimtipps unter Schnäppchen-Jägern ... Lohnende Lektüre."
**Zeitschrift „test" der Stiftung Warentest**

Im Gespräch

# Deutschlands oberster
# Schnäppchenjäger

**Sparen, sparen, sparen: Ob Anzüge, Töpfe oder Pfannen, Sofa oder Küchenstuhl, Heinz Waldmüller, der Erfinder der Schnäppchenführer in Deutschland, hat den Fabrikverkauf als günstige Einkaufsquelle entdeckt.**

**Wie kamen Sie auf diese Idee?**

Ich bin Journalist und habe aufgeschrieben, wo Boss-Anzüge, Jil-Sander-Kostüme, WMF-Kochtöpfe und Rosenthal-Porzellan zum halben Preis über die Theke gehen. Das ist nichts Unanständiges! Das

hilft dem Verbraucher. Auf die Idee kam ich nach einer Radiosendung zum Geldsparen. Die Sendung hatte zehn gute Geld-Spar-Ideen. Eine kam von mir: Ich habe einfach meine guten Erfahrungen mit dem Einkaufen ab Fabrik reportiert. Mit Preisvergleich und Firmennamen und, und, und. Nach der Sendung standen die Telefone nicht mehr still. Alles Frauen. Alle hatten nur die eine Frage: Wo gibt es die Adressen der Fabrikverkäufe? Die stehen jetzt in unseren Schnäppchenführern.

**Der Bundesverband des deutschen Textileinzelhandels wetterte laut DER SPIEGEL: „Das Buch ist eine Sauerei!" Was war denn die Sauerei?**

Die Sauerei war: Ich habe an den Grundfesten der Handelsstufen in Deutschland gerüttelt. Es ist ja so: An jeder Hose, die ein Hersteller schneidert, will auch der Einzelhändler verdienen. 120 % bis 150 % ist sein Preisaufschlag. Meine Schnäppchenführer verraten dem Verbraucher, wie er – am Handel vorbei – den Weg direkt zum Hersteller findet. Das wirbelt das System der traditionellen Handelsstufen gehörig durcheinander. Wer das tut macht sich Feinde.

**Wie haben Sie recherchiert?**

Also ich kaufe ja schon lange mit meiner Familie ab Fabrik ein. Ich mache mit den Schnäppchenführern erst einmal nur Folgendes: Ich gebe meine guten Erfahrungen mit dem Fabrikverkauf an die Leser weiter. Und dann habe ich neue Adressen recherchiert. Wie, das ist mein Geschäftsgeheimnis. Als ich die ersten 100 Adressen zusammen hatte, ging es richtig mit der Vor-Ort-Recherche los. Meine Frau und ich haben jeden Fabrikverkauf in den Sommerferien abgeklappert. Die Kinder hatten wir für vier Wochen ins Schullandheim geschickt. Das war der härteste Urlaub meines Lebens. Die Hersteller haben uns rausgeschmissen aus ihren Fabrikläden. Es hagelte Prozessandrohungen: „Wenn Sie unseren Fabrikverkauf veröffentlichen, verklagen wir Sie auf Schadenersatz!"

**Die Hersteller sollten sich doch freuen, dass Sie Öffentlichkeit herstellen für ihre Fabrikverkäufe. Da brummt doch das Geschäft, wenn ich davon erfahre?**

Das habe ich auch gedacht. Aber der Hersteller verkauft 90 % seiner Ware an den Fachhandel. Also ist der Fachhändler sein wichtigster Kunde. Für jeden Hersteller ist oberstes Gebot: Fachhandelstreue, Fachhandelstreue, Fachhandelstreue. Es schlagen aber zwei Herzen in seiner Brust. Der Hersteller will auch die Ware zu einem guten Preis verkaufen, die ihm der Fachhandel nicht abnimmt. Und das kann er, wenn er den Endverbraucher im Fabrikverkauf direkt bedient. Nur – der Fachhändler sollte das damals auf keinen Fall erfahren. Inzwischen hat der Fachhandel aber akzeptiert, dass der Hersteller an seinem Fabrikstandort einen Fabrikverkauf durchführt.

**Die Hersteller und die Einzelhändler haben Ihnen Angst eingejagt?**

So war's. Nachts habe ich davon geträumt, dass der Gerichtsvollzieher den Kuckuck auf unser Einfamilienhäuschen klebt. Aber ich habe das Buch gemacht.

**Wie werden die Schnäppchenführer vom Publikum angenommen?**

Die Verbraucher mögen uns. Es wurden Schwarzmarktpreise für den ersten Schnäppchenführer bezahlt. Der Verlag kam mit dem Drucken nicht nach und viele Schnäppchenjäger befürchteten, die Schnäppchenführer könnten verboten werden. Inzwischen haben wir mit unseren Schnäppchenführern eine Auflage von über zwei Millionen erreicht.

**Welche Schnäppchenführer sind Ihre Zugpferde?**

Das wird Sie überraschen. Unsere Zugpferde sind ganz eindeutig die Ländertitel wie **Der große Schnäppchenführer Bayern**, **Der große Schnäppchenführer**

**Baden-Württemberg** und **Der große Schnäppchenführer Nordrhein-Westfalen**. Unsere Leser sind scharf auf große Marken vor ihrer Haustür. Genau das ist der Stoff unserer Ländertitel.

**Wie erklären Sie sich den Erfolg der Schnäppchenführer?**

Der Leser spürt den Kundennutzen, den unsere Bücher bieten. Wir helfen ihm beim Geld sparen und zeigen Seite für Seite klipp und klar, wo es Markenqualität zum besten Preis gibt. Im Team haben wir ja Journalisten, die auf dem Ratgeber-Sektor zu Hause sind. Die treffen eine verlässliche Auswahl. Wir stellen ganz bewusst nur Marken vor, weil wir überzeugt sind: Der Leser hat nichts von Adressmüll nach dem Motto: möglichst viele Adressen. Wir sagen: Klasse statt Masse. Wir bieten vor allem auch guten Service und führen unsere Leser hin zu den Marken. Wir helfen mit Landkarten, Ortsplänen und Streckenbeschreibungen. Wir liefern jeweils auf einer Buchseite die für den Leser wichtigsten Fakten über eine Marke. Dieser hohe Kundennutzen schafft eine hohe Akzeptanz und große Kundenzufriedenheit.

# Fabrikverkauf – was ist das?

Nicht alle Adressen in diesem Buch haben Fabrikverkauf im Rechtssinne. Für Fabrikverkauf im Rechtssinne gibt es strenge Rechtsnormen. Als Verbraucherjournalist habe ich meine Aufgabe nicht darin gesehen, zu überprüfen, ob die aufgeführten Firmen Fabrikverkauf im Rechtssinne durchführen. Ausschlaggebend war vielmehr die Frage: Ist dieser Verkauf für Sie eine gute Einkaufsadresse im Sinne von Marke, Warenqualität und Preisvorteil? Deshalb gibt es in diesem Buch auch Vertriebsgesellschaften, Lagerverkäufe, Direktverkäufe, Werksläden oder auch Einzelhandelsgeschäfte, die Ware aus der eigenen Fabrik zu günstigen Preisen verkaufen. Die Firmenadressen geben keine Auskunft über die Rechtsform oder über die Gesellschaft, die den Verkauf betreibt.

# Tipps erwünscht!

In dieser Reihe haben wir bisher ca. 3000 Fabrikverkäufe vor Ort recherchiert. Wir haben jedoch die Spreu vom Weizen getrennt und nur die besten Marken ausgewählt und veröffentlicht. Das heißt nicht, dass wir wirklich schon alle hervorragenden Einkaufsquellen aufgespürt hätten. Wir bitten hier um Ihre Mithilfe. Nachdem es nichts gibt, was man nicht noch besser machen könnte, bitten wir um Ihre Geheimadressen, aber auch um Ihre Anregungen, Ihre Kritik, Ihre Vorschläge. Bitte teilen Sie auch mit, wenn Ihnen Herstelleradressen nicht gefallen haben und warum. Wir prüfen jede Kritik und nehmen Hersteller, über die es Beschwerden gibt, wieder aus unseren Schnäppchenführern heraus. Wir sind allein Ihnen verpflichtet und sonst niemandem. Für die besten 100 Vorschläge von neuen Adressen gibt es Buchprämien.

Bitte schreiben Sie, Sie helfen damit allen Verbrauchern, die mit unseren Schnäppchenführern preisgünstig einkaufen wollen.

Schnäppchenführer Baden-Württemberg
Heinz Waldmüller
Schnäppchenführer-Verlag GmbH
Postfach 44 29
70782 Filderstadt

Fax: 07 11/77 72 06
E-Mail: Schnaeppchenfuehrer@t-online.de
Internet: www.schnaeppchenfuehrer-verlag.de

# Was spart man beim Fabrikverkauf ?

Zugegeben, eine schwierige Frage, weil echte Vergleiche zum Teil unmöglich sind. Der Fachhandel bietet die hochaktuelle Ware an. Zum Abverkauf in der Fabrik kommt dagegen auch Ware der vergangenen Saison. Wenn die identische Ware in den Fachgeschäften nicht zu finden ist, ist ein echter Preisvergleich nicht möglich. Der Verbraucher will jedoch wissen, wie hoch die Ersparnis ist. Deshalb wurden für die Ermittlungen der Preise Hilfskonstruktionen gesucht. Beispiel aus dem Bekleidungsbereich: Es wurde die vergleichbare neue Kollektion als Maßstab herangezogen, auch wenn es nicht die gleiche Ware, sondern allenfalls vergleichbare Ware ist.

Als Faustregel lässt sich sagen: Im Textil- und Schuhbereich ist die Bandbreite der Ersparnis groß. Es konnte eine durchschnittliche Preisreduzierung zum empfohlenen Endverkaufspreis von zirka 25 bis 50 % ermittelt werden.

Und noch etwas ist wichtig: Die Prozentangaben sind immer Zirkaangaben. Wo es möglich war, diente als Preisvergleichsmaßstab der empfohlene Endverkaufspreis aus Händlerpreislisten und Prospekten, oder es wurde vor Ort in Fachgeschäften recherchiert. Um zu einer möglichst objektiven Beurteilung zu kommen, wurde in Zweifelsfällen aus den unterschiedlichen Aussagen ein Mittelwert festgelegt.

Korrekturstand der vorliegenden Ausgabe: Januar 2003.

# Vor- und Nachteile des Fabrikverkaufs

### Vorteile
- Konkurrenzlos preisgünstige Einkaufsmöglichkeit.
- Markenqualität: Als Einkäufer ab Fabrik mit Markenbewusstsein treffe ich im Vorfeld meine Entscheidung, welcher Marke ich mein Vertrauen gebe.
- Sehr gute Preis-Leistungs-Relation (Qualität zum halben Preis).
- Produktpalette der jeweiligen Marke/Firma meist in großer Auswahl.
- Kennenlernen des Produktionsbetriebes und der Produktionsbedingungen.
- Fabrikverkauf als Chance für Kurzurlaub (Anlässe für Kurzurlaub schaffen oder Freunde besuchen).

### Nachteile
- Nicht immer jeder Artikel in jeder Größe und Farbe vorhanden.
  **Tipp:** Winterware schon im September/Oktober, Frühjahrs- und Sommerware ab Mitte Februar einkaufen. Anrufen, ob neue Ware schon da ist.
- Oft nur Ware eines Herstellers.
- Vor Ort kein Waren-, Preis- und Qualitäts-Vergleich mit anderen Produkten anderer Firmen möglich.
  **Tipp:** sich schon zu Hause informieren evtl. auch über Kataloge oder Internet.
- Anfahrtswege oft lang, Zeitverlust, Benzinkosten.
  **Tipp:** Fahrgemeinschaften mit Nachbarn, Freunde besuchen, Wochenendausflug, Shoppingurlaub, Schnäppchenreise oder Einkaufen ab Fabrik in normale Reiseroute einbeziehen.
- Kaufrausch, weil Ware so preisgünstig ist oder wenig Ware. Gefahr, dass man ohne Einkauf zurückkommt oder Ware kauft, die einem gar nicht gefällt.
  **Tipp:** vor der Schnäppchenreise Reiseroute ausarbeiten, die mehrere Fabrikverkäufe einbezieht.
- Preisgünstige Ware oft mit kleinen Fehlern. Kein Umtausch bei fehlerhafter Ware.
  **Tipp:** Ware genau anschauen.
- Kaum Beratung. Lagerhallen-Atmosphäre.
  **Tipp:** solche Firmen auswählen, die inzwischen ihren Fabrikverkauf zu ihrer Visitenkarte gegenüber dem Endverbraucher gemacht haben. Mit ansprechendem Ambiente und sehr fachkundigen Kundenberaterinnen. Das ist der Trend im Fabrikverkauf.

# Zum Gebrauch
# des Schnäppchenführers

**Die Übersichtskarten** auf den Seiten 28 bis 32 zeigen deutlich, wo die Orte mit Fabrikverkauf oder die Hersteller liegen. Diese Karten sind ein erster Orientierungsrahmen für Ihre Schnäppchen-Tour.

**Das Inhaltsverzeichnis nach Orten** (Seite 5–19) gibt nun genauere Angaben. Hier werden in alphabetischer Reihenfolge alle Orte mit Fabrikverkauf aufgeführt. Darunter die Firmen, wiederum alphabetisch angeordnet nach Firmennamen, nicht nach Markenbegriffen, sowie deren Warenangebot.

**Anwendungsbeispiel:** Sie möchten wissen, welche weiteren Fabrikverkäufe es neben Boss noch in Metzingen gibt. Im Inhaltsverzeichnis unter Metzingen stehen mehrere Firmen wie Escada, Bally, Joop, Nike oder Esprit. Die Details finden Sie im Hauptteil des Buches, Seite 165 ff. Von der Streckenbeschreibung „Wo liegt Metzingen?" über die Orientierungskarten bis hin zu Warenangebot, Ersparnis, Ambiente und Öffnungszeiten erfahren Sie hier Seite für Seite die Spezialinformationen zu jeder einzelnen Firma.

➤ Dieser Pfeil in den Orientierungskarten zeigt Ihnen den Standort der jeweiligen Firma an.

**Ein Marken– und Firmenregister** (Seite 315 ff.) und zusätzlich ein **Warenregister** (Seite 313 ff.) dienen als weitere Suchhilfe. Diese beiden Register geben darüber hinaus erste Hinweise auf die jeweiligen Warengruppen einer Verkaufsstelle.

**Anwendungsbeispiele:** Sie suchen die Firma Marc Cain. Sie finden das Unternehmen am schnellsten im Marken– und Firmenregister. Zusätzlich erhalten Sie die Basisinformation, dass diese Firma Damenbekleidung ab Fabrik verkauft (Seite 80). Sie suchen Outdoor-Bekleidung. Hier gehen Sie am besten ins Warenregister. Dort erfahren Sie unter dem Stichwort Oudoor-Bekleidung, auf welchen Seiten entsprechende Hersteller beschrieben sind.

**Wichtig noch:** Jede Firmenbeschreibung ist eine Momentaufnahme. Redaktionsschluss war im Januar 2003. Falls sich die Einkaufssituation geändert hat, berichten Sie uns Ihre Erfahrungen.

Ihnen viel Spaß bei der Planung Ihrer Schnäppchen-Route und viel Erfolg beim Einkaufen.

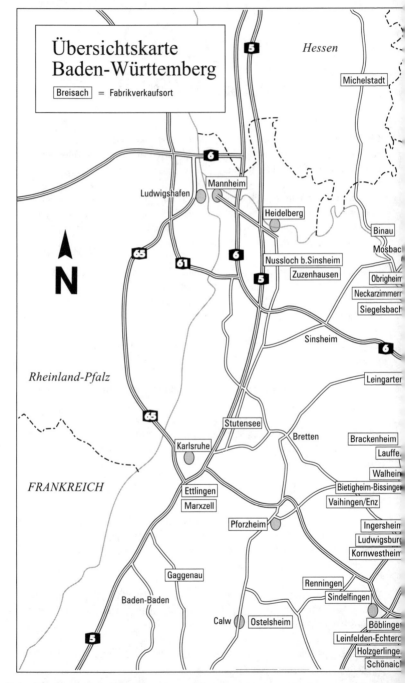

Übersichtskarte
Baden-Württemberg

Breisach = Fabrikverkaufsort

Hessen

Michelstadt

Mannheim
Ludwigshafen
Heidelberg

Binau

Mosbac

Nussloch b.Sinsheim
Zuzenhausen

Obrigheim

Neckarzimmer

Siegelsbach

Sinsheim

Rheinland-Pfalz

Leingarter

Stutensee

Bretten

Brackenheim

Lauffe

Walhein

Bietigheim-Bissinge

Vaihingen/Enz

Karlsruhe

FRANKREICH

Ettlingen
Marxzell

Pforzheim

Ingersheim

Ludwigsbur

Kornwestheim

Gaggenau

Renningen

Sindelfingen

Baden-Baden

Calw   Ostelsheim

Böblinge

Leinfelden-Echter

Holzgerlinge

Schönaic

N

28

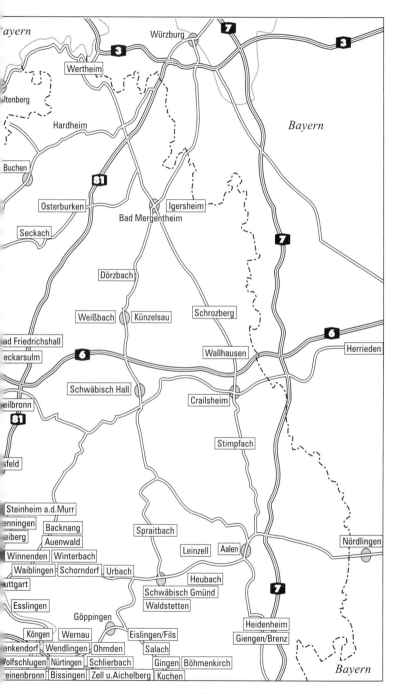

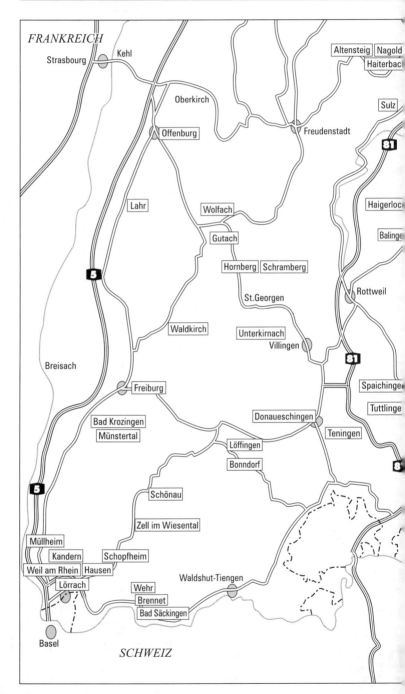

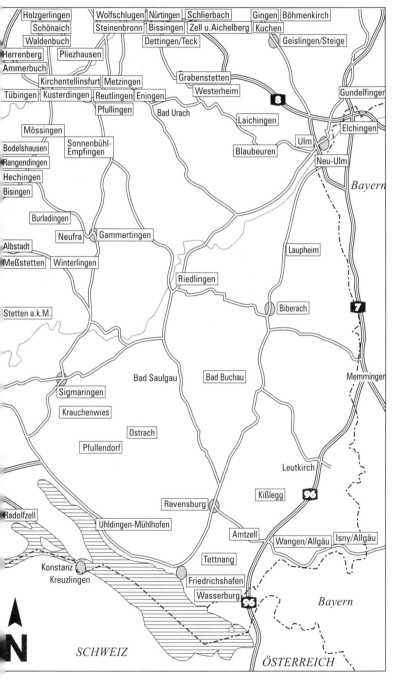

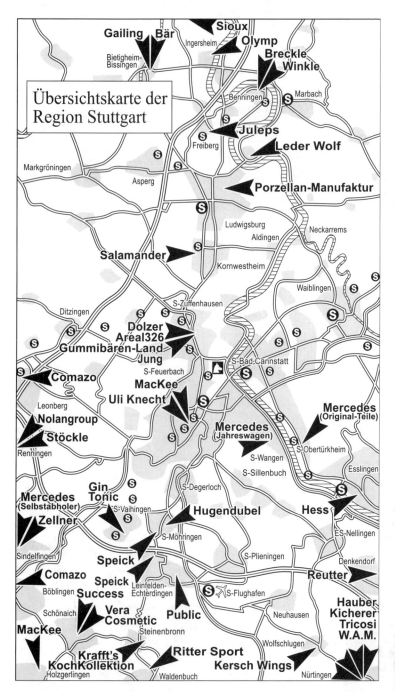

Übersichtskarte der
Region Stuttgart

Das Unternehmen kennt und schätzt jeder Autofahrer wegen seiner hervorragenden Schneeketten. Erlau fertigt aber auch Gartenmöbel.

# Ein ungewöhnliches Gespann

### Warenangebot
Gartenmöbel, Gesundheitsliegen, Terrassen- und Freizeitmöbel aus Metall. Die Rilsan-Beschichtung ist schlagfest, garantiert Witterungsbeständigkeit und hat eine lange Lebensdauer.

### Ersparnis
40%. Kein SSV/WSV.

### Ambiente
Verkauf und Ausstellung direkt im Lager.

### Adresse
Erlau, Erlau 16, 73431 Aalen, Telefon: 0 73 61/59 50, Internet: www.erlau.de.

### Öffnungszeiten
In den Monaten April bis September Freitag 13.30 bis 16.30 Uhr.

### Anreise
Aus Richtung Heidenheim, B19, oder aus Stuttgart, B29, Ausfahrt Aalen-Zentrum. In Richtung Stadtmitte halten, dann auf die Ulmer Straße in Richtung Unterkochen (das ist die östliche Parallelstraße zur B19, also in Richtung Südosten fahren). Vor Ortsende Fabrikgebäude von Erlau. Der Fabrikverkauf ist beschildert und befindet sich in kleinem Nebengebäude.

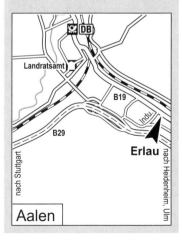

Der Name Pelo steht für eine breit gefächerte Produktpalette. Exklusive Krawatten-, Schal- und Stickkollektionen. Die Mayser Basic-Kollektion bietet Merinopullover, die maschinenwaschbar und trocknergeeignet sind.

# Exklusive Strickmode

### Warenangebot
Topaktuelle Saisonware, auslaufende Kollektionen und 2.-Wahl-Artikel: Pullis in allen Kragenformen, Strickjacken, Pullunder, Hemden, Krawatten, Blousons, T-Shirts, Poloshirts, Hosen, Socken, Gürtel, Schals und Tücher, Taschentücher, Wäsche und Nachtwäsche. Sakkos, Hosen und Westen für Herren im Baukastensystem.

### Ersparnis
20 bis 50 %, weitere Preisersparnis im WSV/SSV von 20 bis 30 %.

### Ambiente
Großes Warenangebot, freundliche und fachkundige Beratung, riesige Auswahl an Strickwaren, gut sortierte Wäscheabteilung auf 200 m² in neuen Räumen.

### Besonderheiten
Pelo Men's Fashion war offizieller Ausrüster der deutschen Olympiamannschaft 1992 in Barcelona, 1996 in Atlanta und 2000 in Sidney.

### Adresse
PELO Fabrikverkauf, Ulmer Straße 80, 73431 Aalen, Telefon: 07 3 61/5 7 04-37, Fax: 5 7 04-10, Internet: www.pelo.de.

### Öffnungszeiten
Montag bis Freitag 9.00 bis 13.00 und 14.00 bis 18.00 Uhr, Samstag 9.00 bis 13.00 Uhr.

### Weitere Verkaufsstelle
● 89073 **Ulm**, Nagelstraße 24, Mayser Shop, Telefon/Fax: 07 31/9 21 54 50.

### Anreise
Von der B19 oder der B29 kommend: Ausfahrt Aalen Zentrum, Burgstallstraße geradeaus, nach 1. Ampel rechts. Gebäude hinter dem Gartencenter, neben dem Weinmarkt.

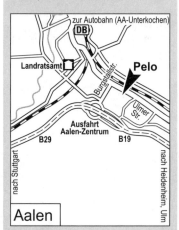

Mit 2000 Beschäftigten und einem Umsatz von etwa 250 Mio. Euro ist Triumph International Spitzenreiter aller Wäschehersteller in Deutschland.

# Für den Körper – für die Sinne

### Warenangebot

Für Damen: Tagwäsche, Nachtwäsche, Bade- und Strandmoden, Homewear. Speziell: Dessous, Ästhetische Funktion (Form & Beauty), Tagwäsche (behappy), Sport-BHs (triaction), Jugend (BeeDees), Slip-Programme, Mamabel Still-BHs. Für Herren: Tagwäsche, Nachtwäsche, Bademoden.

### Ersparnis

Ca. 20 % bis 50 % u.a. auf Auslaufmodelle, Retouren, Muster. Kein SSV/ WSV.

### Ambiente

Ware teilweise originalverpackt oder auf Ständern wie im Fachgeschäft. Preise sind ausgezeichnet. Kein Anprobieren.

### Adresse

Triumph International Holding GmbH, Industriestraße, 73430 Aalen. Telefon: 0 73 61/5 61 20.

### Öffnungszeiten

Montag bis Donnerstag 10.00 bis 11.45 und 14.00 bis 17.30 Uhr, Freitag 10.00 bis 16.30 Uhr.

### Weitere Verkaufsstelle

● 73538 **Heubach**, Fritz-Spiesshofer-Straße 7-11, Telefon: 0 71 73/6 66-0

### Anreise

B29 nach Aalen. Aus Richtung Heidenheim kommend nach Abfahrt 1. Möglichkeit rechts abbiegen (Industriestraße). Aus Richtung Schwäbisch Gmünd kommend nach Abfahrt im Kreisverkehr die 2. Straße rechts abbiegen, ca. 200 m in Richtung Heidenheim, links abbiegen und geradeaus über die Kreuzung in die Industriestraße fahren.

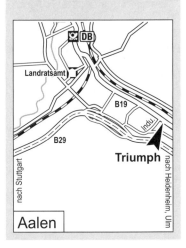

# Wo liegt Albstadt?

Albstadt liegt Luftlinie ca. 30 km südlich von Tübingen. Albstadt hat (von Nord nach Süd) die Stadtteile

Onstmettingen
Tailfingen
Pfeffingen
Burgfelden
Truchtelfingen
Margrethausen
Laufen
Lautlingen
Ebingen

Bei allen Fabrikverkaufsstellen sind die Stadtteile extra bezeichnet, damit Ihnen die Orientierung leichter fällt. Eine spezielle Karte aller Stadtteile mit den eingezeichneten Fabrikverkaufsstellen soll Ihnen die Orientierung erleichtern.

## Streckenbeschreibungen

Aus Richtung Norden (Bodenseeautobahn Stuttgart-Singen) und Süden (Richtung Bodensee/Schweiz) kommend, gibt es folgende Möglichkeiten:

1. A81 Stuttgart-Singen, Ausfahrt Nr. 31 Empfingen. Von dort auf der B463/B27 Richtung Balingen. Von Balingen auf der B463 über die Stadtteile Laufen, Lautlingen zum Stadtteil Ebingen.

2. A8 Stuttgart-München, Ausfahrt Stuttgart-Degerloch (Ausfahrt Nr. 52) in Richtung Tübingen/Reutlingen/Filderstadt nach Tübingen. Weiter auf der B27 in Richtung Balingen.
   Vor Hechingen die Ausfahrt B32 in Richtung Gammertingen benutzen. Auf der B32 über Jungingen bis Hausen i.K. Von dort nach Albstadt. Erster Stadtteil ist Albstadt-Tailfingen.

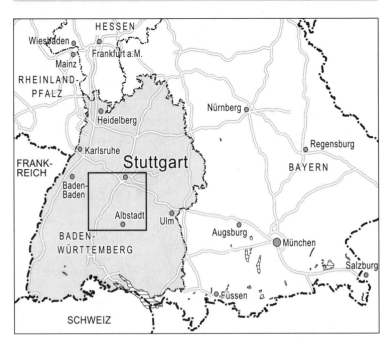

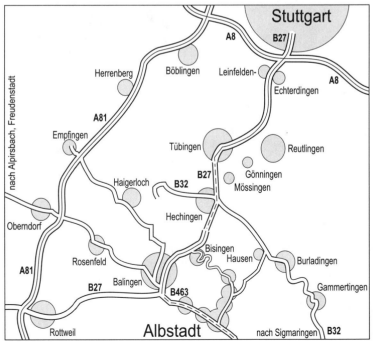

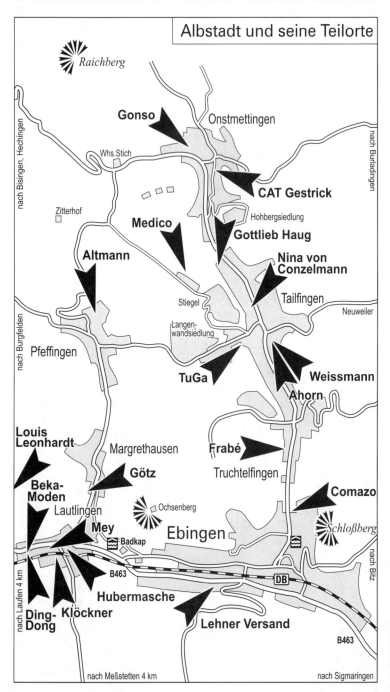

# Albstadt und seine Teilorte

Raichberg

Gonso

Onstmettingen

nach Bisingen, Hechingen

Whs.Stich

nach Burladingen

CAT Gestrick

Zitterhof

Hohbergsiedlung

Medico

Gottlieb Haug

Altmann

Nina von Conzelmann

Stiegel

Tailfingen

Neuweiler

Langen-wandsiedlung

nach Burgfelden

Pfeffingen

TuGa

Weissmann

Ahorn

Louis Leonhardt

Margrethausen

Frabé

Götz

Truchtelfingen

Comazo

Beka-Moden

Lautlingen

Schloßberg

Mey

Badkap

Ebingen

nach Laufen 4 km

DB

nach Bitz

B463

Hubermasche

Ding-Dong

Klöckner

Lehner Versand

B463

nach Meßstetten 4 km

nach Sigmaringen

Ochsenberg

Comazo ist eine der führenden Marken im Damen-Tagwäsche-Bereich. Die Firma produziert klassische Tagwäsche und ergänzt diese durch freche, lässige Kollektionen. Jahrzehntelange Erfahrung und eigene Qualitätssicherung gewährleisten den hohen Qualitätsstandard.

# Wäsche-Träume seit 1884

### Warenangebot
Exklusive Damenwäsche, modische Herrenwäsche, pfiffige Kinderwäsche, Funktionswäsche und Nachtwäsche, Miederwäsche.

### Ersparnis
50 % Ersparnis bei 1A-Ware. Bei 2. Wahl noch mehr. Im SSV/WSV Sonderangebote zusätzlich 20 % reduziert.

### Ambiente
Auf ca. 200 m² Fläche, übersichtliche Warenpräsentation, Kinderspielecke, Kundenparkplätze.

### Adresse
Comazo-Fabrikverkauf, Keplerstraße 24, 72458 Albstadt-Ebingen, Telefon: 074 31/59 10 96.

### Öffnungszeiten
Montag bis Freitag 9.30 bis 13.00 und 14.00 bis 18.30 Uhr, Samstag 9.30 bis 14.00 Uhr.

### Weitere Verkaufsstellen
● 71032 **Böblingen**, Sindelfinger Straße 39, Telefon: 0 70 31/76 24 83.
● 76571 **Gaggenau**, Hans-Thoma-Straße 4, Telefon: 072 25/98 48 89.

● 71332 **Waiblingen**, Marienstraße 19-21, Telefon: 071 51/97 60 43.
● 74523 **Schwäbisch Hall**, Crailsheimer Straße 13, Telefon: 07 91/8 56 50 26.
● 75179 **Pforzheim**, Freiburger Straße 15, Telefon: 072 31-15 47 70.

### Anreise
Auf B463 (Balingen-Sigmaringen) nach Albstadt-Ebingen. Dort Richtung Albstadt-Tailfingen. Siehe Anreise-Empfehlung und Detailkarten auf Seite 36 ff.

Lehner ist ein bekannter Schweizer Heimtextil-Versender mit gutem Preis-Leistungs-Verhältnis, der die Produktion der bisherigen Firma H.-F. Fischer GmbH übernommen hat: gute Passform, strapazierfähige Stoffqualitäten, ein ansprechendes, modisches Design und sorgfältige Verarbeitung.

# Bewegungsfreiheit

### Warenangebot
Für Damen, Herren und Kinder: T-Shirts, Sweatshirts, Shorts, Leggings, Gymnastikanzüge und Turnanzüge, Badebekleidung. Für Erwachsene: Trainingsanzüge und Tennisbekleidung, Fitness- und Outdoor-Bekleidung, Fleecesweat-Jacken. Bettwäsche, Spannbetttücher.

### Ersparnis
Gut 50% Ersparnis.

### Ambiente
Ordentliche und übersichtliche Präsentation; die Größen fallen eher groß aus; zwei Umkleidekabinen.

### Adresse
Lehner Versand GmbH, Lerchenstraße 44, 72458 Albstadt-Ebingen, Telefon: 07431/701818-0, Fax: 701818-18. E-Mail: info@lehner-versand.de, Internet: www.lehner-versand.de.

### Öffnungszeiten
Montag bis Freitag 10.00 bis 12.00 und 14.00 bis 18.00 Uhr, Samstag 10.00 bis 13.00 Uhr.

### Anreise
In Albstadt-Ebingen westlich Richtung Planetarium, Beschilderung Planetarium folgen, dann in der Lerchenstraße geradeaus weiter; Firma kurz vor Straßenende rechts (beschildert). Siehe auch Anreise-Empfehlung und Detailkarten auf Seite 36 ff.

**STRICK + COORDINATES**

Modisch aktuelle Strickwaren für die Dame. Preiswerte Strickbekleidung von zeitloser Eleganz bis hochmodisch in guter Qualität aus eigener, deutscher Produktion.

# … in den besten Jahren

### Warenangebot

Strickbekleidung für Damen: Pullover, Strickjacken, Westen, Strickröcke, Strick-Coordinates, hochwertige Shirts in 1A- und 1B-Qualität. Modische Accessoires.

### Ersparnis

1A-Ware ca. 30 %, 1B-Ware und Einzelstücke 50 %. ImSSV/WSV zusätzliche Ersparnis.

### Ambiente

Ca. 40 m² großer Verkaufsraum, Ware gut sortiert und ausgezeichnet, zwei Umkleidekabinen. Nette und sachkundige Beratung.

### Adresse

Louis Leonhardt, „Die Masche", Balinger Straße 80, 72459 Albstadt-Laufen, Telefon: 0 74 35/9 19 03 17, E-Mail: Louis.Leonhardt@t-online.de.

### Öffnungszeiten

Montag bis Freitag 14.00 bis 18.00 Uhr, Samstag 8.30 bis 12.30 Uhr.

### Anreise

Geschäft ist in der Ortsmitte Albstadt-Laufen bei der Kirche. Egal, ob über die B463 von Albstadt-Lautlingen oder von Balingen kommend: vor dem Straßentunnel zur Ortsmitte abzweigen. Kleiner Laden mit der Aufschrift „Die Masche". Parkmöglichkeiten an der Kirche. Siehe Anreise-Empfehlung und Detailkarten zu Albstadt auf S. 36 ff.

**BEKA**
MODEN

Die Firma Kappelhoff ist ein bekannter Hersteller von Maschenmoden für die Frau ab 40 im mittleren bis gehobenen Genre, auch in großen Größen bis Größe 52.

# Schick in Strick

### Warenangebot
T-Shirts, Jersey-Shirts, Kombimode aus Maschenware. Auslaufartikel, Musterteile, 2. Wahl.

### Ersparnis
1.-Wahl-Ware ca. 25%, Musterware und Restverkäufe bis 50%, 2. Wahl 50 bis 70%. Im SSV/WSV nochmals 20% reduziert.

### Ambiente
Schöner, separater Verkaufsladen, übersichtliches Angebot, durch Hängesysteme nach Größen getrennt, zwei große Umkleidekabinen, freundliches Verkaufspersonal.

### Adresse
Bernhard Kappelhoff, Beka-Moden, Kohlplattenstraße 11, Industriegebiet Eschach, 72459 Albstadt-Lautlingen, Telefon: 07431/9 5747-0, Fax: 9 57 47-27.

### Öffnungszeiten
Montag bis Donnerstag 14.00 bis 17.00 Uhr. Freitag und Samstag geschlossen. Betriebsferien im August, bitte vorher anrufen.

### Anreise
Albstadt-Lautlingen liegt direkt an der B463 zwischen Balingen und Albstadt-Ebingen. Die Firma liegt im kleinen Industriegebiet Eschach, von Balingen kommend, am Ortseingang (Hinweisschild). Siehe auch Anreise-Empfehlung und Detailkarten auf S. 36 ff.

Trendige Oberbekleidung von Baby bis zum Teenager in Größe 56 bis 152. Gute Qualitäten.

# Kindermode

### Warenangebot
Hochwertige, trendige Baby- und Kinderbekleidung.

### Ersparnis
20 bis 30 %, bei Sonderangeboten und Mustern auch mehr. Im SSV/WSV zusätzliche Preisersparnis von 25 bis 50 %.

### Ambiente
Großzügig gestalteter Verkaufsraum, ca. 120 m² Verkaufsfläche. Gute Beratung durch fachkundiges Personal.

### Adresse
Ding Dong, Baby- und Kindermoden, Ehrenfried Mauz GmbH & Co. KG, Eschachstraße 7, 72459 Albstadt-Lautlingen, Telefon: 0 74 31/95 85-26.

### Öffnungszeiten
Montag bis Freitag 9.00 bis 12.00 und 13.00 bis 17.30 Uhr.

### Weitere Verkaufsstellen
● 72393 **Burladingen**, Hirschaustraße 44. Öffnungszeiten: Montag bis Freitag 9.00 bis 18.00 Uhr, Samstag 9.00 bis 12.00 Uhr.
● 71083 **Herrenberg**, Bronngasse 12. Öffnungszeiten: Montag bis Freitag 9.00 bis 12.00 und 13.00 bis 18.00 Uhr, Samstag 9.00 bis 12.00 Uhr.

### Anreise
Ding Dong liegt in Albstadt im Ortsteil Lautlingen im neuen Industriegebiet südlich der Laufener Straße. Ding Dong ist von weitem sichtbar. Siehe auch Anreise-Empfehlung und Detailkarten auf Seite 36 ff.

## huber masche

Seit über 50 Jahren bietet die Firma Hubermasche bewährte Qualität in Tag- und Nachtwäsche für Damen, Herren und Kinder.

# Huber ist Wäsche

### Warenangebot

Tag- und Nachtwäsche für Damen, Herren, Mädchen und Knaben. Zudem modische Dessous.

### Ersparnis

1.-Wahl-Ware: Ersparnis ca. 30%; Sonderangebote, Musterware und Restverkäufe: bis 50%. Im SSV/WSV nochmals 20% reduziert.

### Ambiente

Freundliche Verkäuferinnen bedienen in gepflegter Atmosphäre mit Umkleidekabinen. Verkaufsraum 90 m². Übersichtliche Anordnung der Waren durch Hängesysteme sowie Warenträger und Schütten. Kleine Spielecke für Kinder.

### Adresse

Hubermasche, Gebr. Huber & Co., Von-Stauffenberg-Straße 24, 72459 Albstadt-Lautlingen, Telefon: 0 74 31/ 95 97 51, Fax: 95 97 99.

### Öffnungszeiten

Montag bis Freitag 9.00 bis 18.00 Uhr. Vor Weihnachten auch Samstag 9.00 bis 12.00 Uhr.

### Anreise

Über Stuttgart: Tübingen, Hechingen, Balingen-Albstadt-Lautlingen; Über Ulm: Ehingen, Sigmaringen-Albstadt-Lautlingen; Über Rottweil: Balingen-Albstadt-Lautlingen; Richtung Ortsmitte. Siehe auch Anreise-Empfehlung und Detailkarten auf Seite 36 ff.

Zum großen Teil Trendwäsche: jung, modern in Design und Farbe, gute Qualität. Bei Nachtwäsche auch klassisches Design. Das zweite Standbein: fröhliche Kindermode in Größe 104 bis 164.

# Spritzig-frische Auswahl

### Warenangebot
Kinderbekleidung zumeist im Shirtbereich: T-Shirts, Sweatshirts, Leggings, Kombinationen. Nachtwäsche für Damen, Herren und Kinder, Unterwäsche für Damen, Herren und Kinder, Haus- und Freizeitmode; zugekauftes Miederwaren-Sortiment.

### Ersparnis
Ca. 30 %, Angebote und 1B-Ware bis 50 %. Im SSV/WSV nochmals 20 % reduziert.

### Ambiente
Werksverkauf im Obergeschoss über der Produktion (beschildert). Freundlich-helle Warenpräsentation; Preise ausgezeichnet.

### Adresse
Klöckner Maschenmode GmbH & Co. KG, Von-Stauffenberg-Straße 39, 72459 Albstadt-Lautlingen, Telefon: 07431/ 7 35 75 und 7 44 55, Fax: 7 43 54.

### Öffnungszeiten
Montag bis Freitag 8.00 bis 11.30 und 13.30 bis 17.00 Uhr. Betriebsferien im August, bitte vorher anrufen.

### Anreise
Lautlingen liegt westlich vom Hauptort Ebingen in Albstadt; in Lautlingen Richtung Meßstetten abbiegen, die 2. Querstraße rechts; Firma direkt linke Seite (gut erkennbar). Siehe auch Anreise-Empfehlung und Detailkarten auf Seite 36 ff.

Bei Mey – feine Wäsche – gehen Mode, Passform und Tragekomfort nahtlos ineinander über. Die Kreativteams sind mit viel Fantasie und Liebe zum Detail bemüht, individuelles Lebensgefühl in Wäsche umzusetzen. Der führende Hersteller produziert Wäsche, bei der alles stimmt.

# Mey – immer erste Wahl

### Warenangebot
Nur 1.-Wahl-Ware; komplettes Sortiment an Unterwäsche für Damen und Herren; aktuelle Farben und Muster. Neben dem klassischen Angebot auch Trendunterwäsche.

### Ersparnis
Personalverkauf heißt in diesem Fall nicht supergünstig. 1.-Wahl-Ware ca. 20 % billiger. Stark reduziert sind saisonbedingte Sonderangebote. Kein SSV, kein WSV.

### Ambiente
Es wurde nicht kontrolliert, ob man Firmenangehöriger ist, obwohl ein Schild auf Personalverkauf hinweist. Auf Wunsch Artikel, die nicht im Verkaufsraum sind. Katalog zum Einsehen.

### Adresse
Gebrüder Mey – feine Wäsche, Personalverkauf, Hohenwiesenstraße 3, 72459 Albstadt-Lautlingen, Telefon: 0 74 31/70 60, Fax: 70 61 00.

### Öffnungszeiten
Montag bis Freitag 9.00 bis 18.00 Uhr.

### Anreise
Albstadt liegt zwischen Stuttgart und dem Bodensee. In Albstadt Richtung Lautlingen (Stadtmitte). Hauptstraße heißt Laufener Straße. Beim Gasthof Krone (großes Fachwerkhaus) abbiegen Richtung Süden in die Vordere Gasse; nach 80 m kommt Hohenwiesenstraße, dort großes Firmenschild Gebrüder Mey (Fabrikgebäude), Aufzug 3. Stock. Siehe auch Anreise-Empfehlung und Detailkarten auf Seite 36 ff.

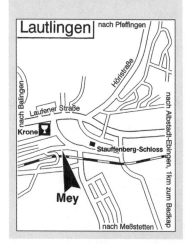

# GÖTZBURG margret

Die Qualität der Wäsche beginnt bereits beim Rohstoff. Natürliche Materialien wie Baumwolle, Viscose und Micromodal eignen sich hervorragend für die „zweite Haut" des Menschen. Hochwertige Wäsche für Sie und Ihn.

# Formstabil und angenehm

### Warenangebot
Herren: Minislips, Tangas, Pants, Boxershorts, Feinrippwäsche, lange Unterhosen, Schlafanzüge lang und Shorties, Nachthemden, Herrenfreizeitmode wie T-Shirts, Poloshirts. Damen: Unterwäsche (außer BH), Bodys, Zweiteiler, Nachthemden, Schlafanzüge.

### Ersparnis
Bis 30 %, Mustergrößen und 2. Wahl zum Teil darüber. Im SSV/WSV nochmals um 30 bis 50 % reduziert.

### Ambiente
Großzügige Präsentation der Waren, auch Sonderposten. Viele Stammkunden, freundliche Bedienung.

### Adresse
Götz Mode GmbH & Co. KG, Dorfstraße 33, 72459 Albstadt-Margrethausen, Telefon: 0 74 31/70 03 30.

### Öffnungszeiten
Montag bis Freitag 9.00 bis 12.00 und 13.00 bis 18.00 Uhr, 1. Samstag im Monat 9.00 bis 13.00 Uhr.

### Weitere Verkaufsstellen
● 88422 **Bad Buchau**, Schussenrieder Straße 20, Telefon: 0 75 82/92 60 47.

Montag bis Freitag 9.00 bis 18.00 Uhr, Samstag 9.00 bis 13.00 Uhr.
● 88353 **Kißlegg**, Erlenweg 8, Telefon: 0 75 63/9 10 50. Montag bis Donnerstag 9.00 bis 12.00 und 13.30 bis 18.00 Uhr, Freitag 9.00 bis 18.00 Uhr, Samstag 9.00 bis 12.00 Uhr.

### Anreise
Von Balingen auf der B463 Richtung Albstadt, in Lautlingen links ab nach Margrethausen, dort am Ortseingang. Siehe auch Anreise-Empfehlung und Detailkarten auf Seite 36 ff.

Albstadt-Margrethausen

Die Firma CAT Gestrick ist als Hersteller modischer Maschenware des mittleren bis gehobenen Genres bekannt. Einer der führenden Shirt-Hersteller. Gute Qualität aus eigener deutscher Produktion.

# Modisch, klassisch, schick

### Warenangebot
T-Shirts, Pullover, Westen, Röcke und Leggings, Coordinates. Bedruckt, bestickt und einfarbig. Größen 38-52.

### Ersparnis
30 % günstiger, Muster- und Einzelteile 50 % reduziert. Günstige 1B-Ware in allen Größen. Kein SSV, kein WSV.

### Ambiente
Kleiner Verkaufsraum mit einfacher Ladenausstattung; freundliche, sachkundige Beratung; Preisauszeichnung.

### Adresse
CAT Gestrick, Maierhofstraße 10, 72461 Albstadt-Onstmettingen, Telefon: 07432/90760, Fax: 907690.

### Öffnungszeiten
Montag, Dienstag, Donnerstag 15.30 bis 17.30 Uhr, Mittwoch und Freitag 9.00 bis 11.00 Uhr, Samstag geschlossen.

### Anreise
Onstmettingen ist der nördlichste Stadtteil von Albstadt; in Onstmettingen am Schlecker-Drogeriemarkt in die Maierhofstraße abbiegen; Firma nach ca. 150 m links (in der verkehrsberuhigten Spielstraße). Siehe auch Anreise-Empfehlung und Detailkarten auf S. 36 ff.

Qualität als Summe aus Erfahrung und Innovation macht Gonso zu einer festen Größe im Bereich Radsport-, Lauf- und Langlaufbekleidung. Ob ambitionierter Freizeitsportler oder erfolgsorientierter Profi – bis hin zur Funktionsunterwäsche ist Gonso Partner für individuelle Sporterlebnisse. Seit 75 Jahren kompetent in Sachen Funktionsbekleidung im Sport.

# Der Radsport-Profi

**Warenangebot**
Radsport-, Lauf- und Langlaufbekleidung, Regen- und Wetterbekleidung, Freizeitbekleidung, Funktionsunterwäsche.

**Ersparnis**
Bis zu 30% Ersparnis bei Auslaufware. Im SSV/WSV nochmals reduziert.

**Ambiente**
Fabrikverkauf wurde vergrößert, liegt direkt neben dem Lager. Sachkundige Beratung.

**Adresse**
Gonso-Sportmoden GmbH & Co. KG, Eberhardstraße 24, 72461 Albstadt-Onstmettingen, Telefon: 074 32/20 90, Fax: 2 09 88.

**Öffnungszeiten**
Montag bis Donnerstag 9.00 bis 11.00 und 13.00 bis 17.00 Uhr, Freitag 9.00 bis 17.00 Uhr, Samstag 9.00 bis 13.00 Uhr.

**Anreise**
Onstmettingen liegt nördlich von Albstadt. Eberhardstraße ist die 2. Parallelstraße zur Hauptstraße (Thanheimer Straße). Verkauf ist ausgeschildert. Siehe auch Anreise-Empfehlung und Detailkarten auf Seite 36 ff.

Hier spürt man die erstklassige Verarbeitung der Felle. Die qualitativ hochwertigen Lammfellprodukte haben beste Passform. Das Unternehmen hat reiche Erfahrung mit dem Naturprodukt Fell.

# Weich, warm und wollig

### Warenangebot
Lammfell-Autositzbezüge, Lammfell-Hausschuhe, medizinisch gegerbte Lammfellartikel wie Bettfelle, Kinderwagen- und Rollstuhlsäcke, Lammfelle in Tierform.

### Ersparnis
10 bis 40 %. Kein SSV, kein WSV.

### Ambiente
Bedienung, persönliche Beratung und Einbau von Autositzbezügen durch den Inhaber persönlich.

### Adresse
H. Altmann, Paulinenstraße 13, 72459 Albstadt-Pfeffingen, Telefon: 0 74 32/ 52 48, Fax: 1 32 26.

### Öffnungszeiten
Dienstag bis Freitag 8.00 bis 12.00 und 13.30 bis 18.30 Uhr. Montag und Samstag nur nach Vereinbarung, sonst geschlossen. Betriebsferien im August, bitte vorher anrufen.

### Anreise
Albstadt-Pfeffingen liegt zwischen Balingen und Sigmaringen. Siehe auch Anreise-Empfehlung und Detailkarten auf S. 36 ff.

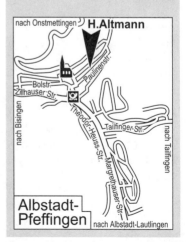

Ahorn Sportswear ist bundesweit der Übergrößenspezialist für Sport- und Freizeitmode. Auch im Bereich der Piqué-Polohemden nimmt Ahorn eine Spitzenposition ein. Das BASIC-Programm und das Angebot an schadstoffgeprüften Textilien wurden vergrößert.

# Sportlich bis Größe XXXXXL

## Warenangebot
Damen- und Herren-Aktivsport-Bekleidung, modische Freizeitbekleidung, Shorts, Radlerhosen, Bermudas, T- und Sweatshirts, Sport- und Freizeitanzüge, Polohemden, Bademoden, Strümpfe.

## Ersparnis
Bei neuen und laufenden Kollektionen ca. 30 %, Auslaufmodelle und -farben ca. 50 %, Einzelstücke ca. 70 %. Zusätzliche Preisersparnis im SSV/WSV ca. 30 %.

## Ambiente
Verkaufsräume jetzt ca. 120 m² Fläche. Freundliches Personal, gute Beratung.

## Besonderheiten
Übergrößen bis 6XL, das entspricht Konfektionsgröße 74.

## Adresse
Ahorn Sportswear, Neuweiler Straße 6, 72461 Albstadt-Tailfingen, Telefon: 07432/171668.

## Öffnungszeiten
Montag, Dienstag, Donnerstag und Freitag 9.00 bis 12.00 und 14.00 bis 18.30 Uhr. Mittwoch und Samstag geschlossen.

## Weitere Verkaufsstelle
● 72186 **Empfingen**, Julius-Bauser-Straße 34, Telefon: 07485/999742, Fax: 999799.

## Anreise
In Albstadt-Tailfingen, Hauptstraße L360. Auf Abzweigung nach Burladingen (L442) achten, diese Straße ist die Neuweiler Straße. Siehe auch Anreise-Empfehlung und Karten S. 36 ff.

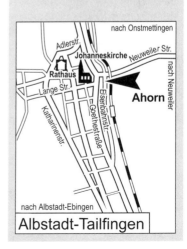

51

# golléhaug
### C·O·L·L·E·C·T·I·O·N

Die Strickwaren entsprechen dem höchsten Genre. Verarbeitet werden hervorragende Qualitäten; Farben und Schnitte sind top-aktuell.

# Wie in der Boutique

### Warenangebot
Nur Damenbekleidung, v.a. Strickwaren: Pullover, Strickjacken und -westen. Alles farblich aufeinander abgestimmte Kollektionen, die auch einzeln erhältlich sind. Die Farb- und Stilpalette bietet ideale Kombinationsmöglichkeiten. Kleines Sortiment an Röcken und Hosen.

### Ersparnis
20 bis 30 % auf 1. Wahl. Im WSV/SSV zusätzliche Preisreduzierung.

### Ambiente
Sehr ansprechender, neuer Verkaufsraum. Ware nach Farben und Preisklassen sortiert. Verkauf und Sortiment wie in einer Boutique. Der Unterschied: Hier gibt es auch sehr günstige 1B-Ware.

### Adresse
Gottlieb Haug GmbH & Co. KG, Emil-Mayer-Straße 35 (beim Naturbad), 72461 Albstadt, Telefon: 074 32/97 92-50, Fax: 97 92-30.

### Öffnungszeiten
Im August bleibt der Verkauf geschlossen. Die übrigen Monate: Montag bis Freitag 9.00 bis 12.00 und 13.30 bis 18.00 Uhr, Samstag 9.00 bis 13.00 Uhr.

### Anreise
Auf der B463 (Balingen-Sigmaringen) nach Albstadt-Ebingen. Dort (nördlich) nach Albstadt-Tailfingen. In Tailfingen Richtung Onstmettingen. Nach Ortsendeschild links ins Industriegebiet. Golléhaug liegt beim Naturfreibad direkt auf der rechten Seite. Verkauf beim Besucherparkplatz. Siehe auch Anreise-Empfehlung und Detailkarten auf Seite 36 ff.

52

# MĒDICO

Schweißtransport vom Körper weg und die Wärmeableitung, das sind die wichtigsten Kriterien für Funktionswäsche. Bei Sportbekleidung ist Winddichtigkeit bei Jacken und Hosen. Die Funktion dieser Produkte begeistert Leistungssportler und Hobbyathleten gleichermaßen.

# The world of sports fashion

## Warenangebot

Marktführend im Fitnessbereich und bei Funktionswäsche: komplettes Outfit für Gymnastik, Aerobic, Fitness; Sport- und Funktionsunterwäsche; Rad-, Ski-, Snowboard-, Outdoor-, Regen-, Kindersportbekleidung. Es gilt das Lagerprinzip beim Anziehen (Layering), um die individuelle Anpassung an die Umwelt-Situation zu garantieren (Unterwäsche, Sportwäsche, Shirt, Sweats, winddichte Jacken und Hosen). Caps mit und ohne Stickerei.

## Ersparnis

50 % auf 1. Wahl. Günstige Restposten. Zusätzliche Preisersparnis im SSV/WSV 20 %.

## Ambiente

Lagerraum. Einige Posten sind nicht nach Größen sortiert. Die Preise generell ausgezeichnet. Auch Wühltische und Schütten.

## Adresse

Gustav Daiber GmbH, Vor dem Weißen Stein 25-31, 72461 Albstadt, Telefon: 07432/7070, Fax: 70710.

## Öffnungszeiten

Freitag 9.00 bis 18.00 Uhr, jeder 1. Samstag im Monat 9.00 bis 14.00 Uhr.

## Anreise

Von der B27 Ausfahrt Bisingen/Albstadt Nord durch Bisingen und dessen Ortsteil Thanheim fahren und ca. 2,5 km nach Ortsausgang Thanheim rechts abbiegen Richtung Industriegebiet Lichtenbol. Firma im allein stehenden Gebäude kurz vor Ortsende (rechte Seite) sofort erkennbar. Eingang an der Querseite des Hauses.

Nina von Conzelmann, das heißt feminine Damenwäsche nobelster Machart: aufregende Dessous, schlicht-reizvolle Wäsche, exklusive Designs und hauchzarte Spitzen, geschmackvoll-edler Stil.

# Traumhaft zart

## Warenangebot
Tag-, Nacht-, Unterwäsche für Sie und Ihn. Dessous, Bodys, Bustiers, Schlafanzüge und Nachthemden. Auch Herrenunterwäsche.

## Ersparnis
30 % Ersparnis. Zusätzliche Preisersparnis im SSV und WSV.

## Ambiente
Großer Verkaufsraum; Ware teils auf Bügeln, Standardartikel in Originalverpackungen präsentiert; reger Kundinnenandrang.

## Adresse
Nina von Conzelmann, Hechinger Straße 18, 72461 Albstadt-Tailfingen, Telefon: 074 32/54 15, Fax: 7 04 48.

## Öffnungszeiten
Montag bis Freitag 9.00 bis 12.00 und 14.00 bis 18.30 Uhr; Samstag 9.00 bis 13.00 Uhr.

## Anreise
Von Onstmettingen Richtung Albstadt-Ebingen fahren; an der Hauptverkehrsstraße auf der linken Seite im Ortsteil Albstadt-Tailfingen. Siehe auch Anreise-Empfehlung und Detailkarten auf Seite 36 ff.

TuGa-Sport Hersteller von Radsportbekleidung in Albstadt. TuGa-Sport-bekleidung steht für Qualität, Material und Funktion.

# Spezialist für Radsport

### Warenangebot

Radsportbekleidung für Damen, Herren und Kinder. Fußballtrikots, Freizeit- und Sportbekleidung. Outdoor-Jacken, -Hosen, Rucksäcke, Schlafsäcke, Fleece-bekleidung, Markenjeans, Fußballbe-kleidung, Jacken, Streetwear. Muster-teile, Einzelstücke. 1A-Ware, zum Teil auch Auslaufware.

### Ersparnis

50%, Einzelstücke bis 70%. Kein SSV, kein WSV.

### Ambiente

An der Türe klingeln. Kleiner Verkaufs-raum im 1. Stock, Ware übersichtlich sortiert, aber keine Preisauszeichnung.

### Adresse

TuGa Sport, Gerhard Türk GmbH, Pfeffinger Straße 7, 72461 Albstadt-Tailfingen. Telefon: 074 32/33 04.

### Öffnungszeiten

Montag bis Freitag 14.00 bis 18.00 Uhr, Samstag 9.00 bis 12.00 Uhr.

### Weitere Verkaufsstelle

● 72488 **Sigmaringen**, Industriegebiet Schönenberg, Friedrich-List-Straße 1.

### Anreise

Von A-Pfeffingen kommend auf der Hauptstraße bleiben (Pfeffinger Straße). Nach dem steilen Teilstück und 200 m vor dem Zebrastreifen Fabrikgebäude auf der rechten Seite. Neben dem Gebäude Parkmöglich-keiten. Siehe auch Anreise-Empfeh-lung und Detailkarten auf Seiten 36 ff.

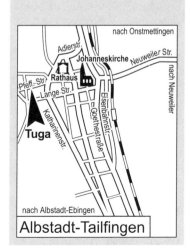

**DEPT. BY W.A.M.**

W.A.M. ist als Herstellermarke bekannt für qualitativ hervorragende modische T-Shirts, Sweatshirts und Polos für Damen und Herren. Wer besonders gute Qualität schätzt ist hier richtig.

# Anziehen und sich wohl fühlen

**Warenangebot**
T-Shirts, Sweatshirts, Polohemden und Pullover in großer Auswahl, auch in Übergrößen. Hemden bügelfrei, Freizeithemden, Blusen.

**Ersparnis**
20 % bis 50 % auf aktuelle Mode, bei Sonderangeboten, 1B-Ware auch mehr. Im SSV/WSV zusätzliche Preisreduzierungen.

**Ambiente**
Verkauf und Sortimentspräsentation wie im Fachhandel. Umkleidekabinen, erstklassige Bedienung, angenehme Atmosphäre. Viel Stammkundschaft. Viele Parkplätze.

**Adresse**
W. Weissmann Maschenmoden KG, Eisenbahnstraße 16, 72461 Albstadt-Tailfingen, Telefon: 07432/7017-29, Fax: 701770. Internet: www.weissmann.de, E-Mail: info@ weissmann.de.

**Öffnungszeiten**
Montag bis Freitag 11.00 bis 18.00 Uhr.

**Weitere Verkaufsstellen**
● 88422 **Bad Buchau** (bei Götz-Fabrikverkauf), Telefon: 07582/930538.

● 72622 **Nürtingen** (bei Tricosi), Telefon: 07022/211227.

**Anreise**
B463 (Balingen-Sigmaringen) nach Albstadt-Ebingen. Weiter nach A.-Tailfingen. Fabrikverkauf in der Eisenbahnstraße; das ist die 1. östliche Parallelstraße zur Hauptstraße L360, Eisenbahnstraße 16 ist gegenüber dem Bahnhof. Siehe auch Anreise-Empfehlung und Detailkarten auf Seiten 36 ff.

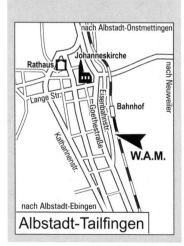

Albstadt-Tailfingen

CLASSIC LINE

Strickmode für die Frau, die etwas Unaufdringliches mit dem Touch des Besonderen sucht.

# Glänzend

## Warenangebot

Pullis, Strickwesten, -shirts, Poloshirts. Große Modell- und Farbvielfalt. Modisches Segment im sportlichen Stil, klassisches Segment in feiner Ausführung und feierliche Garderobe mit glänzend-schimmerndem Effektgarn.

## Ersparnis

Ca. 40 bis 60 % auf 1. Wahl. Kein SSV, kein WSV.

## Ambiente

Links neben dem Haupteingang ist ein Raum reserviert. Oftmals sind andere Größen oder Farben noch am Lager und werden gebracht. Chefin und Chef legen sich gemeinsam ins Zeug. Kompetente Beratung.

## Adresse

frabé direkt, Modevertrieb OHG, Johannes-Brahms-Straße 2-4, 72461 Albstadt, Telefon: 07432/12088, Fax: 12080.

## Öffnungszeiten

Verkauf zwei Mal pro Saison (Herbst/Winter und Frühjahr/Sommer). Dann ist zwei Wochen lang der Verkauf geöffnet. Termine bitte telefonisch erfragen.

## Anreise

Auf B463 (Balingen-Sigmaringen) nach Albstadt-Ebingen. Dort nach A.-Truchtelfingen (Richtung A.-Tailfingen). Im Ort links Richtung Schulen, Wohngebiet „BOL". frabé nach ca. 100 m rechte Seite. Siehe auch Anreise-Empfehlung und Detailkarten auf Seite 36 ff.

## A
# AUERHAHN
### DAS BESTECK!

Die Firma Auerhahn besteht seit 1870 und ist einer der erfahrensten
Besteckanbieter weltweit. Auerhahn Bestecke überzeugen durch Material-
stärke, gute Verarbeitungsqualität und tolles Design.

# Besteck vom Feinsten

### Warenangebot
Menübestecke, Besteck-Geschenkarti-
kel, Kinderbestecke, Edelstahl rostfrei
18/10, hart bzw. massivversilbert sowie
in Sterlingsilber 925/000, Tisch-
Accessoires. Es handelt sich um 2A-
Ware, d. h. meist nur kleine Kratzer.

### Ersparnis
Ca. 20 bis 60%. Kein SSV, kein WSV.

### Ambiente
Werksverkauf, Preisvergleich ist möglich, da auf jeder Verpackung der reguläre und der reduzierte Preis angegeben
ist. Parkmöglichkeit ca. 50 m entfernt
an der Poststraße, auf dem Parkdeck
gegenüber dem Supermarkt.

### Adresse
Auerhahn Bestecke GmbH, Postplatz 2-6,
72213 Altensteig, Telefon: 07453/
910156, Internet: www.auerhahn-
bestecke.de.

### Öffnungszeiten
Montag bis Freitag 9.00 bis 12.00 und
14.30 bis 18.00 Uhr, Samstag 9.00 bis
12.30 Uhr.

### Anreise
Altensteig liegt zwischen Nagold
und Freudenstadt. Der Werksverkauf
befindet sich zentral in Altensteig,
direkt an der B28. In der Poststraße
am Postplatz, direkt an einer Ampelkreuzung, schräg gegenüber der
Post.

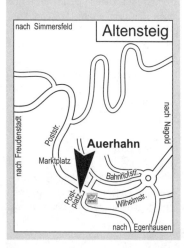

Die Schirmmanufaktur fertigt seit 25 Jahren hochwertige Großschirme aus Holz und Segeltuch in Serien und Einzelstücken.

# Wetterfeste Holzschirme

### Warenangebot

Wetterfeste Holzschirme ab Durchmesser 2,50 m bis Durchmesser 3,50 m; rund, rechteckig und quadratisch; naturfarben und farbig; leichte und schwere Ausführungen, die bis Windstärke acht standhalten. Betonständer, Metallplattenständer, Bodenhülsen, Schirmtische, Schutzhüllen, Ersatzbespannungen, Sonderanfertigungen.

### Ersparnis

Sondergefertigte Ware nur um Verpackungskosten reduziert (ca. 5 %), interessante Preise gibt es bei Musterteilen und Ausstellungsstücken. Hier spart man 20 bis 25 %, Auslaufmodelle bis 50 %.

### Ambiente

Alle aktuellen Produkte präsentiert; erstklassige Fachberatung.

### Besonderheiten

Winterrabatt. Im Herbst/Winter sind Sonderanfertigungen günstiger als in der Hochsaison. Im SSV ca. 15 bis 20 % Preisersparnis.

### Adresse

Schlechter-Müller & Partner GmbH, Käsbachstraße 15, 72119 Ammerbuch-Pfäffingen, Telefon: 0 70 73/31 51.

### Öffnungszeiten

April bis Juli: Mittwoch bis Freitag 14.00 bis 17.00 Uhr und Samstag 10.00 bis 12.00 Uhr. August bis März nur nach telefonischer Vereinbarung.

### Anreise

Von B28, Ausfahrt Pfäffingen, nach Bahnübergang rechts; Firma 3. Querstraße links.

Booga hat seine Marktnische in der Produktion von Funktionswäsche, Fleecebekleidung sowie Radbekleidung gefunden. Namhafte Markenhersteller von Outdoor-Produkten bieten in diesem Outletcenter ein Komplettsortiment im Outdoor-Bereich.

# Große Outdoor-Marken

**Warenangebot**
Funktionsunterwäsche, Fleecebekleidung, Travelbekleidung, Kinderbekleidung, wasserdichte Bekleidung, Radbekleidung, Rucksäcke, Schlafsäcke, Zelte, Trekking-/Wanderschuhe, Accessoires.

**Ersparnis**
20 bis 50% auf alle Produktgruppen. Reste, Einzelstücke bis zu 75%. Im SSV/WSV zusätzliche Preisreduzierung.

**Ambiente**
Genügend Parkplätze direkt vor dem Laden. Trekkingparcour für Schuhtest.

**Adresse**
Mountain-Shop GmbH & Co. KG, Schattbucher Straße 21, 88279 Amtzell-Geiselharz, Telefon: 075 20/95 61-50, Fax: 95 61-31, Internet: www.mountain-shop.de, E-Mail: info@mountain-shop.de.

**Öffnungszeiten**
Montag bis Freitag 10.00 bis 19.00 Uhr, Samstag 9.00 bis 16.00 Uhr.

**Anreise**
Von München/Memmingen/Ulm: auf der A96 Richtung Lindau, Ausfahrt Wangen-West, Richtung Ravensburg. Nach ca. 3 km in Geiselharz links Richtung Schomburg/Neukirch in das Gewerbegebiet Schattbuch. Erstes Haus rechts (Mountain-Shop) direkt an der Kreuzung, schräg gegenüber der DEA-Tankstelle. Von Ravensburg: auf der B32 Richtung Wangen. Ca. 2 km nach Amtzell in Geiselharz rechts Richtung Schomburg/Neukirch, dann wie oben.

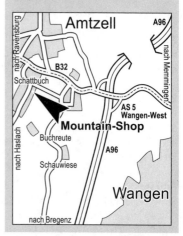

Die Schadler GmbH ist seit 1976 bekannt für qualitativ hochwertige Reitsportbekleidung und seit 1995 auch als Hersteller von Touring-, Kniebund- und Stiefelhosen für Wanderer, Angler, Tourengänger und Bergsteiger.

# Fest im Sattel

**Warenangebot**
Reithosen, Reitjacken, aus Synthetik, Baumwolle, Cord und Leder. Lange Hosen, Kniebundhosen, Stiefelhosen und Tourenhosen aus Stretchlight, Waschleder, Cord und Baumwolle.

**Ersparnis**
1.-Wahl-Ware ca. 50 %, 2.-Wahl-Ware je nach Fehler deutlich günstiger. WSV und SSV mit zusätzlicher Preisersparnis.

**Ambiente**
Beratung fachkundig, Anprobe möglich, gemütliche Verkaufsatmosphäre. Kein Vollsortiment. Ware übersichtlich auf Bügeln.

**Adresse**
Schadler Jumper King GmbH, Talstraße 14, 71549 Auenwald-Unterbrüden, Telefon: 071 91/5 45 30 (Werksverkauf), Fax: 0 62 93/92 02 10.

**Öffnungszeiten**
Dienstag, Mittwoch und Freitag 15.00 bis 18.00 Uhr, Donnerstag 15.00 bis 20.00 Uhr, Samstag 9.00 bis 13.00 Uhr.

**Anreise**
A81 Heilbronn-Stuttgart, Ausfahrt Mundelsheim. Richtung Backnang, in Unterweissach nach Unterbrüden. Der Verkauf befindet sich neben Apotheke und Post.

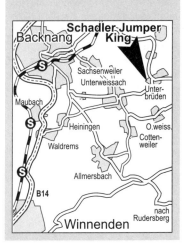

In Baden-Württemberg hat man sein Gütle und moschtet oder man setzt die Maische an für einen Obstbrand oder man spart und verhält sich umweltbewusst. Man bereitet das Regenwasser auf. Im Ländle ist man also erfinderisch, um die eigene Ernte zu „veredeln" oder zu sparen. Was man dazu braucht sind Fässer. Hier gibt es sie zum günstigen Preis: neue, gebrauchte und wiederaufbereitete Fässer aller Art.

# unFASSbar

## Warenangebot
Gebrauchte Polyethylen-Fässer 30, 60, 120, 150 und 200 Liter und gebrauchte PE-Tanks 600, 800 und 1000 Liter für Regenwasser, neue PE-Fässer 30, 60, 120 und 200 Liter als Einschlag- und Mostfässer, neue PE-Tanks 1000 Liter.

## Ersparnis
20 bis 50%. Kein SSV, kein WSV.

## Ambiente
Über 10.000 neue und gebrauchte Fässer und Tanks am Lager.

## Adresse
Landry GmbH & Co., Salinenstraße 29, 74177 Bad Friedrichshall, Telefon: 071 36/60 06 oder 60 07, Fax: 44 31.

## Öffnungszeiten
Montag bis Donnerstag 7.00 bis 16.00 Uhr, Freitag 8.00 bis 12.00 Uhr, Samstag geschlossen.

## Anreise
Bad Friedrichshall liegt ca. 6 km von der A6, Ausfahrt Heilbronn-Neckarsulm/Bad Friedrichshall, entfernt. Die Firma Landry ist im Gewerbegebiet Salinenstraße, Ausfahrt Bad Friedrichshall-Mitte von der B27, nach 200 Metern rechts abbiegen.

# brennet

Brennet ist ein bekannter Stoffhersteller. Die Ware, die hier geführt wird, ist gefertigt aus Brennet-Stoffen. Bettwäsche aus Damast, Druck-Bettwäsche, buntgewebte Bettwäsche.

# Der Stoff macht das Hemd

### Warenangebot

Hemden und Krawatten, Herren- und Damenunterwäsche, Bettwäsche aus aktueller Kollektion, Spannbetttücher, Taschentücher, Frottierartikel; Stoffreste als Kiloware ab 5,- €/kg.

### Ersparnis

In der Regel 1.-Wahl-Ware; Ersparnis dabei ca. 40 bis 50 %. Noch günstigere Preise bei Sonderposten. Zusätzliche Preisersparnis im SSV/WSV von 20 %.

### Ambiente

Nur eine Kabine im großzügigen und gut gestalteten Verkaufsraum. Gut sortiert und sehr freundliche Beratung.

### Besonderheiten

Hier auch Trigema-Test-Shop; weitere lohnende Fabrikverkäufe in der Nähe.

### Adresse

Brennet-Hemdenstoffe, Kleinverkauf, Basler Straße 65, 79713 Bad Säckingen, Telefon: 077 61/5 69 75 72.

### Öffnungszeiten

Montag bis Freitag 9.00 bis 12.00 und 13.00 bis 18.00 Uhr. Mittwoch und Samstag 9.00 bis 13.00 Uhr.

### Weitere Verkaufsstellen

● 79664 **Brennet/Öflingen**, Basler Straße 18, Telefon: 077 61/93 35 78.
● 79688 **Hausen**, Hebelstraße 2, Telefon: 076 22/67 56-0, 6756-672.
● 79664 **Wehr**, Hammer 1 (gegenüber Kaufhaus Bär), Telefon: 077 62/80 09-72.

### Anreise

Bad Säckingen liegt an der Strecke Waldshut-Rheinfelden. Verkauf ist direkt an der Bundesstraße, Ortsausgang Richtung Rheinfelden gegenüber der Tankstelle, gut beschildert.

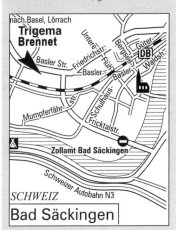

Ceceba ist eine bewährte und gern gekaufte Spitzenqualität. Hochwertige Ware, angenehme Trageigenschaften.

# Underwear is our Profession

## Warenangebot

Herrentagwäsche von der klassischen Doppelripp und Feinripp, auch in großen Größen bis 18 (= 10XL) über moderne Funktionswäsche bis zur Trend-Underwear für Boys and Girls. Damen- und Herren-Nachtwäsche, auch in großen Größen bis Größe 80 (=10XL) in verschiedenen Qualitäten. Mädchen- und Knabenwäsche. Freizeithemden, Strickwaren, Sport- und Freizeitanzüge, T-Shirts und Sweatshirts.

## Ersparnis

25 bis 30%. Zusätzliche Preisersparnis im SSV und WSV.

## Ambiente

Turnhallengroßer Verkaufsraum, riesiges Angebot, übersichtliche Präsentation. Gute Beratung.

## Adresse

Ceceba-Shop, Hopfstraße 2, 72336 Balingen, Telefon: 07433/2603-44, Fax: 260380, Internet: www.ceceba.com.

## Öffnungszeiten

Montag bis Freitag 9.00 bis 12.00 und 13.30 bis 18.00 Uhr, Samstag 9.00 bis 12.00 Uhr.

## Anreise

Balingen liegt zwischen Tübingen und Rottweil. B27, Ausfahrt Balingen-Nord, zum Industriegebiet West.

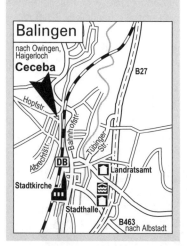

# DORIS**STREICH.**

Das Bekleidungswerk Streich gehört zu den erfolgreichen in der Branche. Doris Streich Bekleidung ist für füllige Damen konzipiert: vorteilhafte Schnitte und eine umfangreiche Auswahl an großen Größen.

# Für starke Frauen

## Warenangebot
1B-Ware und Musterteile: Blusen, Shirts, Hosen, Röcke, Kleider, Blazer, Strickwaren, Accessoires. Kombinierbares Sortiment. Festliche Garderobe und stadtfeine Coordinates.

## Ersparnis
30 bis 40%. Im SSV/WSV mit zusätzlicher Preisersparnis.

## Ambiente
Eigener Verkaufsraum im EG des Bekleidungswerkes. Präsentation wie in einer Boutique. Das Warenangebot hängt nach Größen sortiert. Farben und Schnitte eignen sich zum Kombinieren. Umkleidekabinen. Preisauszeichnung.

## Adresse
Streich Bekleidungswerk, Jurastraße 3, 72336 Balingen, Telefon: 07433/9009-0.

## Öffnungszeiten
Montag bis Freitag 14.00 bis 18.00 Uhr.

## Anreise
B27 von Tübingen nach Balingen, Ausfahrt Balingen-Engstlatt. Nach Engstlatt. Von Tübingen kommend: Richtung Balingen-Ostdorf; die erste Straße rechts in das Industriegebiet Lehenmorgen. Nächste Straße rechts. Von Balingen kommend: Die erste Straße links in das Industriegebiet Lehenmorgen. Nächste Straße rechts. Streich sofort erkennbar. Parkplätze.

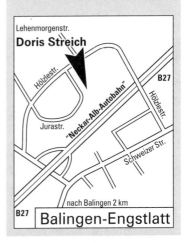

Das Unternehmen Breckle ist einer der führenden Matratzenhersteller in Deutschland. In allen Tests der Stiftung Warentest als bekannte Marke aufgeführt.

# So richtig nett ...

### Warenangebot
Federkern-Matratzen, Taschenfederkern -Matratzen, Latex-Matratzen, Kaltschaummatratzen, Polsterbetten, Bettrahmen, Decken und Kissen (z.B. für Allergiker).

### Ersparnis
Vor allem Ware mit Transportschäden. Preisnachlässe ca. 30%. Kein SSV, kein WSV.

### Ambiente
Freundliche, fachkundige Beratung; großzügiger Verkaufsraum mit vielseitiger Warenpräsentation.

### Besonderheiten
In den Tests der Stiftung Warentest schneiden die Matratzen von Breckle mit dem Qualitätsurteil „gut" ab.

### Adresse
Breckle Matratzenfabrik, Industriegebiet Krautlose, 71726 Benningen, Telefon: 0 71 44/84 30 90, Fax: 8 43 09 16.

### Öffnungszeiten
Montag 10.00 bis 12.00 Uhr, Dienstag und Freitag 10.00 bis 12.00 und 14.00 bis 18.00 Uhr, Mittwoch geschlossen, Donnerstag 15.00 bis 18.00 Uhr, Samstag 9.00 bis 13.00 Uhr. Betriebsferien im Sommer und im Dezember; in dieser Zeit bitte vorher anrufen.

### Anreise
A81 (Stuttgart-Heilbronn), Ausfahrt Pleidelsheim, von dort Richtung Süden Marbach/Ludwigsburg; Abzweigung Benningen am Neckar. Vor der Neckarbrücke rechts ab ins Industriegebiet „Krautlose".

# WINKLE
## POLSTERBETTEN

Die Firma Winkle liefert täglich 700 bis 800 Polsterbetten ins In- und Ausland; angesiedelt in der unteren bis mittleren Preisklasse.

# Qualität preiswert

### Warenangebot

Polsterbetten, Kippsofas, Funktionssofas und Standard-Matratzen aus eigener Produktion, Latex-Matratzen; nur Retouren, beschädigte Ware, Auslaufmodelle, Messegarnituren und 2.-Wahl-Ware. Neu: Wasserbetten, Lattenrahmen, Steppwaren.

### Ersparnis

30 bis 50%. Im SSV/WSV nochmals um 10 bis 15% reduziert. Extra-Reste-Verkauf.

### Ambiente

Sehr schöner Präsentationsraum. Fachkundiges Personal, das auch den Aufbau erklärt. Die Polsterliegen und -betten müssen selbst abgeholt werden.

### Adresse

Winkle Polsterbetten, Ludwigsburger Straße 91, 71726 Benningen/Neckar, Telefon: 0 71 44/99 70, Fax: 9 97 99.

### Öffnungszeiten

Montag bis Freitag 15.00 bis 17.00 Uhr, Samstag 8.00 bis 12.00 Uhr. Im August Betriebsferien, bitte vorher anrufen.

### Anreise

Auf der Strecke Ludwigsburg-Benningen rechts am Ortseingang unübersehbar die Polsterbetten-Fabrik. Von der A81 Stuttgart-Heilbronn kommend, Ausfahrt Pleidelsheim, nach Murr, von Murr nach Benningen, durch den Ort Richtung Ludwigsburg durchfahren, am Ortsende links.

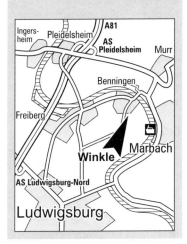

# Gerster

Da werden Fensterträume wahr ... steht auf dem reizenden Kalender der Firma. In der Tat fertigt Gerster feine, filigrane Gardinen in guter Qualität; aktuelle Dekostoffe.

## Ein Hauch von Luxus

**Warenangebot**
Gardinen in verschiedenen Längen, Halbgardinen, Dekostoffe, fertig genähte Raff-Rollos aus Gardinenstoff in verschiedenen Längen und Breiten.

**Ersparnis**
40 bis 50 %; kein SSV/WSV.

**Ambiente**
Jeder Besucher muss sich beim Pförtner melden; Verkauf im Hof letzte Tür links; Schild: „Verkauf nur für Wiederverkäufer" darf nicht so eng gesehen werden, wie Stichproben und Nachfragen ergaben; Mustergardinen hängen aus, nach denen man nach eigenen Wünschen kauft.

**Adresse**
Gustav Gerster, Memminger Straße 18, 88400 Biberach/Riß, Telefon: 073 51/58 60.

**Öffnungszeiten**
Montag bis Donnerstag 7.00 bis 16.30 Uhr, Freitag 7.00 bis 15.00 Uhr, Samstag geschlossen.

**Anreise**
Von Biberach-Mitte Richtung Memmingen (auf Memminger Straße); Firma Gerster noch vor „Liebherr-Gelände" rechts; Parkplätze auf Firmengelände.

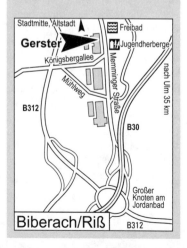

Bär Schuhe sind bekannt für Qualität und handwerkliche Verarbeitung (vorwiegend Mokassin, handgenäht). Keine Massenware. Auch für Problemfüße (Damen und Herren).

# Bärig zu Fuß

## Warenangebot

Bequemschuhe vom Hausschuh bis zum Trekkingstiefel für alle Lebensbereiche (Beruf, Freizeit, Sport). Elchleder-Jacken, Kleinlederwaren und Taschen.

## Ersparnis

2.-Wahl-Ware: 10 bis 30%. Sonderangebote, Musterware, Restverkäufe: 50%.

## Ambiente

Das gesamte Bär-Bequemschuh-Programm und große Auswahl an Auslaufmodellen, 2.-Wahl-Ware und Fehlfarben zu attraktiven Sonderpreisen. Aber: Bär ist kein Billig-Schuh-Hersteller.

## Besonderheiten

Neu: Teststrecke. Schuhgrößen von Größe 35 bis 51.

## Adresse

Bär GmbH, Pleidelsheimer Straße 15, 74321 Bietigheim-Bissingen, Telefon: 0 71 42/95 66 60, Fax: 95 66 33.

## Öffnungszeiten

Montag bis Freitag 9.00 bis 19.00 Uhr, Samstag 9.00 bis 16.00 Uhr.

## Anreise

Firma im Industriegebiet Büttenwiesen am Forst im Ortsteil Bietigheim. Immer den Schildern zu Möbel-Hofmeister nachfahren. Fabrikverkauf von Bequem-Schuh Bär ca. 250 m neben Möbel-Hofmeister.

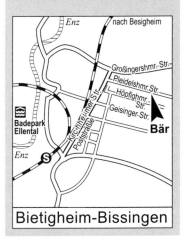

Bietigheim-Bissingen

**Alles rund um´s Bett**

Gailing fertigt Matratzen aus Latex und Schaumstoff in allen Größen und Formaten, Decken als Sommer- und Winterbetten. Das Unternehmen ist aber auch Bettenfachgeschäft. Der Verkauf ist eine Mischung aus Einzelhandelsgeschäft und Fabrikverkauf.

# Bettgeflüster

### Warenangebot

Auslaufmodelle und Restposten in 1. und 2. Wahl: Dream-line-Latexmatratzen, Schaumstoffmatratzen, Einlegerahmen, Wasserbetten, Einziehdecken, Kissen und Bettdecken aus Daunen, Federn und Naturhaar. Allergikerbetten und -bezüge, waschbare Materialien, Nackenstützkissen, Federkernmatratzen und Lattenroste, Schaumstoffzuschnitte.

### Ersparnis

10 bis 20 %, Angebote bis 60 %. Im SSV/WSV nochmals ca. 20 % reduziert.

### Ambiente

Die Artikel im Laden sind zu Einzelhandelspreisen erhältlich. Lagerverkauf in zwei separaten Räumen (an Fachgeschäft angeschlossen und beschildert). Nur hier ist der günstige Fabrikverkauf.

### Adresse

Betten Gailing, Pleidelsheimer Straße 13, 74321 Bietigheim-Bissingen, Telefon: 0 71 42/60 98, Fax: 6 68 73, E-Mail: info@betten-gailing.de, Internet: www. betten-gailing.de.

### Öffnungszeiten

Montag bis Freitag 9.00 bis 19.00 Uhr, Samstag 9.00 bis 14.00 Uhr.

### Anreise

A81 (Stuttgart-Heilbronn), Ausfahrt Ludwigsburg Nord, auf der B27 nach Bietigheim-Bissingen; Firma befindet sich im Industriegebiet Büttenwiesen (im Ort Richtung Pleidelsheim).

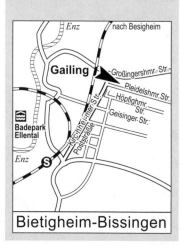

**Bietigheim-Bissingen**

Levior ist der älteste Helmhersteller in Europa. Bei der Produktentwicklung fließen die Erfahrungen der Levior-Rennteams aus dem Motorradsport direkt mit ein. Dadurch sind die Produkte hinsichtlich Sicherheit und Funktionalität immer auf dem neuesten Stand der Technik. Eigene Produktion im Bekleidungsbereich.

# Since 1904

### Warenangebot
Helme für Motorradfahrer und Rad- fahrer. Motorrad- und Rollerbekleidung von Kopf bis Fuß. Leder-, Textil- und Regenbekleidungskollektion. Motorrad- Tankrucksäcke, Nierengurte, Hand- schuhe, Kartsportbekleidung.

### Ersparnis
Zum Teil bis zu 50 %. Musterware, Aus- laufmodelle, Sonderposten bis zu 70 %. Kein WSV/SSV.

### Ambiente
Fachverkäufer. Verkaufsraum ca. 600 m², Präsentation der Waren wie im Einzel- handelsgeschäft. Service: Reparatur- und Montageabteilung im Haus. Ersatz- teile für Helme. Airbrush und Sonder- lackierungen auf Wunsch. Zusätzlicher Showraum über 200 m². Dort Verkauf von sämtlichen Kartsportprodukten.

### Adresse
Levior Voss Bike-Line Vertrieb GmbH, Burg-Dauchsteinstraße 2, 74862 Binau, Telefon: 0 62 63/42 02 54, Fax: 42 02 20. Internet: www.levior.de, E-Mail: info@ levior.de.

### Öffnungszeiten
Montag bis Freitag 9.00 bis 18.00 Uhr, Donnerstag bis 20.00 Uhr, Samstag 9.00 bis 13.00 Uhr.

### Anreise
Zwischen Heidelberg und Heilbronn an der B27 – von Mosbach kom- mend, rechts auf Abzweigung „Bi- nau/Siedlung" achten, dort nach ca. 100 m erstes Gebäude rechts.

Maute ist ein bekannter Hersteller von Tag- und Nachtwäsche. Am bekanntesten ist die Tochtermarke Jockey. Die Wäsche von Maute ist geschätzt als hochwertige Ware mit angenehmen Trageeigenschaften.

# Wie's drunter aussieht?!

## Warenangebot

Tag- und Nachtwäsche und Bademoden für Damen und Herren, Miederwaren, Dessous, T-Shirts, Sweatshirts, Polohemden, Hemden, Strickwaren. Kinderbekleidung, -bademoden. Frottierwaren, Bettwäsche.

## Ersparnis

Bis zu 40 %, 1B-Teile noch günstiger. Im SSV/WSV nochmals um 30 bis 50 % reduziert.

## Ambiente

Fast 1000 m² Fläche in neuen Räumen. Genügend Parkplätze vor dem Haus vorhanden. Kinderspielecke, behindertengerecht mit Aufzug.

## Adresse

Maute GmbH & Co. KG, Bahnhofstraße 16, 72406 Bisingen, Telefon: 0 74 76/ 9 30-2 44, Fax: 9 30-2 50, E-Mail: fabrik verkauf@ bodyart.de.

## Öffnungszeiten

Montag bis Freitag 9.00 bis 18.00 Uhr, Samstag 9.00 bis 13.00 Uhr.

## Anreise

Bisingen liegt an der B27 ca. 4 km nördlich von Balingen. Firma erkennt man am Fabrikschlot in unmittelbarer Nähe des Bahnhofs. Von Stuttgart auf B27 Richtung Bisingen. Im Ort auf Heidelbergstraße, durch Unterführung, dann links in die Bahnhofstraße.

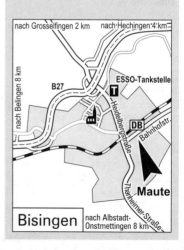

72

# SCHÖLLER

Schöller ist bekannt als guter, erfahrener Wäschelieferant auf der Schwäbischen Alb. Das Angebot reicht von klassischer Basic-Unterwäsche über exklusive Lingerie bis hin zur modischen Wäsche. Feinste Garne aus edlen Naturfasern, 100 % ägyptische Mako-Baumwolle, figurgerechte Schnittformen mit vorzüglicher Passform. Vorbehandelte Schöller-Wäsche ist trocknergeeignet und formbeständig (Garantie 2 Jahre).

# Erfolgreich in Wäsche

### Warenangebot

Damen- und Kinderunterwäsche, auch Ski-Unterwäsche. Tagwäsche von Pompadour und Schöller. BH-Sets und Nachtwäsche für die Dame. Wäsche für Herren von Nestos.

### Ersparnis

Gutes Preis-Leistungs-Verhältnis; in vielen Fällen Ersparnis auch über 50 % bei 2. Wahl, Sonderangeboten und Musterware. Im SSV/WSV 30 % reduziert.

### Ambiente

Nette Verkäuferin, die auch berät. Heller und großzügig gestalteter Verkaufsraum, Ware übersichtlich nach Größen geordnet.

### Adresse

Ernst Schöller, Narzissenweg 8, 72406 Bisingen, Telefon: 0 74 76/9 12 46, Fax: 9 12 48.

### Öffnungszeiten

Montag bis Donnerstag 9.00 bis 12.30 und 14.00 bis 18.00 Uhr, Freitag 9.00 bis 12.30 und 14.00 bis 16.30 Uhr.

### Anreise

B27 (Hechingen-Balingen). Ausfahrt Bisingen. Im Ort Richtung Albstadt. Vorletzte Straße vor Bahnunterführung links ist Narzissenweg.

Drescher produziert für die großen Versandhäuser wie Quelle und Schöpflin, Neckermann, Otto. Was nicht geordert wird, wandert hier in den Fabrikverkauf.

# Im Schatten der Großen

### Warenangebot
Für Erwachsene: Unterwäsche. Es dominieren klassisch-weiße (kochfeste) Hemden und Slips, dazwischen mal ein gewagtes Schwarz. Für Kinder: ebenfalls eine große Auswahl an Unterwäsche; zudem T-Shirts, Sweatshirts, Shirts mit Walt-Disney-Aufdrucken.

### Ersparnis
Gut 50 %. Kein SSV, kein WSV.

### Ambiente
Nach dem Haupteingang links ist ein Teil des Lagers für Fabrikverkauf reserviert. Ware in Schütten und Regalen mit lückenhafter Preisauszeichnung. Die freundliche Verkäuferin hilft weiter.

### Adresse
Dretex/Wilhelm Drescher KG, Onstmettinger Straße 55, 72406 Bisingen-Thanheim, Telefon: 0 74 76/94 32-0, Fax: 94 32-30.

### Öffnungszeiten
Montag bis Donnerstag 9.00 bis 12.00 und 14.00 bis 16.30 Uhr, Freitag 9.00 bis 12.00 Uhr, Samstag geschlossen.

### Anreise
B27 (Hechingen-Balingen), Ausfahrt Bisingen. Immer Richtung Albstadt fahren, in und durch den Ortsteil Thanheim. Dretex ist fast am Ortsende linke Seite. Gut erkennbar; Kundenparkplätze vor dem Eingang.

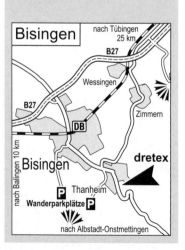

Big Pack ist die starke Outdoor-Marke mit Top-Qualität: Big Pack bietet funktionale, passende, haltbare, materiell hochwertige und richtungsweisende Produkte an.

# Der Spezialist für Outdoor

### Warenangebot
2. Wahl, Muster, Auslaufware direkt vom Hersteller, Ski- und Outdoor-, Fleece-, Regen-, Trekking- und Reisebekleidung, Daunenjacken, Funktionsunterwäsche, Rucksäcke, Schlafsäcke, Zelte, Stoffe.

### Ersparnis
30 bis 60%. Bei 2.-Wahl-Ware und Einzelstücken auch höhere Nachlässe möglich. Kein SSV/WSV.

### Ambiente
Große Lagerverkaufshalle mit Umkleidekabinen.

### Besonderheiten
Sonderverkäufe im Frühjahr und Herbst.

### Adresse
Big Pack GmbH, Verkaufsraum: Pfarrstraße 29, 73266 Bissingen/Teck, Telefon: 07023/95110, Fax: 951155, E-Mail: info@bigpack.de, Internet: www.bigpack.de.

### Öffnungszeiten
Jeweils zur Mitte des Monats von Donnerstag bis Samstag; jeweils zum Ende des Monats von Mittwoch bis Samstag. Mittwoch bzw. Donnerstag bis Freitag 10.00 bis 20.00 Uhr, Samstag 9.00 bis 16.00 Uhr. Termine über Info-Telefon: 07023/9511-0.

### Anreise
5 Minuten von der A8 Stuttgart-München, Ausfahrt Nr. 57 Kirchheim/Teck-Ost (siehe Skizze). Auf B465 Richtung Süden, nach ca. 1200 m links Richtung Nabern, Bissingen. In Bissingen 2. Straße links, Fabrikstraße bis ans Ende, am Firmengebäude BIG PACK vorbei, dann rechts in Pfarrstraße.

**clauss markisen**

Clauss Markisen ist seit über 50 Jahren bekannt als Hersteller von textilem Sonnenschutz. Größter Wert wird auf einwandfreie Funktion, hochwertige Technik, Optik, Langlebigkeit und Innovation gelegt.

# Ein Schattenplätzchen

### Warenangebot
Excellent-Markisen (totaler Schutz des Markisentuches in Hülse), Classic-Markisen (die Preiswerte ohne Hülse), Fenstermarkisen, Außen- und Innenbeschattung (z.B. für Wintergärten), Terrassenfächer. Bedienung mittels Motor oder Handkurbel.

### Ersparnis
Im Winter (Oktober bis März) 15% Winterrabatt auf projektbezogene Einzelanfertigungen. Kein SSV, kein WSV.

### Ambiente
Über 300 m² großer Ausstellungsraum. Gezeigt werden alle Markisentypen, Auswahl: über 100 Markisentücher.

### Adresse
Clauss Markisen Projekt GmbH, Bissinger Straße 9, 73266 Bissingen-Ochsenwang, Telefon: 070 23/1 04-32 oder -26, Fax: 1 04 10.

### Öffnungszeiten
Montag bis Freitag 8.00 bis 12.00 und 13.00 bis 17.00 Uhr, Samstag (Februar bis Juli) 9.00 bis 13.00 Uhr.

### Anreise
A8 (Stuttgart-Ulm), Ausfahrt Kirchheim/Teck Ost, nach Bissingen; von Bissingen nach Bissingen-Ochsenwang, die Firma ist am Ortseingang.

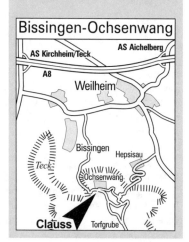

**fegou ✚ ZEWI**
**bébé jou**

Baby- und Kleinkindermode vom Spezialisten; neben dem Programm für den Baby- und Kinderalltag auch modische Tauf- und Festbekleidung.

# Alles für den Klapperstorch

## Warenangebot
Strampler, Overalls, Jäckchen im Baby-bereich. T-Shirts, Sweats, Radlerhosen, Leggings, Hosen, Kleider im Kleinkinder-bereich. Ab Gr. 128 nur noch Sweats und Shirts. Tauf- und Festprogramme; Stoffe und Nähzubehör aus Produk-tionsüberhängen.

## Ersparnis
40 bis 50%. Im WSV/SSV ca. 20% zusätzliche Ersparnis.

## Ambiente
Sehr voller Verkaufsraum; Ware in Regalen nach Artikelgruppen und Grö-ßen sortiert, die 2. Wahl auf Bügeln an langen Ständerreihen; freundliche Fach-beratung; Preisauszeichnung.

## Adresse
Fegou-Design, Guder & Feihle GmbH, Rittergasse 1, 89143 Blaubeuren, Telefon: 07344/3798, Fax: 922447, E-Mail: fegou@t-online.de.

## Öffnungszeiten
Montag 9.00 bis 12.00 und 14.00 bis 16.00 Uhr, Dienstag und Donnerstag 14.00 bis 17.00 Uhr, Mittwoch 14.00 bis 18.00 Uhr, Freitag und Samstag ge-schlossen.

## Anreise
A8 bis Ausfahrt Merklingen, dann Richtung Ulm auf B28. In Blau-beuren in die Altstadt fahren, am Marktplatz nicht rechts, sondern geradeaus weiter; Firma nächste Querstraße links (Ecke Rittergasse/ Klosterstraße).

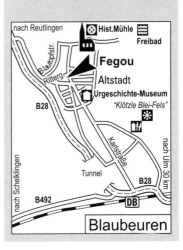

Neben dem Factory Outlet Center gibt es Off-price Stores, Fachgeschäfte, Dienstleistungsanbieter und Gastronomie. So vertreibt der Edelversender Madeleine seine DOB-Überhänge zu günstigen Preisen, Vera-Cosmetics bietet Kosmetik und Parfüms an. Im Factory Outlet M, dem Kernstück des Center M, präsentieren 30 Markenfirmen Überhänge und Auslaufmodelle.

# 30 Hersteller unter einem Dach

### Warenangebot
Bekleidung für Damen und Herren, Freizeit- und Sportbekleidung, Bademoden, Damen- und Herrenwäsche, Hemden und Blusen, Krawatten, Pullover u. a. Strickwaren, Young Fashion, Baby- und Kinderbekleidung.

### Ersparnis
Bis 50 %, bei 1B-Ware (nur wenige Teile) bis 70 %.

### Ambiente
Fabrikgebäude mit Parkplatz. Die Waren sind übersichtlich sortiert und ausgezeichnet. Hersteller präsentieren sich auch im Shopsystem, z.B. Madeleine, Elegance, Peter Hahn mit jeweils eigenem Laden.

### Adresse
M-Hersteller-Direktverkauf, Maute Verwaltungs- und Handels GmbH, Daimlerstraße 2, 72411 Bodelshausen, Telefon: 074 71/70 61 32.

### Öffnungszeiten
Montag bis Freitag 10.00 bis 18.00 Uhr, Samstag 10.00 bis 13.00 Uhr.

### Anreise
B27 (Stuttgart-Hechingen), Ausfahrt Bodelshausen. Direkt in die Bahnhofstraße einbiegen, nach 500 m links in die Daimlerstraße, Ecke Bahnhofstraße.

# MADELEINE

Die Marke Madeleine ist ein Begriff für anspruchsvolle Damenmode eines der bekanntesten Direktversender in Europa. Hersteller-Direktverkauf von Lagerüberhängen, Vorsaisonware und 2.-Wahl-Ware. Die Artikel stammen nicht aus den aktuellen Katalogen bzw. weisen kleine Fehler auf.

# Damenwahl

## Warenangebot
Gute Auswahl an Damenbekleidung: Mäntel, Kleider, Kostüme, Jacken, Blazer, Hosen, Blusen, Röcke, Dessous, Sportswear, Schuhe, Accessoires, Bademoden.

## Ersparnis
50 %. Madeleine special legt Wert auf die Feststellung: Die Artikel stammen nicht aus den aktuellen Katalogen. Umtausch nicht möglich. Zusätzliche Preisersparnis im SSV/WSV ca. 30 %.

## Ambiente
Verkaufsraum im Stil einer Boutique, großes Angebot, freundliche Bedienung. Im Center M sind noch andere günstige Einkaufsquellen für Mode zu nennen: Die Marke Élegance als Extra-Herstellerverkauf für DOB und die ca. 30 Hersteller des Factory Outlet "M".

## Adresse
Madeleine special im Center M, Daimlerstraße 2, 72411 Bodelshausen, Telefon: 0 74 71/70 61 32 oder 70 61 23.

## Öffnungszeiten
Montag bis Freitag 10.00 bis 18.00 Uhr, Samstag 10.00 bis 13.00 Uhr.

## Anreise
B27, Ausfahrt Bodelshausen. Direkt in die Bahnhofstraße einbiegen, nach 500 m links in die Daimlerstraße, Ecke Bahnhofstraße/Daimlerstraße.

# MARCCAIN

Marc Cain ist ein internationaler Mode- und Qualitätsbegriff. Das Unternehmen ist Lieferant nobler Damenbekleidungs-Coordinates in Strick und Webwaren, Jeans- und Sportswear, Schuhen und Accessoires. Wer direkt zu Marc Cain nach Bodelshausen kommt, findet hochmodische Ware vor.

# Exclusiv-Modelle

### Warenangebot
Mäntel, Jacken, Kleider, Blusen, Pullis, Westen, T-Shirts, Hosen, Röcke. Jacken, Kleider, Blusen, Röcke aus Nappa- und Veloursleder. Schuhe, Gürtel, Taschen, Hüte und Handschuhe.

### Ersparnis
Bei hochmodischer Ware, z.B. 1. Wahl ca. 50 % Ersparnis, 1B-Ware 70 % reduziert. Ware liegt im hochpreisigen Segment. Im SSV/WSV nochmals reduziert.

### Ambiente
Großer Verkaufsraum, fachkundiges Personal, von dem man sich beraten lassen sollte. Freundlich und kompetent.

### Adresse
Marc Cain Fabrikverkauf, Steinstraße 3, 72411 Bodelshausen, Telefon: 0 74 71/7 09-0 oder -2 34, Fax: 70 91 22.

### Öffnungszeiten
Montag bis Donnerstag 13.00 bis 18.00 Uhr, Freitag 10.00 bis 18.00 Uhr, Samstag 10.00 bis 14.00 Uhr.

### Weitere Verkaufsstellen
Marc Cain Second Season:
● 13347 **Berlin-Wedding**, Oudenarder Straße 16, Telefon: 0 30/4 55 00 90.
● 89073 **Ulm**, Hafenbad 12, Telefon: 07 31/9 69 95 50.

### Anreise
B27 (Tübingen-Hechingen), Ausfahrt Bodelshausen, in die Bahnhofstraße (Hauptstraße L389), nach ca. 300 m rechts in die Steinstraße. Oder A81, Ausfahrt Rottenburg, Richtung Hechingen, 3. Ort ist Bodelshausen.

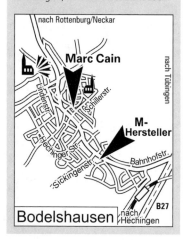

Die Firma Karl Rieker ist ein Familienunternehmen. Von der reinen Trikotagenfertigung hat sich der Betrieb zu einem Hersteller von Damen-, Herren-, Kinder-, Sport- und Freizeitbekleidung sowie Tag- und Nachtwäsche entwickelt. Der Kunde findet im Fabrikverkauf Kleidung gehobener Qualität mit sehr gutem Preis-Leistungs-Verhältnis.

# Wohlfühlen Tag und Nacht

### Warenangebot
Damen-, Herren-, Kinderbekleidung, Sport- und Freizeitbekleidung, Tag- und Nachtwäsche, Miederwaren, Bademoden.

### Ersparnis
Ca. 40 bis 60 %. Kein SSV, kein WSV.

### Ambiente
Am Fabrikgebäude ist der Fabrikverkauf groß beschildert; helle, einfache Präsentation.

### Besonderheiten
Ganzjähriger Schnäppchenmarkt.

### Adresse
Karl Rieker GmbH & Co. KG, Lindenstraße 56, 72411 Bodelshausen, Telefon: 0 74 71/95 81 01, Fax: 95 81 21.

### Öffnungszeiten
Montag bis Freitag 9.00 bis 12.30 und 14.00 bis 18.00 Uhr, Samstag 9.00 bis 12.00 Uhr.

### Anreise
Bodelshausen liegt zwischen Tübingen und Hechingen; von der B27 kommend in Bodelshausen-Mitte bei „Speidel" links; nächste Straße links.

SPEIDEL.
Feines auf der Haut

Elegant, sportiv, frech und unbeschwert. Speidel - Feines auf der Haut hat
sich mit qualitativ hochwertiger, modischer Damentagwäsche und einem
sehr guten Preis-Leistungs-Verhältnis in der Branche einen hervorragenden
Namen gemacht. Modernste Maschinen und außergewöhnlich gute
Grundmaterialien garantieren ein gleichbleibend hohes Qualitätsniveau.

# Tages-Hits

## Warenangebot

Damentagwäsche: Jazzpants, Lady-
pants, Pantys, Bustiers mit und ohne
Spitze, Hemden, Shirts und Tops. Bodys,
jugendlich frech und elegant, BH-Teile,
elegante und sportive Slips in allen
Passformen, Leggings, Radlerhosen. Das
Warenangebot wird vervollständigt
durch Herrenunterwäsche und Pyjamas,
sowie hübsche Mädchenunterwäsche.

## Ersparnis

Ca. 20%.

## Ambiente

Großer, heller Neubau mit Umkleidekabinen, übersichtliche und großzügige Präsentation.

## Adresse

Speidel - Feines auf der Haut, Hechinger
Straße, 72411 Bodelshausen, Telefon:
0 74 71/70 10.

## Öffnungszeiten

Montag bis Donnerstag 9.00 bis 12.00
und 13.30 bis 18.00 Uhr, Freitag 9.00 bis
18.00 Uhr, Samstag 9.00 bis 12.00 Uhr.

## Anreise

Bodelshausen liegt an der B27 zwi-
schen Tübingen und Hechingen.
Ausfahrt Bodelshausen, in die
Bahnhofstraße (Hauptstraße). Vierte
Straße links ist Hechinger Straße.
Großer Parkplatz.

Die Kollektionen werden unter dem Markennamen „DEE" vertrieben. Es handelt sich um Ware aus Baumwolle, Mischgewebe und Funktionsfasern. Direktimport aus dem europäischen Ausland.

# Sports-, Free- and Bikewear

### Warenangebot
T-Shirts, Poloshirts, Sweatshirts, Jogging-Anzüge. Sports- und Freewear (bequeme Baumwollbekleidung), Radbekleidung.

### Ersparnis
Waren der vergangenen Saison 30 bis 50 %, 2. Wahl-Ware bis zu 75 %. Im SSV/WSV bis 40% zusätzliche Ersparnis.

### Ambiente
Sachkundige Bedienung, angenehme Atmosphäre, moderner Verkaufsraum von ca. 400 m², Kinderspielecke vorhanden. Präsentation der Waren übersichtlich in Regalen.

### Adresse
DEE-Shop, Buchenstraße 44, 89558 Böhmenkirch, Telefon: 07332/961127, Fax: 4415.

### Öffnungszeiten
Montag bis Freitag 9.00 bis 12.00 und 13.00 bis 18.00 Uhr, Donnerstag bis 19.00 Uhr, Samstag 9.00 bis 13.30 Uhr.

### Anreise
Böhmenkirch liegt auf halber Strecke zwischen Geislingen/Steige und Heidenheim (Entfernung jeweils ca. 15 km). Autobahn: A8, Stuttgart-München, Ausfahrt Mühlhausen. Oder A7, Ulm-Würzburg, Ausfahrt Heidenheim. Der DEE-Shop befindet sich in Böhmenkirch, Ortsausgang Göppingen (an der B466).

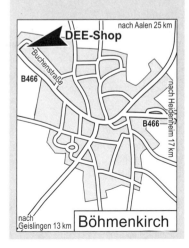

Wo der Schwarzwald besonders hoch und seine Luft besonders frisch ist, reift der echte Schwarzwälder „Adler-Schinken" zum Hochgenuss.

# Schwarzwälder Spezialitäten

### Warenangebot
Schwarzwälder Adler-Schinken und -Speck, Hausmacher Wurstspezialitäten, luftgereifter Alemannenschinken, Frischwurst und Frischfleisch, im Zusatzsortiment Konserven, Gewürze und mehr.

### Ersparnis
Ca. 20 bis 25 %.

### Ambiente
Verkaufsraum wie Fleischerfachgeschäft im Hause Adler. Frische Ware garantiert; fachkundiges Personal; Parkplätze am Werk.

### Besonderheiten
Die geräucherten Schinken-Spezialitäten und vakuumverpackte Ware sind lange haltbar. In der Nähe liegen das berühmte Naturschutzgebiet Wutachschlucht und die Lotenbachklamm.

### Adresse
Hans Adler OHG, Am Lindenbuck 3, 79848 Bonndorf, Telefon: 0 77 03/83 20, Fax: 83 21 00, Internet: www.adler schinken.de.

### Öffnungszeiten
Montag bis Freitag 8.00 bis 18.00 Uhr, Samstag 8.00 bis 12.00 Uhr.

### Anreise
Von der A81 (Stuttgart-Singen) kommend: am Autobahndreieck Bad Dürrheim auf A864 Richtung Donaueschingen, Ausfahrt Donaueschingen. In Richtung Schaffhausen B27/31. In Hüfingen der Beschilderung nach Bonndorf folgen. Adler befindet sich am Ortseingang auf der linken Seite. Von Freiburg kommend: Richtung Titisee-Neustadt, bei Titisee-Neustadt weiter auf B317/B500 nach Lenzkirch, weiter auf B315 Richtung Bonndorf. Adler befindet sich am Ortsausgang rechts.

**Bleyle**

L I N G E R I E

Von der großen Marke Bleyle ist nicht mehr viel übrig geblieben. Allerdings wird Bleyle-Underwear in Brackenheim hergestellt und auch ab Fabrik verkauft. Darüber hinaus Strickwaren für Damen, Herrenbekleidungsprogramme und Herren-Strickprogramme von befreundeten Firmen.

# Hoher Qualitätsstandard

### Warenangebot

Eigenes Tag- und Nachtwäsche-Programm für Damen und Herren, Unterwäsche, Bade- und Morgenmäntel, Nachthemden, Schlafanzüge, Dessous, BHs, Slips, Hemdchen. Komplettes Damen-Strickprogramm und Herrenbekleidung von Anzug, Hemd, Krawatte, Jacke, Hose bis zu den Schuhen.

### Ersparnis

Eigene Ware ca. 50 %, zugekaufte Ware ca. 30 %. Zusätzliche Preisersparnis im SSV/WSV ca. 25 %.

### Ambiente

Ca. 500 m² Verkaufsfläche, davon 150 m² mit eigenem Programm.

### Adresse

Bleyle Underwear GmbH, Maulbronner Straße 12, 74336 Brackenheim, Telefon: 0 71 35/1 09-36.

### Öffnungszeiten

Montag bis Freitag 10.00 bis 13.00 und 14.00 bis 18.00 Uhr. Neu: Samstag 10.00 bis 13.00 Uhr.

### Anreise

In Brackenheim Richtung Güglingen. Rechts vor dem Krankenhaus ist die Firma Bleyle Underwear.

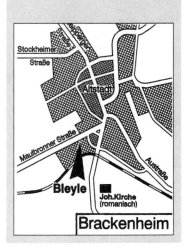

# Seitenbacher®

Bekannt ist die Firma Seitenbacher vor allem für ihre Müslispezialitäten. Der Fabrikverkauf offenbart die ganze Vielfalt der Produktpalette dieses äußerst erfolgreichen Unternehmens: vom Fruchthütchen bis hin zu Diätetischen Lebensmitteln.

# Lecker, lecker, lecker ...

### Warenangebot
Seitenbacher Müsli, Mühlen-Müsli, Backzutaten, Brotbackmischungen, Getreide und Flocken, Sämereien, Suppen und Soßen, Diätetische Lebensmittel, Getreideküchle, Öl, Teigwaren ohne Ei, ökologisch oder mit Frischei, Kekse, Nüsse, Trockenfrüchte und Honig. Auch Cerealien, Riegel, Schokofrüchte und Frucht-Hütchen.

### Ersparnis
Mindestens 10 %.

### Ambiente
Ansprechender Verkaufsladen, Warensortiment übersichtlich angeordnet, freundliche Bedienung. Versand möglich.

### Adresse
Seitenbacher, Siemensstraße 14 (Industriegebiet II), 74722 Buchen im Odenwald, Telefon: 0 62 81/30 67, Fax: 93 55.

### Öffnungszeiten
Montag bis Freitag 8.00 bis 12.00 und 13.00 bis 17.00 Uhr.

### Anreise
Von Stuttgart kommend auf der B27 Richtung Walldürn. Die zweite Ausfahrt nach Buchen führt ins Industriegebiet (von der B27 aus ist Seitenbacher zu sehen). Immer Richtung der Beschilderung Industriegebiet II folgen.

Mauz ist bekannte Markenqualität. Das Unternehmen hat sich bei Nachtwäsche für die ganze Familie einen Namen gemacht.

# Gute-Nacht-Geschichten

### Warenangebot
Nachtwäsche und Oberbekleidung für Babys, Kinder, Damen, Herren.

### Ersparnis
1.-Wahl-Ware: Ersparnis über 50 %. Im SSV/WSV nochmals reduziert.

### Ambiente
Freundliche, sachkundige Beratung. Ware übersichtlich geordnet, in neuen, großzügigen Räumen.

### Adresse
Basil Mauz GmbH & Co. KG, Blumenstetter Straße 3, 72393 Burladingen, Telefon: 0 74 75/95 40 28, Fax: 95 40 40, Internet: www. mauz.de.

### Öffnungszeiten
Montag bis Freitag 9.00 bis 12.00 und 13.30 bis 18.00 Uhr, Samstag 9.00 bis 13.00 Uhr.

### Weitere Verkaufsstellen
● 72414 **Rangendingen**, Hechinger Straße 35, Telefon: 0 74 71/8 25 93.
● 72419 **Neufra** (im Fabrikverkauf Kanz), Gammertinger Straße 30/1, Telefon: 0 75 74/40 80.
● 73084 **Salach**, Brühlstraße 41, Telefon: 0 71 62/94 30 91.
● 79189 **Bad Krozingen**, Bahnhof-straße 16, Telefon: 0 76 33/10 10 44.
● 87645 **Schwangau**, König-Ludwig-Straße 2, Telefon: 0 83 62/93 02 77.
● 89423 **Gundelfingen-Echenbrunn**, Old-Factory-Store, An der alten Weberei 1, Telefon: 0 90 73/9 50 40.

### Öffnungszeiten
Montag bis Freitag 9.00 bis 12.00 und 13.30 bis 18.00 Uhr, Samstag 9.00 bis 13.00 Uhr.

### Anreise
Auf der Hauptstraße durch den Ort, Abzweigung zu Basil Mauz ist beschildert.

# BIRKENSTOCK

Birkenstock-Sandalen, und als Neuheit Footprints-Modelle (geschlossener Schuh), sind mehr als nur fußgesunde Sandalen. Birkenstock steht für eine besondere Lebensauffassung, für einen Lebensstil.

# Darauf steht die Welt!

**Warenangebot**
Breite Palette an Sandalen (Gr. 24-50) der Hausmarken Birkenstock, Tatami, Papillio sowie die hochwertigen, geschlossenen Schuhe von Footprints. Auch Spezialschuhe für den medizinischen, labortechnischen und Outdoor-Bereich.

**Ersparnis**
10 bis 60%.

**Ambiente**
Schuhgeschäft mit Erwachsenen- und Kinderabteilung sowie Beratung.

**Öffnungszeiten**
Montag bis Freitag 9.00 bis 18.00 Uhr, Samstag 9.00 bis 14.00 Uhr.

**Adresse**
Birkenstock, Josef-Mayer-Straße 94 (im Trigema Center), 72393 Burladingen, Telefon: 074 75/91 46 10.

**Weitere Verkaufsstellen**
● 73084 **Salach**, Brühlstraße 41, Telefon: 071 62/94 57 91, Fax: 94 57 92.
● 79189 **Bad Krozingen-Bingen**, Im Unteren Stollen 5, Telefon: 076 33/80 62 25.
● 79664 **Wehr**, Im Hemmet 12, Telefon: 077 62/80 51 80.

● 88361 **Altshausen**, Max-Planck-Straße 9, Telefon: 075 84/92 79 79, Fax: 92 79 83.
● 97999 **Igersheim**, Bad Mergentheimer Straße 38, Telefon: 079 31/93 28 20, Fax: 93 28 21.

**Öffnungszeiten**
Montag bis Freitag 9.00 bis 18.00 Uhr, Samstag 9.00 bis 14.00 Uhr.

**Anreise**
Von Hechingen kommend am Ortseingang unübersehbar Trigema Center.

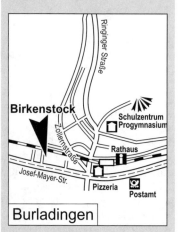

88

Die Marke ist begehrt im deutschen Fachhandel. Die Produktion erfolgt umweltfreundlich.

# Sportliche Strickmode

### Warenangebot
Pullover in großer Auswahl: aus Naturfaser, Naturfasermischungen, Bouclé
und Chenille. Stil: sportliche Freizeitmode.

### Ersparnis
20 bis 25 % auf reguläre Ware. Kein SSV,
kein WSV.

### Ambiente
Schlicht. Die Ware ist übersichtlich sor-
tiert; die Preise sind ausgezeichnet. Wer
Pullis mit Make-up befleckt, bezahlt 5,-
€. Diese Warnung hängt mehrfach im
Verkauf.

### Besonderheiten
Burladingen und insbesondere die
Strecke auf der B32 von Burladingen
nach Gammertingen ist gesäumt von
Fabrikverkäufen.

### Adresse
Camelot GmbH, Verkauf heißt „Keller
Pulli-Shop": Hirschaustraße 50, Burladingen; Firma: Ebinger Straße 134,
72393 Burladingen-Hausen, Telefon:
074 75/70 41, Fax: 66 88.

### Öffnungszeiten
Montag bis Freitag 9.00 bis 18.00 Uhr,
Samstag 9.00 bis 12.00 Uhr.

### Anreise
B27 (Tübingen-Hechingen), dann
auf der B32 nach Burladingen. Kurz
vor Ortseingang (nach Feuerwehr)
rechts, nächste links. „Keller Pulli-
Shop" ist beschildert (linke Seite).

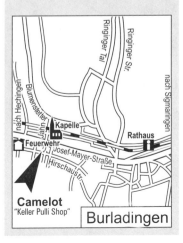

Fröhlich-bunte Kinderbekleidung in den Größen 56 bis 176. Große Auswahl und gute Qualität.

# Exklusiv für Kinder

## Warenangebot
Komplettes Bekleidungssortiment: Strampler, Jäckchen, Overalls, Pullis, Sweatshirts, T-Shirts, Jogginganzüge, Röcke, Leggings, Jeans, Cordhosen; Schneeanzüge, Anoraks, Schlafanzüge. Sehr großes Angebot.

## Ersparnis
Ca. 40 bis 50 %. Zusätzliche Preisersparnis im SSV/WSV.

## Ambiente
Verkaufsraum auf 140 m²; gute Präsentation, Kinderspielecke, 1B-Ware in Schütten; Preisauszeichnung.

## Adresse
J. M. Pfister, Schaltenberg 8, 72393 Burladingen, Telefon: 074 75/5 17, Fax: 2 59, E-Mail: mail@bogibypfister.de.

## Öffnungszeiten
Montag bis Freitag, 8.00 bis 17.00 Uhr, Samstag 9.00 bis 12.00 Uhr.

## Anreise
B27 (Tübingen-Hechingen). Von Hechingen kommend nach Ortseingang rechts ins Industriegebiet „Schlichte"; nächste Straße links, nächste rechts; Firma am Ende der Straße linke Seite.

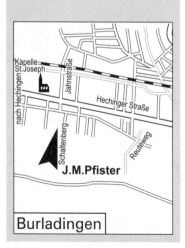

Trigema, Deutschlands größten T-Shirt- und Tennisbekleidungs-Hersteller, kennt man aus der ARD-Fernsehwerbung. Trigema produziert ausschließlich in Deutschland. Im Gegensatz zu den anderen großen Sportmarken.

# Deutschlands Nr. 1

### Warenangebot
Für Damen, Herren und Kinder: Jogginganzüge, Sweatshirts, T-Shirts, Thermowesten, Freizeitmode, Tennismode, Bermudas, Leggings, sportliche Jacken. Sport-, Ski- und Freizeitunterwäsche. Nachtwäsche, modische Wäschekombinationen, Bademoden, Accessoires für Sport und Fitness.

### Ersparnis
Ein Preisvergleich ist nicht möglich, da Trigema-Artikel selten im normalen Sport-Einzelhandel angeboten werden. Zusätzliche Ersparnis im SSV/WSV 20 %.

### Ambiente
Keine Beratung, volles Katalogangebot.

### Besonderheiten
Im Trigema-Haus auch bedeutende Hersteller wie Einhorn (Hemden, Blusen), Birkenstock (Schuhe), Schokolade und Baumkuchen von Jaedicke, Allegra (Frottier-, Tisch- und Bettwäsche). Preisgünstiges Tanken in Burladingen, Altshausen, Rangendingen.

### Adresse
Trigema-Verkauf, Josef-Mayer-Straße 94, 72393 Burladingen, Telefon: 074 75/8 82 29, Fax: 8 82 28.

### Öffnungszeiten
Montag bis Freitag 9.00 bis 18.00 Uhr, Samstag 9.00 bis 14.00 Uhr.

### Weitere Verkaufsstellen
Öffnungszeiten für alle Filialen: Montag bis Freitag 9.00 bis 18.00 Uhr, Samstag 9.00 bis 14.00 Uhr.

### Baden-Württemberg
● 70806 **Kornwestheim**, Stammheimer Straße 10 (im Firmengelände der Firma Salamander gegenüber dem Bahnhof), Telefon: 071 54/80 17 79.
● 72414 **Rangendingen**, Hechinger Straße 56, Telefon und Fax: 074 71/8 30 20.
● 73084 **Salach**, Karl-Laible-Straße 8, Telefon und Fax: 071 62/72 77.
● 76275 **Ettlingen-Albtal**, Pforzheimer Straße 202, Telefon und Fax: 072 43/53 77 05.
● 79189 **Bad Krozingen-Biengen**, Im Unteren Stollen 5, (direkt am Autobahnzubringer/Nähe Feuerwehrhaus), Telefon und Fax: 076 33/1 39 36.
● 79664 **Wehr** (Bad Säckingen), Im Hemmet 12 (direkt an der B518), Telefon und Fax: 076 62/80 50 84.
● 88361 **Altshausen**, Max-Planck-Straße 9, (Gewerbegebiet Oberer Sender), Telefon und Fax: 075 84/27 73.

● 97999 **Igersheim**, Bad-Mergentheimer Straße 38, Telefon und Fax: 0 79 31/4 30 00.

**Hessen**

● 34537 **Bad Wildungen**, Brunnenallee 32-34, Telefon und Fax: 0 56 21/96 52 63.

● 36286 **Neuenstein-Aua**, Weyerswiesenstraße 14, Telefon und Fax: 0 66 77/91 90 05.

● 61191 **Rosbach v.d.H.**, Raiffeisenstraße 8, Telefon und Fax: 0 60 03/93 02 90.

**Rheinland-Pfalz**

● 55546 **Volxheim**, Im Veltensgarten 4, Telefon und Fax: 0 67 03/96 02 55.

**Saarland**

● 66693 **Mettlach**, Marktplatz 6 (zwischen den Werksverkäufen Villeroy & Boch), Telefon und Fax: 0 68 64/27 03 34.

**Bayern**

● 63814 **Mainaschaff**, Industriestraße 1-3, Telefon und Fax: 0 60 21/45 89 26 (Im Firmengelände der Firma Frankenstolz-Schlafkomfort).

● 82490 **Farchant**, Ettaler Straße 4, Telefon und Fax: 0 88 21/67 87.

● 83324 **Ruhpolding**, Otto-Filitz-Straße 1, Telefon und Fax: 0 86 63/50 10.

● 83451 **Piding**, Lattenbergstraße 7, Telefon und Fax: 0 86 51/71 55 00.

● 83734 **Hausham**, Obere Tiefenbachstraße 15a, Telefon und Fax: 0 80 26/3 85 29.

● 87480 **Weitnau**, Klausenmühle 1, Telefon und Fax: 0 83 75/97 47 12.

● 87541 **Bad Hindelang**, Am Bauernmarkt 1, Telefon und Fax: 0 83 24/95 31 40.

● 87645 **Schwangau**, Alemannenweg 5, Telefon und Fax: 0 83 62/8 17 07.

● 91227 **Diepersdorf**, Vogelherdstraße 4, Telefon und Fax: 0 91 20/18 28 03.

● 91350 **Gremsdorf**, Gewerbepark 1, Telefon und Fax: 0 91 93/50 41 30 (Im Firmengelände der Schuhfabrik Manz).

● 93471 **Arnbruck**, Zellertalstraße 13 (Werksgelände Weinfurtner), Telefon und Fax: 0 99 45/3 75.

● 94086 **Bad-Griesbach-Schwaim**, Schwaimer Straße 67, Telefon und Fax: 0 85 32/92 46 76.

● 95100 **Selb**, Hutschenreuther Platz (im Werksgelände Hutschenreuther, Werk B), Telefon und Fax: 0 92 87/89 07 41.

● 96103 **Hallstadt** (Bamberg), Biegenhofstraße 5, Telefon und Fax: 09 51/7 00 94 94.

● 97720 **Nüdlingen**, Am Pfaffenpfad 3, Telefon und Fax: 09 71/6 92 80.

**Anreise**
Von Hechingen kommend am Ortseingang.

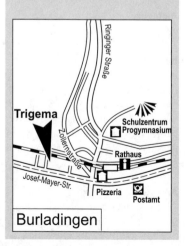

**Baby- und Kindermoden**

Kinderbekleidung in hochwertiger Qualität und guter Verarbeitung. Kombi-Ideen für Buben und Mädchen, auch für die Allerkleinsten.

# Kindermode, die Spaß macht

### Warenangebot
Große Auswahl an Baby- und Kinderbekleidung in den Größen 50-140. Von der Erstausstattung über die Unterwäsche bis zur modischen Oberbekleidung reicht die Angebotspalette.

### Ersparnis
1.-Wahl-Ware 30 bis 50% günstiger. Kein SSV, kein WSV, aber Sonderverkäufe zum Saisonende zweimal jährlich. Termine telefonisch erfragen.

### Ambiente
200 m² Verkaufsfläche. Die Ware ist übersichtlich auf Bügeln geordnet.

### Adresse
Friedrich Mayer, Baby- und Kinderbekleidung, Josef-Deuber-Straße 12, 72393 Burladingen-Melchingen. Telefon: 0 71 26/3 25, Fax: 3 26.

### Öffnungszeiten
Montag bis Donnerstag 9.00 bis 12.00 und 14.00 bis 18.00 Uhr, Freitag 9.00 bis 12.00 Uhr.

### Anreise
Burladingen-Melchingen liegt auf der Schwäbischen Alb. Mit dem Auto ca. 20 Minuten von Tübingen entfernt. Anfahrt über Mössingen-Talheim-Burladingen-Melchingen,

1924 wurde die Firma als Gerberei gegründet, kurz darauf die Konfektionierung angeschlossen. Heute werden für sehr namhafte Labels die Lederbekleidungsteile entwickelt und gefertigt.

# Ledermode für alle

## Warenangebot

Die komplette Produktpalette, Lederbekleidung für Damen und Herren. Von der Ledermütze, über Jacken, Mäntel, Hosen bis Röcke. Auch Sonderanfertigungen möglich. Verwendet wird feines Hirsch-, Ziegen- und Lamm-Nappa-Leder. Damen-Pelzjacken.

## Ersparnis

30 bis 50 %, bei Sonderaktionen oder Musterteilen noch mehr. Im WSV/SSV 40 bis 50 % zusätzliche Ersparnis.

## Ambiente

Großer Verkaufsraum, sehr großes Warenangebot. Auch großes Angebot an Damen-Pelzjacken. Spezielle Abteilung für Sonderanfertigungen und exklusive Artikel.

## Adresse

Karl Hohenstein GmbH, Gaildorfer Straße 29, 74564 Crailsheim, Telefon: 079 51/91 19-19, Fax: 91 19-11.

## Öffnungszeiten

Montag bis Freitag 9.00 bis 12.00 und 13.00 bis 18.00 Uhr, Samstag 9.00 bis 13.00 Uhr (evtl. kurz anrufen). Betriebsferien im August, bitte vorher anrufen.

## Anreise

A6 (Heilbronn-Nürnberg); Ausfahrt 46 Crailsheim. In Ortsmitte Richtung Gaildorf fahren. Firma ist Gaildorfer Straße gegenüber Fa. Eberl (beschildert).

Strümpfe in leichter, mittlerer und dicker Ausführung, in modischen und klassischen Farben und Dessins für Damen, Herren und Kinder, auch in Übergrößen und ohne Gummi. Beste Qualität. Der Mehranteil bei Mischgeweben ist immer die Naturfaser. Keine reinen Kunstfasern, keine Billigware.

# Sockenparade

### Warenangebot
Socken, Söckchen, Kniestrümpfe für Damen, Herren und Kinder. Altbewährte Koch- und Tennissocken, Bundhosenstrümpfe, Bio- oder Arbeitssocken und Skisocken, schweißabsorbierende Klimasocken.

### Ersparnis
30 % Ersparnis. Kein SSV, kein WSV.

### Ambiente
Direkter Eingang zum Verkauf, Beratung nötig, da die aufgedruckten Preise die normalen Ladenpreise sind und hier im Fabrikverkauf nicht gelten.

### Besonderheiten
Ansprechende, qualitativ hochwertige Ware.

### Adresse
Jagstheimer Strumpffabrik und Appretur, Inh. B. Ruf, Bahnstraße 1, 74564 Crailsheim, Telefon: 079 51/4 55 11.

### Öffnungszeiten
Montag bis Freitag 8.00 bis 12.00 und 13.00 bis 18.00 Uhr. Samstag nach Vereinbarung. Betriebsferien im August, bitte vorher anrufen.

### Anreise
Von Crailsheim auf B290 Richtung Aalen. 5 km nach Crailsheim kommt Ortsteil Jagstheim. Nach Ortsschild an der zweiten Kreuzung links abbiegen. Fabrikverkauf ist direkt neben der Bushaltestelle. Kundenparkplätze am Haus.

Seit über 40 Jahren produziert Reutter Porzellankollektionen. Die einzige Firma in Deutschland, die Miniaturen aus Porzellan fertigt. Bis zu 17 Mal werden die Artikel zum Gießen, Glasieren, Bemalen und nochmaligen Brennen in die Hand genommen.

# Hübsche Geschenke

### Warenangebot
Schalen, Dosen, Vasen, Teller, Becher und Sparschweine mit verschiedenen Dekoren. Kinderspielservice und Pick- nickkörbe in großer Auswahl. Minia- turen für Setzkästen und Puppenhäuser. Miniaturservice für Sammler. Plastische Wandbilder und dekorierte Puppen- möbel.

### Ersparnis
Ca. 30 bis 40 %, zudem eine große Auswahl an Angeboten und 2. Wahl. Kein SSV, kein WSV.

### Ambiente
Kleiner Laden, übersichtlich gestaltet; Ware preisausgezeichnet. Tolle Auswahl.

### Besonderheiten
Die Porzellanminiaturen sind einzigar- tig; die Wandbilder originalgetreu im Maßstab 1:12 nachgebildet.

### Adresse
M. W. Reutter Porzellanfabrik GmbH, Rechbergstraße 7, 73770 Denkendorf, Telefon: 07 1/93 49 01-0, Fax: 3 46 03 95.

### Öffnungszeiten
Montag bis Freitag 13.00 bis 18.00 Uhr, Samstag geschlossen. Betriebsferien zwischen Weihnachten und Neujahr.

### Anreise
A8, Ausfahrt Esslingen/Denkendorf; von Denkendorf Richtung Esslingen fahren, kurz vor Ortsende rechts ins Industriegebiet Rechbergstraße; Firma linke Seite.

# Antiquitäten-Dorf

Das Dorf ist vermutlich nur Antiquitäten-Liebhabern ein Begriff: In zehn von-einander unabhängigen Geschäften werden Antiquitäten in allen Preislagen aus drei Jahrhunderten in allen Ausführungen und Stilrichtungen verkauft.

# Das Antiquitäten-Dorf

### Warenangebot

Biedermeier-Möbel, Sekretäre, Roll- und Klappsekretäre, Schreibtische (auch mit Aufsatz), Bauernschränke (bemalt und abgelaugt), ein- und zweitürige Schrän-ke (auch Biedermeier und Barock), Kom-moden, Stuhl- und Tischgruppen, Glas-vitrinen, bemalte Truhen, Kleinmöbel. Stand- und Wanduhren. Antike Ölge-mälde. Antiker Schmuck.

### Ersparnis

Ersparnis so nicht feststellbar, da kein Preisvergleich möglich.

### Ambiente

Alle Ladenbesitzer restaurieren selbst. Auch unrestaurierte Ware erhältlich.

### Besonderheiten

Alle Geschäfte liegen in einem Umkreis von ca. 3 km.

### Adressen

Alle in **73265 Dettingen/Teck**: Telefon-Vorwahl: 0 70 21. **Beller**: Kirchheimer Straße 88 und 105, Telefon: 5 45 50. **Breier**: Bahnhofstraße 2, Telefon: 5 51 22. **Breier**: Kirchheimer Straße 160, Telefon: 5 93 83. **Fauser**: Kirchheimer Straße 111, Telefon: 8 42 60. **Fauser**: Lindenstraße 4, Telefon: 5 18 06. **Schmid**: Kirchheimer

Straße 102, Telefon: 5 41 34. **Uhlig & Polz**: Kirchheimer Straße 85, Telefon: 8 35 15. **Weigand**: Römerstraße 8, Tele-fon: 5 41 79. **Yumak**: Kirchheimer Straße 158, Telefon: 5 97 48. **Yurt**: Kirchheimer Straße 154, Telefon: 58 63 79.

### Öffnungszeiten

Üblicherweise Freitag 14.00 bis 18.00 Uhr, Samstag 10.00 bis 16.00 Uhr oder nach telefonischer Vereinbarung.

### Anreise

A8 bis Kirchheim/Teck-Ost, dann nach Dettingen/Teck).

Ein kleiner, aber feiner Betrieb: seit über 100 Jahren Stickerei-Herstellung in der Familie. Produziert werden hochwertige Stickereien für Heimtex- und Bekleidungsindustrie. Führende Marken lassen hier sticken.

.

# Stickereien vom Feinsten

### Warenangebot

Tischdecken jeder Art (auch Sondergrößenanfertigungen), Deckchen, Läufer, Kissen, Schürzen, Frottierwaren mit eingesticktem Motiv oder Namen, bestickte Stoffe und jede Menge Spitzen. Bestickte Baseball-Kappen mit Namen oder Logo. Spezialität: Hersteller der gestickten „Landfrauen-Biene".

### Ersparnis

Auf 1. Wahl ca. 30%, 2. Wahl ca. 50% günstiger. Kein SSV, kein WSV.

### Ambiente

Großer Verkaufsraum mit sehr großer Auswahl.

### Besonderheiten

Die Stickerei hat sich auch zu einem führenden Hersteller für textile Werbung entwickelt und beliefert Firmen, Clubs und Vereine mit bestickten Bekleidungsteilen. Für Gruppen ab ca. 15 Personen werden Betriebsbesichtigungen durchgeführt: Anmeldung unbedingt erforderlich (Dauer ca. 1 Stunde). Sehr lohnenswert!

### Adresse

Stickerei Seifert, Alfred Seifert & Söhne GmbH, Industriestraße 10, 74677 Dörz-

bach, Telefon: 079 37/3 20, Fax: 54 04. Internet: www.stickerei-seifert.de.

### Öffnungszeiten

Montag bis Freitag 8.00 bis 12.00 und 14.00 bis 18.00 Uhr. Samstag geschlossen.

### Anreise

A6 (Heilbronn-Nürnberg), Ausfahrt Kupferzell, B19 Richtung Bad Mergentheim; in Dörzbach-Mitte Richtung Krautheim abbiegen, nach 150 m die 1. Straße rechts, dann 2. Straße links.

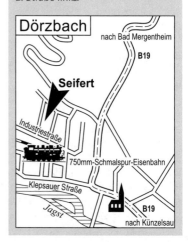

# *RICOSTA*®

Ricosta - das sind hochwertige Lauflern-, Kinder- und Jugendschuhe im trendigen, vorwiegend sportiven Design. Beste Verarbeitungsqualität, ausgesuchte Leder europäischer Herkunft und eine anatomisch kindgerechte Passform nach dem WMS-System (weit – mittel – schmal) kennzeichnen diese Markenschuhe.

# Der junge Schuh

### Warenangebot
Jugend- und Kinderschuhe von Ricosta von Größe 18 bis 46. Lauflernschuhe der Submarke Pepino.

### Ersparnis
Ca. 20 bis 30 %. Kein SSV/WSV.

### Ambiente
Werksverkauf, Präsentation und Beratung wie im Fachgeschäft; große Schuhauswahl.

### Adresse
Ricosta Schuhfabriken GmbH, Dürrheimer Straße 41, 78166 Donaueschingen, Telefon: 07 71/80 51 15, Fax: 80 52 22, Internet: www.ricosta.com.

### Besonderheiten
Die direkt angeschäumte Laufsohle aus FCKW-freiem Polyurethan ist extrem leicht, sehr biegsam und unlösbar mit dem Schuhschaft verbunden.

### Öffnungszeiten
Montag geschlossen! Dienstag bis Freitag 9.00 bis 12.00 und 13.30 bis 18.00 Uhr, Samstag 9.00 bis 12.30 Uhr.

### Anreise
A81 (Stuttgart-Singen), Ausfahrt Bad Dürrheim. Auf A864 noch eine Ausfahrt bis Donaueschingen. Dort Richtung Dürrheim; vor Ortsende links ins Industriegebiet; Verkauf direkt links neben Ricosta-Gebäude.

Dr. Scheller Cosmetics sind Qualitätsprodukte für Mundhygiene, Körperpflege und Kosmetik. Anerkannte Markenqualität, z.B. Manhattan, Apotheker Scheller Naturkosmetik, durodont.

# Schönheitscocktails

## Warenangebot

Dekorative Kosmetik (Lippenstift, Nagellack, Make-up usw.) der Marke Manhattan. Pflegekosmetik, Naturkosmetik, Körperpflegeprodukte. Mundhygieneprodukte (Zahncreme, Zahnbürsten, Zahnspülung) der Marke durodont.

## Ersparnis

2.-Wahl-Ware ca. 50 %, Sonderangebote, Musterware, Restverkäufe ca. 75 %. Kein SSV, kein WSV.

## Ambiente

Fachberatung; übersichtlich, saubere Warenpräsentation im neuen Behelfsgebäude. Vollsortiment. Prospekte für alle Produktgruppen vorhanden, liegen aus.

## Besonderheiten

Landschaftlich besonders reizvolle Gegend. Eislingen liegt im Albvorland am Fuße der sog. Kaiserberge (Hohenstaufen, Stuifen, Rechberg).

## Adresse

Dr. Scheller Cosmetics AG, Schillerstraße 27, 73054 Eislingen/Fils, Telefon: 0 71 61/8 03-3 39, Fax: 80 33 00.

## Öffnungszeiten

Montag und Freitag 10.00 bis 12.00 und 14.00 bis 17.00 Uhr, Dienstag bis Donnerstag 14.00 bis 17.00 Uhr.

## Anreise

Eislingen liegt zwischen Göppingen und Geislingen an der B10. In Ortsmitte abbiegen Richtung Eislingen-Nord, nach Brücke links in Schillerstraße. Am Ende der Straße Hinweis auf Fabrikverkauf.

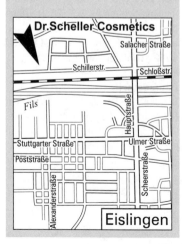

# JASTE

Der Kundenkreis erstreckt sich von exklusiven Heimtextilien-Grossisten über Hersteller anspruchsvoller Polster- und Sitzmöbel bis zu Hotel- und Gaststättenausstattern, Innenarchitekten, Tanzschulen, Stadthallen und Schiffseinrichtern.

# Möbelstoffe vom Feinsten

### Warenangebot
Alle Arten von Möbelstoffen wie Gobelins, Chenillegewebe, Trevira CS, Baumwolle, Wolle, Cord, Rips, Velours, Ara und Alcantara. Angebotspalette von einfachen bis hin zu exklusiven Stoffen.

### Ersparnis
1.-Wahl-Ware 50 %. Sonderangebote/Musterware ab 12,- € pro Meter, Restverkäufe ab 5,- € pro Meter. Kein SSV, kein WSV.

### Ambiente
Warenpräsentation erfolgt übersichtlich in Regalen.

### Besonderheiten
Preisgünstige Polsterei angeschlossen (evtl. Möbeltransport).

### Adresse
Jaste Möbelstoffe, Ulmer Straße 125, 73054 Eislingen/Fils, Telefon: 071 61/ 81 96 41, Fax: 81 96 71. Internet: www. jaste.de; E-Mail: jaste@jaste.de.

### Öffnungszeiten
Dienstag bis Freitag 10.00 bis 12.00 und 14.00 bis 17.30 Uhr, Samstag 10.00 bis 12.00 Uhr. Betriebsferien im August, bitte vorher anrufen.

### Anreise
Göppingen-Eislingen B10, am Ortsende auf linke Fahrspur einordnen und erste Linksabbiegemöglichkeit nach dem Hochspannungsmast in die Wehrstraße einfahren (Hinweisschild).

# schlafgut®    wohngut®

Matheis fertigt in eigenen Werken in Deutschland, der Türkei und Zypern. Das Ergebnis: breites Sortiment an aktueller und klassischer Bettwäsche sowie Dekostoffen.

# Bettwäsche der „S-Klasse"

**Warenangebot**
Bettwäsche aus Satin, Baumwolle und Jersey; Spannbetttücher, Tischwäsche, Dekostoffe, Reststoffe.

**Ersparnis**
Ca. 30 bis 50%. Kein SSV, kein WSV.

**Ambiente**
Eingang an rückliegender Querseite des Gebäudes; einfache Präsentation, Preise ausgezeichnet, Reste in Wühlkisten.

**Adresse**
Matheis Textilwerke, Poststraße 131, 73054 Eislingen/Fils, Telefon: 07161/80020.

**Öffnungszeiten**
Montag bis Freitag 14.00 bis 18.00 Uhr.

**Anreise**
Von der Schnellstraße aus Richtung Stuttgart kommend Ortseingang Eislingen ist Ende der Schnellstraße. 1. Straße rechts ins Industriegebiet Steinbeisstraße, dann wieder 2. Straße links. Dort Fabrikverkauf.

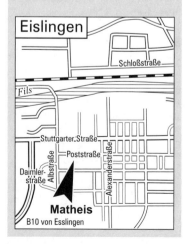

102

Divinol-Autoschmierstoffe und chemische Produkte von Zeller & Gmelin sind seit Jahrzehnten für Kenner ein fester Begriff.

# „Gut geschmiert"

### Warenangebot

Divinol-Hochleistungs-Motorenöle verschiedener Art, Synthetiköle, Teilsynthetiköle, Turbo-Dieselöle. Spezialöle, z.B. für VW/Audi und Ford. Zweitaktöle, Mehrzweckfett, Frostschutz, Alu-Felgenreiniger. Diverse Schmierstoffe für Land- und Forstwirtschaft, Motorsägen-Kettenöle. Für Haushalt und Gewerbe: Mehrzweckfett, Schmierseife, WC-Reiniger, Fußbodenreiniger, Allzweckreiniger und Kalk-Ex.

### Ersparnis

Bei kleinen Mengen ca. 30%, bei großen Mengen (z.B. 10-kg-Eimer) mehr.

### Ambiente

Nennt sich „Barverkauf" und ist rechts neben der Hauptpforte; Verkauf im Erdgeschoss; Ware zur Selbstbedienung in Regalen präsentiert und preisausgezeichnet.

### Adresse

Zeller und Gmelin GmbH & Co., Mineralöl-, Druckfarben-und Chemiewerk, Schlossstraße 20, 73054 Eislingen/Fils, Telefon: 07161/8020, Fax: 802330. Internet: www.zeller-gmelin.de; E-Mail: info@zeller-gmelin.de.

### Öffnungszeiten

Montag, Dienstag und Donnerstag 12.00 bis 13.00 Uhr, Mittwoch und Freitag 12.00 bis 17.00 Uhr, Samstag 8.00 bis 12.00 Uhr.

### Anreise

B10 zwischen Stuttgart und Ulm bei Göppingen; in Eislingen Richtung Ottenbach abbiegen. Nach Überqueren der Bahnüberführung rechts in die Schlossstraße, der Verkauf ist nach ca. 150 m rechts, noch vor der Hauptpforte.

*Motorcycle Wear*

Der Spezialist rund ums Motorrad ist Vollsortimenter – hier gibt es alles außer dem Bike selbst. Funktion, Sicherheit und Mode sind die Kriterien, die Motorradbekleidung hier erfüllt.

# Grenzenloses Fahrgefühl

## Warenangebot

Bekleidung: Motorradregenoveralls, -jacken, -hosen, -funktionsbekleidung, Motorradhelme. Zubehör: Nierengurte, Tankrucksäcke, Handschuhe, Sporttaschen. Bel Ray-Motoröle, Service- und Pflegemittel. Vollsynthetische, teilsynthetische Öle: 2-Takt-/4-Takt-, Getriebeöle.

## Ersparnis

Bis 50%. Im WSV/SSV bis ca. 70% zusätzliche Ersparnis.

## Ambiente

Auf ca. 150 m² ist die gesamte Ware übersichtlich sortiert. Weitgehend Selbstbedienung; Beratung möglich.

## Adresse

Meneks AG, ASCI Motorradbekleidung und -zubehör, Hauptstraße 33, 89273 Elchingen, Telefon: 07308/3077.

## Öffnungszeiten

Montag bis Freitag 13.00 bis 18.00 Uhr, Samstag 9.00 bis 13.00 Uhr, Internet: www.meneks.de.

## Anreise

A8 (Stuttgart-München), Ausfahrt Elchingen. Von Stuttgart kommend ist das eine Ausfahrt vor AB-Kreuz Ulm/Elchingen. Weiter nach Unterelchingen (Straße verläuft südlich parallel zur A8). Dort in die Ortsmitte. Fabrikverkauf links neben Gasthof Zahn.

# WINDSTÄRKE 10
## GOLF + FASHION

Mit Pullis von Windstärke 10 fröstelt man auch bei Sturm nicht. Der Trick: Die Pullis sind mit windundurchlässigem, dünnem Stoff gefüttert. 100 % deutsche Produktion.

# Gegen den Wind

### Warenangebot
Für Damen und Herren: Gore Windstopper, Basicpullover in Merinoqualität, Poloshirts, Fleece-Artikel, Windbreaker.

### Ersparnis
50 %, zusätzliche Preisersparnis im SSV/WSV von 25 %.

### Ambiente
Neue Räume mit attraktiver Gestaltung. Nur 5 km von Metzingen entfernt.

### Adresse
Windstärke 10 – Kirschbaum, Max-Planck-Straße 24, 72800 Eningen u. A., E-Mail: info@ws10.de, Internet: www.ws10.de.

### Öffnungszeiten
Montag und Freitag 14.00 bis 17.00 Uhr.

### Anreise
Von Metzingen, Stadtzentrum Lindenplatz, Reutlinger Straße ca. 600 m in Richtung Südwesten fahren. Dann links nach Eningen abbiegen und der Landstraße folgen. In Eningen auf der Hauptstraße bleiben, dann Reutlinger Straße. Max-Planck-Straße ist auf der linken Seite, 1. Parallelstraße zur Reutlinger Straße.

# hess natur
## RESTPOSTEN

Seit über 25 Jahren bietet Hess Natur natürliche Kleidung an. Stets innovativ, gilt Hess Natur als ein Wegbereiter der Naturtextil-Branche. Neben dem Katalogversand in Butzbach und dem Laden in Bad Homburg mit Ware der aktuellen Saison vermarktet Hess Natur auch seine Reste selbst: in Esslingen.

# Konsequent natürlich

### Warenangebot
Naturtextilien aus vergangenen Saisons. Damen-, Herren-, Unisex- und Kinderbekleidung. Unter- und Nachtwäsche, Schuhe und Accessoires.

### Ersparnis
Zwischen 50 und 60% reduziert. Bei den ständig wechselnden Wochenaktionen und im SSV/WSV zusätzlich reduziert.

### Ambiente
Ladengeschäft mit dem Service des normalen Einzelhandels. Großzügig und übersichtlich gestaltet. Der Jahreszeit entsprechendes, ständig wechselndes Warenangebot. Nicht immer alles in allen Größen vorhanden.

### Adresse
Hess Natur Restposten, Heilbronner Straße 50, 73728 Esslingen, Telefon: 07 11/3 16 16 56, Fax: 3 16 72 20.

### Öffnungszeiten
Montag bis Freitag 9.30 bis 13.00 und 14.00 bis 18.00 Uhr, Samstag 9.00 bis 14.30 Uhr.

### Anreise
Esslingen/Neckar liegt an der B10 Stuttgart-Plochingen. Ausfahrt Esslingen Zentrum. Mit der S-Bahn S 1 von Stuttgart Richtung Plochingen. S-Bahn-Station Oberesslingen.

Juleps ist eine erfolgreiche Marke, die vor allem für jugendliche, sportliche Mode steht. Die Passform stimmt. Die Marke trifft das Lebensgefühl von sportlich-heiteren Menschen.

# Junge Mode

## Warenangebot
Bekleidung für junge Leute: T-Shirts, Sweatshirts, Jacken, Hemden, Polos, Pullover, Blusen und Westen; auch Messeeinzelstücke.

## Ersparnis
40 bis 50%. Zusätzliche Preisersparnis im SSV/WSV ca. 25%.

## Ambiente
Übersichtlicher, heller Verkaufsraum, zwei Umkleidekabinen. Freundliches Personal.

## Adresse
Juleps Fashion Company, Siemensstraße 6, 71691 Freiberg a.N., Telefon: 07141/27680, E-Mail: info@juleps. com, Internet: www.juleps.com

## Öffnungszeiten
Montag, Mittwoch und Freitag 14.30 bis 18.30 Uhr, Samstag 10.00 bis 14.00 Uhr.

## Anreise
A81, Ausfahrt Ludwigsburg-Nord, in Richtung Ludwigsburg fahren, erste Möglichkeit links fahren bis Kreisverkehr. Im Kreisverkehr 1. Ausfahrt nehmen. Dann erste Möglichkeit rechts. 2. Straße rechts ist die Siemensstraße.

# ANE KENSSEN

„Mode für den ganzen Tag" zu kreieren war die Idee von Ane Kenssen. Sie entwickelte eine Art Baukastensystem, das durch Hinzufügen oder Weglassen von einzelnen Teilen perfektes Auftreten garantiert. „Die selbstsichere, unabhängige Frau, die auf den femininen Aspekt nicht verzichten will, soll angesprochen werden. Weich, aber dennoch pur soll die Silhouette sein. Perfekt, aber dennoch bequem der Tragekomfort. Edel, aber doch strapazierfähig das Material – so blieb der Avantgarde-Strick." (Werbetext).

# Avantgarde-Strick

### Warenangebot
Pullover, Jacken, Hosen, Röcke, Kleider, Mäntel, Oberteile, Schals, Kragen. Accessoires, Ledertaschen. Die Kollektionsteile werden am besten als komplettes Outfit getragen. Alle Teile können untereinander kombiniert werden. Zeitloser, avantgardistischer, purer und reduzierter Stil.

### Ersparnis
Ca. 40 %. Zusätzliche Preisersparnis im SSV/WSV von ca. 20 %.

### Ambiente
Fabrikverkauf in eigener Boutique mitten in der Fußgängerzone von Freiburg. Ware ansprechend präsentiert. Weitere Größen und Modelle werden gerne gebracht. Aufmerksame Verkäuferin.

### Adresse
Ane Kenssen, Augustinergasse 1, 79098 Freiburg, Telefon: 07 61/2 92 62 18, Fax: 7 91 97 77.

### Öffnungszeiten
Montag bis Freitag 10.00 bis 19.00 Uhr, Samstag 10.00 bis 16.00 Uhr.

### Anreise
Verkauf in der Stadtmitte/Fußgängerzone von Freiburg. Parken in der Schlossberggarage.

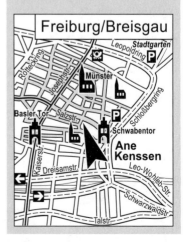

In der „Breisgaumilchzentrale GmbH", die 1930 gegründet wurde, werden jeden Tag bis zu 600.000 Liter Milch verarbeitet. Der Konzern hat einen Umsatz von rund 125 Millionen Euro. Die Milch kommt von rund 2300 Schwarzwälder Bauernhöfen und wird zu Frischmilch, H-Milch, Sauermilchprodukten und Quark weiterverarbeitet.

# Das Beste von der Kuh ...

### Warenangebot
Milch, H-Milch, Naturjoghurt, Fruchtjoghurt, Weichkäse, Hartkäse; alles in verschiedensten Gebinden und Mengen. Bei Joghurtprodukten muss oft die ganze Steige gekauft werden. Alles nur solange der Vorrat reicht!

### Ersparnis
Ca. 30 bis 50 %.

### Ambiente
Kleiner Verkaufsraum im Kühllager der Breisgaumilch GmbH. Wer früh ansteht (teilweise ab 15 Uhr), hat die größte Auswahl. Es wird immer nur eine bestimmte Personenanzahl eingelassen. Parkmöglichkeiten direkt vor dem Eingang des Ladens.

### Adresse
Breisgaumilch GmbH, Haslacher Straße 12, 79115 Freiburg, Telefon: 07 61/ 47 88-0, Internet: www.breisgaumilch. de.

### Öffnungszeiten
Nur Freitag 15.30 bis 17.00 Uhr.

### Anreise
A5, Karlsruhe-Basel. Ausfahrt Freiburg-Mitte, auf die B31 Richtung Titisee/Neustadt. Ausfahrt Freiburg-Haslach. An der Kreuzung rechts in die Eschholzstraße einbiegen und sich gleich links einordnen. Nächste Kreuzung gleich wieder links in die Haslacher Straße. Auf der rechten Seite liegt gleich das Breisgaumilch Gelände. Die Firma ist nicht zu verfehlen.

Heliotron ist ein führender Hersteller von Flüssigwachs- und Wachskerzen aller Art. Von einfachen Weihnachtsbaumkerzen bis zu kunstvoll verzierten Kirchenkerzen – alles wird in hoher Qualität angeboten. Der Fabrikverkauf läuft über die Tochterfirma HelioDirekt.

# Damit Ihnen ein Licht aufgeht

### Warenangebot
Kerzen aller Art, Kerzenhalter, Teelichter, Öllichter, Kerzenleuchter für Heim und Garten, Geschenkartikel (nicht aus eigener Produktion).

### Ersparnis
Ca. 35 bis 40 %, Fremdproduktion ca. 20 %.

### Ambiente
Neuer, 500 m² großer Verkaufsraum, übersichtliches Angebot, Selbstbedienung.

### Besonderheiten
Die Kerzen von Heliotron finden Sie in Kirchen als Altarkerzen, Apostelkerzen, Osterkerzen. Die Qualität der Kerzen ist bekannt: stark reduzierte Verrußung, garantierte Tropffreiheit.

### Adresse
HelioDirekt, Etzmattenstraße 40, 79112 Freiburg-Tiengen, Telefon: 0 76 64/ 93 39 50, Fax: 93 39 33, Internet: www. heliotron.de, E-Mail: info@heliotron.de.

### Öffnungszeiten
Dienstag bis Freitag 10.00 bis 18.00 Uhr, Samstag 10.00 bis 13.00 Uhr. Betriebsferien im August.

### Anreise
A5, Karlsruhe-Basel, Ausfahrt Freiburg-Süd, rechts ab Richtung Tiengen, vor dem Ortsschild beim Sportplatz rechts, immer geradeaus, im Ort dann links in die Etzmattenstraße (Fabrikverkauf ist ausgeschildert).

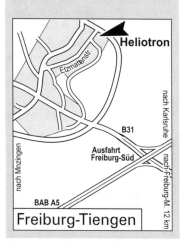

# GÖGGEL
## FASHION IN KNITWEAR

Der Strickwarenhersteller verfolgt zwei Stilrichtungen: klassisch- feminine Strickmode (Göggel) und jugendlich-modische Kollektionen (Pure Knits).

# Mode „made in Germany"

### Warenangebot
Große Auswahl an Pullovern, Strick-jacken, Strickwesten und Strickröcken für Damen; im Frühjahr/Sommer zudem Shirts; auch große Größen. Mode im gehobenen Genre und aus sehr guten Qualitäten. Spezialität: farblich abge-stimmte Kombi-Themen.

### Ersparnis
30 bis 40 % . Ganzjährig besonders gün-stige Sonderangebote. Im SSV/WSV zusätzliche Preisreduzierung.

### Ambiente
Gepflegter Raum mit einer Umkleide-kabine. Zusätzliche Umkleidekabinen außerhalb des Verkaufsraums. Anspre-chende Präsentation, die Preise sind ausgezeichnet.

### Adresse
Göggel GmbH, Reutlinger Straße 27, 72501 Gammertingen, Telefon: 0 75 74/ 8 93, Fax: 43 48, Internet: www.goeg gel-fashion.de.

### Öffnungszeiten
Montag bis Freitag 9.30 bis 12.00 Uhr und 14.00 bis 17.00 Uhr, Samstag geschlossen.

### Anreise
Gammertingen liegt östlich von Albstadt. B32 (Burladingen-Sig-maringen) nach Gammertingen. In der Ortsmitte Richtung Reutlingen fahren. Firma vor Ortsende (nach der Eisenbahnbrücke) linke Seite. Oder: von Reutlingen auf der B313 kom-mend am Ortseingang rechte Seite.

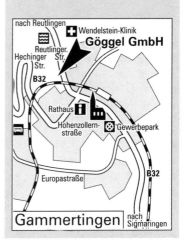

Bekannt für schwäbische Qualitätsarbeit, deshalb Haltepunkt für Flitter-wochenreisende, Treffpunkt von Brautpaaren, Müttern und Schwieger-müttern. Markenprodukte, zwar kein Vollangebot, aber doch sehr große Auswahl.

# Der Qualitätsbegriff

### Warenangebot

In der Fischhalle nahezu gesamte WMF-Produktpalette in 2. Wahl: Haushalts-waren wie z.B. Schnellkochtopf, Koch-geschirr, Bestecke, Schneidwaren, Küchengeräte, Küchenhelfer, Servierge-räte, Gläser, aber auch Geschenkartikel wie Bierkrüge etc.

### Ersparnis

25 bis 30 % auf alle 2A-Waren, Sonder-angebote mit Preisnachlässen bis zu 50 %. Ein Testkauf für eine Haushalts-gründung brachte 35 % Ersparnis.

### Ambiente

Verkaufsfläche: 1400 m², sechs Kassen, hilfsbereite, freundliche Bedienung. Im angrenzenden WMF-Bistro sind kleine Gerichte sowie Kaffee und Kuchen er-hältlich. Großer Parkplatz. Nur Bar-zahlung oder EC-Karte, keine Kredit-karten.

### Adresse

WMF, Württembergische Metallwaren-fabrik, Eberhardstraße (an der B10) 73312 Geislingen/Steige, Telefon: 07331/258870, Fax: 258220, E-Mail: Fischhalle@WMF.de. Internet: www.wmf.de.

### Öffnungszeiten

Montag bis Freitag 9.30 bis 18.00 Uhr, Samstag 9.15 bis 14.00 Uhr, 1. Samstag im Monat 9.15 bis 16.00 Uhr. 1.11. bis 23.12. jeden Samstag 9.15 bis 16.00 Uhr.

### Anreise

Werksgebäude unübersehbar an der B10 im Ort. Geislingen/Steige liegt zwischen Göppingen und Ulm. Von der A8 Stuttgart-Ulm kommend Aus-fahrt Mühlhausen, dann noch 15 km. Im Ort große Hinweisschilder „Fisch-halle" (=Werksverkauf von WMF).

Vor 100 Jahren hat ein Plüsch-Bärle den Siegeszug in die Kinderzimmer in aller Welt angetreten: Der Teddybär. 1902 wurde er von Margarete Steiff „geboren". Er ist das beliebteste und erfolgreichste Kuscheltier aller Zeiten. Steiff "Knopf im Ohr" ist aber auch die faszinierende Entwicklung eines Markenzeichens, das heute Sinnbild höchster Qualität für Spielzeug geworden ist.

# Knopf im Ohr

## Warenangebot
Sehr große Auswahl an Plüschtieren. Auch Puppen und Handspielfiguren. Sortimentartikel, 2.-Wahl-Artikel.

## Ersparnis
Bis max. 40 %.

## Ambiente
Verkaufsraum mit übersichtlicher Warenpräsentation. Parkplätze am Haus.

## Besonderheiten
Die Steiff-Kuscheltiere sind unter Sammlern heiß begehrt: Für einige seltene Stücke geben sie den Gegenwert einer Oberklassenlimousine aus. Der Steiff-Club zählt weltweit rund 50.000 Mitglieder. **Margarete Steiff Museum**: Montag bis Freitag 13.00 bis 16.00 Uhr, Samstag 8.30 bis 12.00 Uhr, 1. Samstag im Monat 8.30 bis 16.00 Uhr. Bei Besuch von Gruppen ab 20 Personen ist Voranmeldung empfehlenswert. Telefon: 0 73 22/1 31-2 04.

## Adresse
Margarete Steiff GmbH, Spielwarenfabrik, Alleenstraße 2-5, 89537 Giengen/Brenz, Telefon: 0 73 22/13 11, Fax:

13 12 66, Internet: www.steiff.de, www.steiff-club.de.

## Öffnungszeiten
Montag bis Freitag 9.00 bis 18.00 Uhr, Samstag 8.30 bis 12.00 Uhr. 1. Samstag im Monat 8.30 bis 16.00 Uhr.

## Anreise
Giengen an der Brenz liegt direkt an der A7 Ulm-Würzburg. Ausfahrt Giengen/Herbrechtingen. Steiff ist im Stadtzentrum an der Brenz.

**Die Marke mit dem Büffelhorn**

Die Eigenprodukte werden unter „Buchsteiner – Die Marke mit dem Büffelhorn" verkauft. Hier gibt es alles, was die Hausfrau braucht, um Lebensmittel fachgerecht zu lagern.

# Spitzenqualität

### Warenangebot

Hochwertige Kunststoff-Produkte für Küche und Haus. Schöne Farben. Ein vielfältiges Angebot für die Bereiche Vorratshaltung, Frischhalten, Einfrieren, Kuchenbacken, Freizeit und Organisationstalente für den Haushalt, Original-Klickboxen für jeden Zweck.

### Ersparnis

1.-Wahl-Ware ca. 20 %, 2.-Wahl-Ware bis 50 %, Sonderangebote, Musterware und Restverkäufe. Kein SSV, kein WSV.

### Ambiente

Verkaufsraum ca. 360 m². Die Präsentation der Waren erfolgt wie im Fachgeschäft.

### Besonderheiten

Das Programm zeichnet sich durch erstklassige Qualität, durchdachte Funktion und gutes Design aus. Alle Produkte sind 100 % recycelbar.

### Adresse

Fundgrube, Werksladen der Firma Johannes Buchsteiner GmbH & Co. KG, Lindenstraße 18, 73333 Gingen/Fils, Telefon: 07 16 2/40 96 31, Fax: 67 52.

### Öffnungszeiten

Montag bis Freitag 9.00 bis 12.30 und 14.00 bis 17.30 Uhr.

### Anreise

Gingen liegt an der B10 zwischen Göppingen und Geislingen. An der einzigen Ampel im Ort Richtung „Hohensteinhalle". Die Fundgrube in der Lindenstraße ist ausgeschildert.

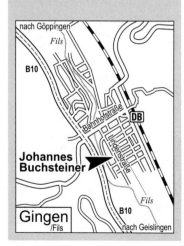

Sehr gute Auswahl an Leuchten für Haus und Garten in mittlerer Preisklasse. Verschiedene Stilrichtungen in Edelstahl/Messing/Glas/Holz in filigraner, rustikaler, sachlicher und verspielter Machart und in modernem Stil.

# Schwäbische Wertarbeit

### Warenangebot
Steh-, Tisch-, Decken-, Schreibtisch-, Nachttischlampen, Strahler, Kronleuchter, Kinderzimmerlampen, Badbeleuchtung, Halogensysteme, Halogenfluter, Strahler, Florentiner Decken-Pendel, Wandleuchten. Außenleuchten.

### Ersparnis
Ca. 20%; Auslaufmodelle und Einzelstücke bis 40%. Kein SSV, kein WSV.

### Ambiente
Rot-weißes Schild „Leuchten ab Fabrik" führt zum Verkaufsraum; alle Exemplare preisausgezeichnet und übersichtlich im Verkauf; fachkundige Beratung. Nachlieferungen werden kostenfrei zugestellt.

### Adresse
H. Häussler, Leuchtenparadies, Hofener Weg 40, 72582 Grabenstetten, Telefon: 07382/938520, Fax: 938522.

### Öffnungszeiten
Montag bis Freitag 14.00 bis 18.00 Uhr, Samstag 9.00 bis 13.00 Uhr.

### Anreise
Grabenstetten liegt nördlich von Bad Urach auf der Schwäbischen Alb; in Grabenstetten in den Hofener Weg abbiegen (ist Querstraße zur Hauptdurchgangsstraße, Häussler ist angeschrieben; Hofener Weg bis Ende durchfahren, Verkauf im letzten Haus links.

# KRIS
### REUTTER

Die Firma Kris Reutter hat sich spezialisiert auf aktuelle Damenmode. Angeboten werden Damenhosen in den Größen 34 bis 54 in modischem Design und ausgezeichneter Qualität. Überzeugend ist die große Vielfalt der modernen Formen und aktuellen Farben – von elegant und schlicht bis hin zu jugendlich frech.

# Damenhosen im Trend

### Warenangebot
Damenhosen, Bermudas, Shorts, 1. Wahl (in geringem Umfang 2. Wahl). T-Shirts für Damen, Blusen und Pullis. Neu im Programm: Herrenhosen.

### Ersparnis
1. Wahl: bis zu 50 %. Im SSV/WSV nochmals reduziert.

### Ambiente
Ein Schild „Lagerverkauf" weist den Weg zum Verkaufsraum direkt in der Firma. Warenständer stets reichlich gefüllt und gut geordnet. Sehr engagierte, freundliche Fachverkäuferin.

### Besonderheiten
Änderungen werden auf Wunsch sofort vom Schneider fachmännisch ausgeführt. Sehenswert: Freilichtmuseum Vogtsbauernhof, 2 km entfernt. Im Nachbarort Hornberg Hemdenfabrik (siehe Hornberg).

### Adresse
Reutter GmbH, Im Kluser 2, 77793 Gutach, Telefon: 078 33/93 93 26, Fax: 93 93 93.

### Öffnungszeiten
Montag bis Freitag 9.00 bis 17.00 Uhr, Samstag 10.00 bis 12.00 Uhr.

### Anreise
Gutach liegt zwischen Hausach und Hornberg. Die Firma ist direkt an der B33, 2 km vom Freilichtmuseum „Vogtsbauernhof".

**DORIS MEYER** ❧
Exclusive Bettwäsche

Die Firma „Collection Doris Meyer" liegt in einem romantischen Tal der berühmten Fliederstadt Haigerloch und ist seit 160 Jahren im Familienbesitz (ältestes Textilunternehmen Südwürttemberg/Hohenzollern). Bekannt für gute Qualität, schöne Dessins, Bettwäsche und Spannbetttücher auch in Übergrößen.

# Bettgeflüster

### Warenangebot
Ausgesucht schöne Jersey-Bettwäsche in großer Auswahl in vielen Dessins, auch Unis, in allen Größen. Dazu passende Spannbetttücher in 38 Farben und allen Größen (bis 220 cm Länge). Nicky-Velours-Bettwäsche wird in den Wintermonaten angeboten.

### Ersparnis
40 bis 50%. Kein SSV, kein WSV.

### Ambiente
Schöner 200 m² großer Verkaufsraum mit übersichtlich angeordneten Regalen (war früher eine alte Remise). Ware nach Größen geordnet. Attraktive Warenpräsentation.

### Adresse
Doris Meyer GmbH & Co. KG, Karlstal, 72401 Haigerloch, Telefon: 0 74 74/ 69 09 33, Fax: 69 09 41 oder 69 09 44.

### Öffnungszeiten
Montag bis Donnerstag 10.00 bis 12.00 Uhr. Montag bis Freitag 13.30 bis 17.00 Uhr. Samstag 10.00 bis 12.30 Uhr.

### Anreise
A81 Stuttgart-Singen, Ausfahrt Empfingen, Richtung Bad Imnau. Karlstal ist Ortsteil von Haigerloch, liegt jedoch im Tal.

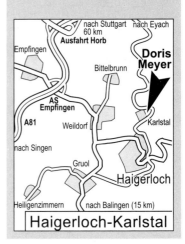

Haigerloch-Karlstal

# VERA COSMETIC

Hochwertige Kosmetika, selbst entwickelt und produziert, die als Markenartikel in Kosmetikinstituten und Schönheitsfarmen weltweit vertrieben werden.

# Schön wie nie

## Warenangebot

Reinigungsgel, Reinigungsmilch, Toner, Tagescremes, Nachtcremes, Masken, Peelings, Liposomenpräparate, Wirkstoffampullen, Körperlotionen, Duschbäder, After Shaves, Eau de Parfum.

## Ersparnis

30 bis 50 % des Endverbraucherpreises, da vollständig auf teure Werbung und aufwändige Verpackung verzichtet wird. Bei den Produkten handelt es sich ausschließlich um 1A-Ware. Kein SSV, kein WSV.

## Adresse

Vera Cosmetic GmbH, Madertal 13, 72401 Haigerloch, Telefon: 0 74 74/ 95 12 26, Fax: 95 12 20. Internet: www. vera-cosmetic.de.

## Öffnungszeiten

Montag bis Freitag 9.00 bis 12.00 und 14.00 bis 17.00 Uhr.

## Weitere Verkaufsstellen

● **71101 Schönaich**, Siemensstraße 6, Telefon: 0 70 31/65 52 16. Mittwoch und Freitag 14.00 bis 17.00 Uhr.
● **72411 Bodelshausen**, Daimlerstraße 2, Telefon: 0 74 71/7 20 59.
Montag bis Mittwoch 13.00 bis 18.00 Uhr, Donnerstag und Freitag 10.00 bis 18.30 Uhr, Samstag 10.00 bis 12.30 Uhr.

## Anreise

A81 Stuttgart-Singen, Ausfahrt Empfingen, Richtung Haigerloch.

Die Firma fertigt für Sport Scheck und X-tend und hat sich mit Outdoor-Bekleidung einen guten Ruf erworben. Aktuelle Ware und gute Qualität.

# Für die ganze Familie

### Warenangebot
Trekking- und Wanderbekleidung, Fleecebekleidung, Ski-Alpin-, Snowboard-, Langlauf-Bekleidung, Fitness- und Jogginganzüge u.a. Sportswear. Jacken (sportlich/modisch). Kinder-Outdoor-Bekleidung (sehr große Auswahl für den Winter).

### Ersparnis
30 bis 40%. Zusätzliche Preisersparnis im SSV/WSV von bis zu 50%.

### Ambiente
Verkauf im 1. Stock (beschildert). Preise ausgezeichnet. Umkleidekabinen vorhanden.

### Adresse
Final-Sport GmbH, Hauptstraße 108, 72401 Haigerloch-Owingen, Telefon: 07474 /91 62 59.

### Öffnungszeiten
Dienstag bis Freitag 9.30 bis 12.00 und 14.30 bis 18.00 Uhr, Samstag 10.00 bis 13.00 Uhr.

### Anreise
A81 (Stuttgart-Singen), Ausfahrt Empfingen. Auf der B463 Richtung Haigerloch/Albstadt nach Owingen. Firma am Ortsbeginn linke Seite (sofort erkennbar).

GUTEKUNST

DIE KÜCHENBAUER

Die Firma stellt selbst Einbauküchen und Badmöbel her und baut sie auch ein. Beim Verarbeiten verwendet sie nur Materialien von Markenherstellern, wobei besonderer Wert auf Haltbarkeit und gesundheitliche Verträglichkeit gelegt wird.

# Der Küchenprofi

**Warenangebot**

Einbauküchen, Raumteiler, Einbaugeräte verschiedener Markenhersteller (z.B. Siemens, AEG, Neff, Imperial, Miele, Gaggenau), Badmöbel.

**Ersparnis**

5 bis 10% je nach Modell, Musterware und Restverkäufe: 50% bei Holzteilen, 15% bei Einbaugeräten. Kein SSV, kein WSV. Präsentation der Waren: 25 Ausstellungsküchen, sechs Bäder. Prospekte (werden auf Wunsch zugeschickt).

**Ambiente**

Beratung und kostenlose Erstellung eines Angebotes mit Zeichnung im Ausstellungsraum durch Küchenspezialisten.

**Adresse**

Erwin Gutekunst, Küchenmöbelfabrik, Waldweg 50, 72221 Haiterbach, Telefon: 074 56/9 39 10, Fax: 93 91 80, Internet: www.gutekunst-kuechen.de, E-Mail: info@gutekunst-kuechen.de.

**Öffnungszeiten**

Montag bis Freitag 9.00 bis 12.00 und 13.00 bis 17.30 Uhr, Samstag 9.00 bis 14.00 Uhr, jeden 1. Samstag im Monat 9.00 bis 16.00 Uhr und nach Vereinbarung, Sonntag 13.00 bis 17.30 Uhr (keine Beratung, kein Verkauf).

**Anreise**

A81 (Stuttgart-Singen), Ausfahrt Herrenberg, Richtung Oberjettingen, Unterjettingen, Nagold; in Nagold Richtung Horb bis Iselshausen; in Iselshausen rechts ab nach Haiterbach.

# efixelle®

## compliments for women

Efixelle fertigt noch komplett in Deutschland und zwar Damen-Jersey-Shirts im höchsten Genre. Es werden nur fein gestrickte Stoffe verarbeitet. Kennzeichnend für efixelle Shirts ist der hohe Qualitätsstandard, die perfekte Passform und die hervorragenden Pflegeeigenschaften.

# Maschenmoden für Damen

### Warenangebot

Sehr große Auswahl an Jersey-Shirts entsprechend der Jahreszeit: Langarm oder Kurzarm, Tops, Rollis, Westen; Jersey-Röcke und -Blusen. 1. Wahl, 1B-Ware und 2. Wahl.

### Ersparnis

1. Wahl ca. 30%. 2. Wahl 50 bis 60%. Im SSV/WSV zusätzliche 50% Ersparnis.

### Ambiente

Schlichter Verkaufsraum neben der Fabrik. Die Ware hängt auf Bügeln, ist preisausgezeichnet und nach Größen, 1. Wahl, 2. Wahl und aktuelle Kollektion sortiert. Besucherparkplätze vor dem Verkauf.

### Adresse

Efix tricot GmbH, Max-Eyth-Straße 2, 72379 Hechingen, Telefon: 07471/93 17-0, Fax: 93 17-30.

### Öffnungszeiten

Montag und Dienstag 14.00 bis 18.00 Uhr, Mittwoch bis Freitag 10.30 bis 18.00 Uhr, Samstag 9.00 bis 13.00 Uhr.

### Weitere Verkaufsstelle

● 72393 **Burladingen**, Hirschaustraße 46, Telefon: 07475/91 47 33. Öffnungszeiten: Montag bis Freitag 9.00 bis 18.30 Uhr, Samstag 9.00 bis 14.00 Uhr.

### Anreise

B27 (Tübingen-Balingen) nach Hechingen-Stadtmitte. Nördlich Richtung Stadion fahren. Efix ist ca. 100 m vor dem Stadion auf der rechten Seite (beschildert).

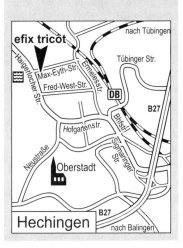

Wer das Besondere liebt wird hier fündig. Es gibt kaum etwas angenehmeres auf der Haut als diese qualitativ hochwertige Wäsche.

# Wäsche zum Wohlfühlen

### Warenangebot
Exquisite Unterwäsche für Herren in weiß, farbig, gemustert (Karo, Streifen, Blumen, Tupfen) von klassisch über flippig bis trendy. Slips, Boxershorts, Nachthemden, Schlafanzüge (lang und kurz), Bademäntel, Jersey- und Polohemden, T-Shirts, Pullover (bis Größe 58). Kleines Angebot für Damen.

### Ersparnis
1. Wahl: 10 bis 15%. 2.-Wahl-Ware günstiger. Zusätzliche Preisersparnis im SSV/WSV.

### Ambiente
Große Verkaufshalle, die in drei Räume aufgeteilt ist. Ansprechende Warenpräsentation, übersichtlich geordnet. Zwei Umkleidekabinen, freundliches Verkaufspersonal. Am Eingang zur Verkaufshalle großes Schild „Personalverkauf". Parkmöglichkeiten direkt vor dem Gebäude.

### Adresse
Volma-Jockey, Neustraße 12, 72379 Hechingen, Telefon/Fax: 07471/1890.

### Öffnungszeiten
Montag bis Freitag 8.00 bis 18.00 Uhr, Samstag 9.00 bis 14.00 Uhr.

### Anreise
B27 von Tübingen kommend Ausfahrt Hechingen-Stadtmitte. Auf die Sigmaringer Straße bis Kreuzung, dort links Richtung Stadthalle und wieder rechts in Neustraße. Sofort erkennbar.

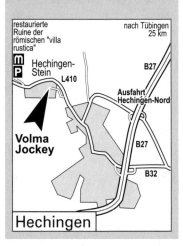

# JOOP! ART-TO-BE

Mode von Joop! für die Frau kommt jetzt aus Heidelberg. Ein neues Outlet mit den Marken Joop! und Art-to-be hat im Februar 2003 in Heidelberg-Wieblingen eröffnet. Die beiden Marken gibt es hier direkt vom Hersteller – der Firmensitz der TrendTrading Fashion AG liegt im Gebäude nebenan. Die Atmosphäre im Fabrikverkauf gleicht dem eines Joop!Stores. Schlicht und elegant – so empfängt der Outlet Store die Kunden.

# Joop Woman

## Warenangebot
Damenbekleidung für Business und Freizeit: Hosenanzüge, Kostüme, Kleider, Blazer, Röcke, Hosen, Shirts, Strickwaren, Jacken, Mäntel.

## Ersparnis
20 %, 2. Wahl 50 %, Restposten noch günstiger. Ständig wechselnde Aktionen. Kein SSV/WSV.

## Ambiente
Kompetentes Personal berät. Änderungsservice. Ware kann auf Wunsch zugeschickt werden. Ausreichend Umkleidekabinen. Ware ist vom Umtausch ausgeschlossen. Bezahlung mit EC-Karte, Visa und Mastercard möglich.

## Adresse
Outlet Store, Maaßstraße 24/1, 69123 Heidelberg-Wieblingen, Telefon: 0 62 21/ 83 21 26, E-Mail: Info@art-to-be.de.

## Öffnungszeiten
Dienstag bis Freitag 13.00 bis 19.00 Uhr, Samstag 10.00 bis 16.00 Uhr.

## Anreise
Der Fabrikverkauf liegt im Gewerbegebiet Heidelberg-Wieblingen. A5 Karlsruhe-Mannheim. Am Heidelberger Kreuz in Richtung Heidelberg fahren. Nächste Ausfahrt Wieblingen nehmen. Den Schildern in Richtung Gewerbegebiet Wieblingen folgen. Über die Brücke, dann an der Ampel links. An der nächsten Ampel rechts in die Maaßstraße abbiegen. Anfahrtsskizze auch unter www.art-to-be.de.

Heidelberg-Wieblingen

*Wie man sieht und fühlt.*

Zoeppritz fertigt erstklassige Decken und Kissen in allen Preisklassen, für jeden Geschmack und Einrichtungsstil – ein kuscheliges Vergnügen für Jung und Alt.

# Schmusedecken, Kissen, Wohnaccessoires

### Warenangebot

Decken in vielen Größen, Farben und Mustern aus den Materialien Wolle, Polyacryl, Baumwolle, Naturhaar wie Lamahaar, Kaschmir.

### Ersparnis

20 bis 30 %; alle Teile sind Musterteile in 1. Wahl. Kein SSV, kein WSV.

### Ambiente

Ansprechender Verkaufsraum, fachkundige Beratung.

### Adresse

Zoeppritz Deckenmode, Schmittenstraße 11, 89522 Heidenheim, Telefon: 0 73 21/9 53 00, Fax: 95 30 10.

### Öffnungszeiten

Montag bis Freitag 9.00 bis 12.00 und 14.00 bis 18.00 Uhr, Samstag geschlossen.

### Anreise

Aus Richtung Norden: A7 Würzburg-Ulm, Ausfahrt116 Heidenheim. Weiter auf der B19 Richtung Heidenheim/Ulm bis Mergelstetten (ca. 5 km). Aus Richtung Ulm: A7 Ulm-Würzburg, Ausfahrt 117 Giengen/Herbrechtingen. Weiter auf der B19 Richtung Heidenheim bis Mergelstetten (ca. 8 km).

# WALTER KNOLL

Hochwertige Qualität mit handwerklichen Details, zeitloses Design und hoher Sitzkomfort sind kennzeichnend für die Polstermöbel des weltweit tätigen Traditionsunternehmens aus Herrenberg.

# Polstermöbel mit Topniveau

**Warenangebot**
Ausstellungs-/Messestücke und Auslaufmodelle hochwertiger Einzelsessel und Sitzgruppen, überwiegend in Leder und Alcantara, Stühle und Esstische, Chef- und Besuchersessel.

**Ersparnis**
30 bis 50 %, kein SSV, kein WSV.

**Ambiente**
Zwei Verkaufsräume ohne große Präsentation, sehr gute Beratung der Kunden. Gegen einen Frachtzuschlag werden die Möbel ins Haus geliefert.

**Adresse**
Walter Knoll AG & Co. KG, Bahnhofstraße 25, 71083 Herrenberg, Telefon: 0 70 32/2 08-0, Fax: 2 08-2 50. Lagerverkauf: Amselweg 1-3, Telefon: 0 70 32/2 26 98.

**Öffnungszeiten**
Dienstag bis Freitag 14.00 bis 18.00 Uhr, Samstag 9.00 bis 14.00 Uhr.

**Anreise**
A81 (Stuttgart-Singen), Ausfahrt Herrenberg zur Stadtmitte. Richtung Horb. Nach der großen Kreuzung nach 800 m rechts in die Raistinger Straße. Nach 200 m links an einer Kreuzung befindet sich der Lagerverkauf.

## CARLO COLUCCI

Der italienische Modemacher zählt zu den Großen der Modezunft. Die Firma Carlo Colucci ist in den letzten Jahren zur Lifestyle-Kollektion avanciert und kleidet Frau und Mann von Kopf bis Fuß.

# Qualität und Eleganz

### Warenangebot
Für den Herren: Pullover, Westen, Outdoor-Jacken, Hemden, Sweatshirts u.a. Shirts, Gürtel, Mützen, Accessoires, Jeans, Anzüge, Sakkos, Hosen. Für die Dame: Pullover, Jacken, Kleider, Röcke, Shirtmode, Jeans, Accessoires.

### Ersparnis
Zwischen 30 und 40 %. Kein SSV/WSV.

### Ambiente
Auf einer Einkaufsfläche von über 1000 m² bietet sich dem Einkäufer ein perfekt gestaltetes Ambiente mit Springbrunnen, Großbildleinwand etc.

### Adresse
Carlo Colucci Vertriebs GmbH, Am Eichelberg 1, 91567 Herrieden, Telefon: 0 98 25/8 27 40.

### Öffnungszeiten
Montag, Dienstag, Mittwoch, Freitag 9.00 bis 18.00 Uhr, Donnerstag 9.00 bis 20.00 Uhr, Samstag 9.00 bis 16.00 Uhr.

### Anreise
A6 (Heilbronn-Nürnberg), Ausfahrt Herrieden (neben ARAL-Rasthof). Firma direkt an der Ausfahrt.

*Creation*—®
# susa

Susa ist bekannt als Traditionsmarke für perfekte Passform und Komfortmodelle mit Schick und verfügt über fast 150-jährige Erfahrung. Eine der Stärken des Programms ist das Know-how bei großen und kleinen Größen.

# Zwei große Marken

### Warenangebot
Damenwäsche: BHs, Slips, Bodys, passende Zweiteiler. Miederwaren in großer Auswahl; Badebekleidung (Bikinis und Badeanzüge) für Damen, Gymnastikhosen. Klassische Auswahl.

### Ersparnis
Auf reguläre Ware ca. 25 bis 30%.

### Ambiente
Verkauf in dem gelben Haus gegenüber der Susa-Fabrik. Dezente Beschilderung „Hausverkauf". Einkauf für jedermann. Der Eingang ist an der rückwärtigen Querseite des Hauses. Zwei Umkleidekabinen. Ware hängt preisausgezeichnet auf Bügeln. Die Angebote sind nach Größen sortiert in Schütten. Fünf Besucherparkplätze.

### Adresse
Susa-Vertriebs-GmbH & Co, Hausverkauf, Helmut-Hörmann-Straße 6, 73540 Heubach, Telefon: 0 71 73/1 82-0, Fax: 1 82-2 15.

### Öffnungszeiten
Nur Montag, Mittwoch und Donnerstag von 14.00 bis 16.15 Uhr. Firma macht in den Sommerferien Betriebsferien, bitte vorher anrufen.

### Anreise
B29 von Stuttgart über Schwäbisch Gmünd nach Heubach (Richtung Aalen). Kurz nach Schwäbisch Gmünd nach Heubach abfahren (beschildert). Im Ort am Kreisverkehr Richtung „Stadtmitte". Am Schuhgeschäft (linke Seite) links in die H.-Hörmann-Straße. Susa rechte Seite.

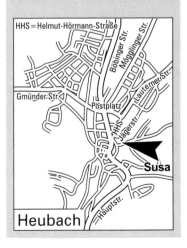

Mit 2000 Beschäftigten und einem Umsatz von etwa 250 Mio. Euro ist Triumph International Spitzenreiter aller Wäschehersteller in Deutschland.

# Für den Körper – für die Sinne

### Warenangebot

Für Damen: Tagwäsche, Nachtwäsche, Bade- und Strandmoden, Homewear. Speziell: Dessous, Ästhetische Funktion (Form & Beauty), Tagwäsche (behappy), Sport-BHs (triaction), Jugend (BeeDees), Slip-Programme, Mamabel Still-BHs. Für Herren: Tagwäsche, Nachtwäsche, Bademoden.

### Ersparnis

Ca. 20% auf reguläre Ware, bis zu 50% auf Auslaufmodelle, Retouren, Muster. Kein SSV/WSV.

### Ambiente

Ware teilweise originalverpackt oder auf Ständern wie im Fachgeschäft. Preise sind ausgezeichnet. Anprobieren nicht möglich.

### Adresse

Triumph International AG, Fritz-Spiess-hofer-Straße 7-11, 73538 Heubach. Telefon: 071 73/6 66-0.

### Öffnungszeiten

Montag bis Donnerstag 10.00 bis 12.00 und 14.30 bis 17.30 Uhr, Freitag 10.00 bis 16.00 Uhr.

### Weitere Verkaufsstelle

● 73430 **Aalen**, Industriestraße, Telefon: 073 61/5 61 20. Öffnungszeiten: Montag bis Donnerstag 10.00 bis 11.45 und 14.00 bis 17.30 Uhr, Freitag 10.00 bis 16.30 Uhr.

### Anreise

B29 von Stuttgart über Schwäbisch Gmünd nach Heubach (Richtung Aalen). Kurz nach Schwäbisch Gmünd nach Heubach abfahren (be-schildert). Im Ort auf der Haupt-straße bleiben. Fritz-Spiesshofer-Straße ist eine Seitenstraße zur Hauptstraße.

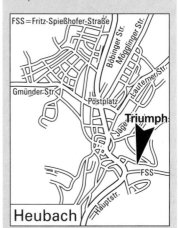

Mac Kee produziert seit 1976 Jeans. Die Modelle liegen stets im neuesten Trend, die Qualität ist hochwertig.

# MacKee – or not to be

## Warenangebot

Jeanshosen, Jeansjacken, modische Hosen, Jeanshemden, Shirts, Sweatshirts.

## Ersparnis

1.-Wahl-Ware: alle Jeans zwischen 20 und 40,- €, 2. Wahl: Jeans ab 10,- €.

## Ambiente

Einfache Lagerpräsentation; in Holzgerlingen sind 2 Verkäufe: Lager 2 (nur 2. Wahl und Produktionsüberhänge), Lager 1 (1. Wahl und aktuelle Ware).

## Adresse

MacKee, Lager 1, Gartenstraße 73, 71088 Holzgerlingen. Telefon: 0 70 31/41 42 97, Fax: 41 42 28. Lager 2, Römerstraße 9.

## Öffnungszeiten

Lager 1: Montag bis Freitag 9.30 bis 18.30 Uhr, Samstag 9.30 bis 13.00 Uhr. Lager 2: Dienstag bis Donnerstag 14.00 bis 18.30 Uhr, Freitag 9.30 bis 18.30 Uhr, Samstag 9.00 bis 13.00 Uhr.

## Weitere Verkaufsstellen

● 72393 **Burladingen**, Hirschaustraße 46, Telefon: 0 74 75/40 13.
● 70178 **Stuttgart**, Tübinger Straße 19b, Geschäftsname: Ursprung, Telefon: 07 11/6 07 97 37.

● 71522 **Backnang-Waldrems**, Lechstraße 5.
● 72459 **Albstadt-Lautlingen**, Lupuscenter.
● 88048 **Friedrichshafen**, Donaustraße 13.
● 88316 **Isny**, Aachener Weg 1.
● 88471 **Laupheim**, Zeppelinstraße 27.

## Anreise

Holzgerlingen liegt an der B464; von Böblingen kommend die 2. Ampel, die nach Holzgerlingen abführt, links. Zu Lager 1: Über Bahnlinie und die 3. Straße rechts. Zu Lager 2: Vor Bahnlinie links.

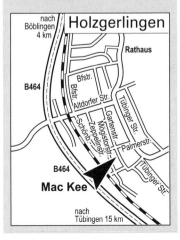

# COVERAX-ⓂⓂ-CHEMIE

Die Coverax-M-Chemie GmbH ist seit 1975 erfolgreich auf dem Reinigungssektor tätig. Hier werden hochkonzentrierte Produkte für Industrie, Gewerbe und Handwerk hergestellt. Aufgrund der großen Nachfrage auch Abgabe an Privatkunden in Kleingebinden wie Literflaschen und Halbliterflaschen. Bei Schmierstoffen Abgabe auch in Einzeldosen.

# Profiqualität zu Superpreisen

**Warenangebot**

Ca. 250 Reinigungsmittel für alle Anwendungsgebiete im Innen- und Außenbereich: Küchen-, Backofen-, Sanitär-, Allzweckreiniger, Möbelpolitur, Schimmelentferner, Insektenvernichter, Entkalker, Autoshampoo, Produkte im KFZ-Bereich, Zeltreiniger, Gartenmöbelpflege, Imprägnierung, Teppichreiniger und Reinigungsgeräte-Vermietung. Autopolituren, Auto-Trockenreinigung mit Konservierung. Neuheiten im Internet.

**Ersparnis**

50 % und mehr.

**Ambiente**

Verkauf im Bürogebäude links neben der Halle. Die Produkte sind auf Regalen und in Vitrinen aufgestellt. Fachberatung bei allen Reinigungsproblemen, auch bei Problemfällen. Zurückgebrachte Leerflaschen werden nachgefüllt. Für Gruppen ab zwölf Personen Produktdemonstrationen. Anmeldung erforderlich.

**Adresse**

Coverax-M-Chemie GmbH, Weilemer Weg 20 (Industriegebiet Buch), 71155 Altdorf, Telefon: 0 70 31/74 10 09-0, Fax:

74 10 09-19, E-Mail: info@coverax.de, Internet: www.coverax.de.

**Öffnungszeiten**

Montag bis Freitag 8.00 bis 12.00 und 13.00 bis 17.00 Uhr.

**Anreise**

Altdorf grenzt an Holzgerlingen (an der B464 zwischen Böblingen und Tübingen). Beim Kreisverkehr in das Industriegebiet Buch abbiegen und durchfahren bis zum Weilemer Weg.

# BERTONE

Die Klemm GmbH, die seit 1881 hochwertige Hemden fertigt, ist als einer der erfolgreichsten Hemdenhersteller in Deutschland bekannt. Das Angebot in besten Qualitäten wird im gehobenen Fachhandel unter dem Markennamen Bertone verkauft.

# Kernkompetenz: das Hemd

### Warenangebot

Langarm- und Halbarmhemden in jeder Stilrichtung: poppige Fun-Muster, edle Klassiker, schlicht gestreift oder sportlich kariert, Krawatten aus 100% Seide. T-Shirts und Strickoberteile für Damen und Herren. Kollektionen internationaler Designer: Sakkos, Anzüge, Hosen, Lederjacken und Mäntel, Kostüme und Kleider.

### Ersparnis

1. Wahl bis 45%. Bertone-Hemden kosten im Fachhandel über 100,- €. Gleiche Ware im Fabrikverkauf für 65,- € gesichtet. Großes Schnäppchenlager mit Musterteilen und Einzelstücken aus der Vorsaison mit 50% Preisnachlass und mehr.

### Ambiente

Übersichtlich gestalteter Verkaufsraum im UG des Hauses.

### Adresse

Bertone Walter Klemm GmbH, Werderstraße 32, 78132 Hornberg/Schwarzwald, Telefon: 0 78 33/2 50, Fax: 76 60, Internet: www.bertone.de, E-Mail: info @bertone.de.

### Öffnungszeiten

Montag bis Freitag 9.00 bis 17.00 Uhr, Samstag 10.00 bis 14.00 Uhr.

### Anreise

Hornberg liegt westlich von Schramberg im Schwarzwald an der B33 Offenburg-Singen. In Hornberg Richtung Villingen-Schwenningen, Firma an dieser Hauptverkehrsstraße rechte Seite im Ort (weißes Haus, beschildert).

131

# JOKER

Joker ist eine der führenden Jeansmarken im gehobenen Bereich. Modisch beliebt und qualitativ geschätzt von allen Altersklassen.

# All about Jeans

## Warenangebot

Joker Jeans & Jacketts in klassischen und modischen Farben, aktuelle Sportswear-Hosen. Sehr große Auswahl für Damen, Herren und Kinder. Präsentiert in einer großen Halle auf großzügig bemessener Fläche.

## Ersparnis

1A-Ware 25 bis 30% Ersparnis; 1B-Ware und 2. Wahl 40 bis 50%, Restposten und Sonderangebote noch günstiger.

## Ambiente

Übersichtliche und großzügige Präsentation erleichtert ein schnelles Zurechtfinden. Beratung, falls gewünscht. Sehr fachkundiges und freundliches Personal. Die Atmosphäre ist hell und freundlich.

## Adresse

Joker Jeans OHG, Sälzerstraße 6, Industriegebiet Nord, 74360 Ilsfeld, Telefon: 0 70 62/97 31 20.

## Öffnungszeiten

Mittwoch und Freitag 14.00 bis 18.30 Uhr, Samstag 9.00 bis 13.00 Uhr.

## Anreise

Ilsfeld liegt an der A81 zwischen Stuttgart und Heilbronn. Der Fabrikverkauf erfolgt in einem der Fabrik angebauten Hallenkomplex nahe der Autobahnausfahrt Ilsfeld. Man verlässt die Autobahn, fährt Richtung Ilsfeld und biegt schon nach wenigen hundert Metern rechts in das Industriegebiet Nord ein. Joker befindet sich dort in der Sälzerstraße 6.

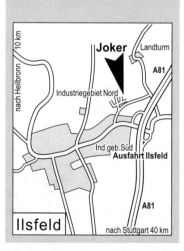

# ⊐LYMP

Olymp-Herrenhemden sind bekannte Markenqualität. Hochwertige Verarbeitung, bequemer Schnitt, sehr gute Stoffe. Erstklassiger Tragekomfort. Material: reine Baumwolle. Hemden sind sehr leicht zu bügeln.

# Wo Zeus eingekauft hätte

### Warenangebot
Herrenhemden in Markenqualität „Olymp", Krawatten, Strickwaren, Polo-Shirts, T-Shirts, Socken, Unterwäsche, Gürtel und Pyjamas.

### Ersparnis
Mindestens 30 % bei 2. Wahl.

### Ambiente
Sehr kompetente, hilfsbereite und freundliche Verkäuferinnen; Ware wird zur Auswahl am Thekentisch vorgelegt.

### Adresse
Tracta Textilvertriebs GmbH, Gewerbegebiet Gröninger Weg, Freiberger Straße 26, 74379 Ingersheim, Telefon: 0 71 42/6 48 86, Fax: 22 06 13.

### Öffnungszeiten
Montag bis Freitag 9.00 bis 18.30 Uhr, Samstag 9.00 bis 14.00 Uhr.

### Anreise
A81 Stuttgart-Heilbronn, Ausfahrt Pleidelsheim; Ingersheim ist der erste Ort nach Pleidelsheim (3 km). Bis Kreuzung am Ortsende von Ingersheim. Hier links abbiegen Richtung Ludwigsburg/Freiberg. Erste Querstraße rechts führt ins Gewerbegebiet Gröninger Weg. Die zweite Möglichkeit wieder rechts.

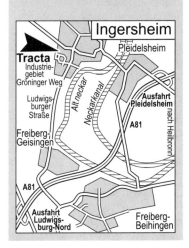

Medima ist eine der bekanntesten Marken für Angora-Gesundheitswäsche. Die Wäsche wird jetzt in Albstadt produziert, der Angora-Textilverkauf bleibt aber in Kandern. Neben der bekannten und beliebten Medima-Angorawäsche sind Baumwollwäsche, Schlafanzüge und Polo-Shirts anderer bekannter Hersteller im Verkaufsprogramm.

# Wohlfühlen . . .

### Warenangebot
Angora-Gesundheitswäsche und hochwertige modische Wäsche in Angora-Seide und Baumwolle, Angora-Strickmoden, Angora-Mützen, -Schals und -Handschuhe. Funktionsunterwäsche.

### Ersparnis
1B-Ware ist um 30 bis 50 % günstiger als reguläre Ware. Zusätzliche Sonderangebote, ganzjährig.

### Ambiente
Großzügige Einkaufsatmosphäre, sehr freundliche Beratung. Alle Wäsche-Artikel werden auf Kleiderbügeln präsentiert. Unterwäsche sollte aus hygienischen Gründen nicht anprobiert werden. Nur eine Umkleidekabine.

### Adresse
medi.comfort Textilvertriebs GmbH, Im Käppele 24, 79400 Kandern, Telefon: 07626/977400, Fax: 9774020, Internet: www.medicomfort.de.

### Öffnungszeiten
Montag bis Freitag 9.00 bis 12.00 und 13.30 bis 17.00 Uhr. Zusätzlich Donnerstag bis 18.30 Uhr geöffnet. Im Dezember auch am Samstag von 9.00 bis 13.00 Uhr.

### Anreise
Autobahn A5 Karlsruhe-Basel, Richtung Lörrach, Abfahrt Kandern. Oder: B3 Freiburg-Müllheim, Abfahrt Schliengen nach Kandern. In Kandern Richtung Bahnhof, die Bahnhofstraße entlang Richtung „Golfplatz".

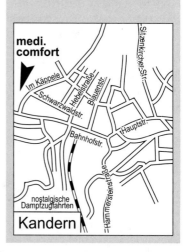

**MAJOLIKA**
MAJOLIKA KARLSRUHE
KERAMIK MANUFAKTUR

Die Majolika-Manufaktur, im freien Geist des Jugendstil um die Jahrhundertwende gegründet, hat sich mit hochrangigen Keramikarbeiten einen bedeutenden Ruf geschaffen.

# Best of Keramik

### Warenangebot

Kerzenhalter, Schalen, Schmuckwandteller, Wandfliesen und -bilder, Vasen. Tierfiguren in Terracotta, glasiert in konservativer Darstellung sowie in moderner Gestaltung, Figuren in Fayence-Malerei. Künstlerische Arbeiten als Unikate oder Replikate. Gartenbereich: Pflanzgefäße, Wasserspeier, Vogeltränken, Gartenfiguren, Brunnen – frostfest gebrannt.

### Ersparnis

Regelmäßiger „Schnäppchenmarkt" mit 1.- und 2.-Wahl-Ware, bis zu 30 % reduziert. Termine via Internet oder telefonisch erfragen.

### Ambiente

Große, lichtdurchflutete Verkaufsausstellung auf 260 m²; umfangreiches Angebot, nach Künstlern geordnet. Preisauszeichnung; fachkundige und freundliche Beratung.

### Besonderheiten

Führungen durch die Produktionsstätten auf Anfrage.

### Adresse

Staatliche Majolika Manufaktur Karlsruhe GmbH, Ahaweg 6-8, 76131 Karlsruhe, Telefon: 07 21/9 12 37 70, Fax:

9 12 37 78, Internet: www.majolika-karlsruhe.com, E-Mail: info@majolika-karlsruhe.com.

### Öffnungszeiten

Montag bis Freitag 10.00 bis 19.00 Uhr, Samstag, Sonntag 10.00 bis 16.00 Uhr.

### Anreise

A5, Ausfahrt Karlsruhe-Durlach, Richtung Stadtmitte, vor Beginn der Fußgängerzone rechts (Blick auf das Schloss), nächste Ampel rechts, entlang des Schlossgartens nach ca. 500 m rechts in den Ahaweg.

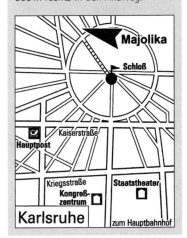

# MONA

### MODE FÜR ANSPRUCHSVOLLE

Mona ist ein Versandhaus mit fast 70-jähriger Tradition, das sich vorwiegend an die anspruchsvolle Dame wendet. Zum Verkauf kommen hauptsächlich Damenartikel von namhaften Herstellern.

# Für die Dame mit Anspruch

### Warenangebot

Nur 1. Wahl. Ware aus Überhängen des Versandhauses. Damenbekleidung: Kleider, Blusen, Röcke, Hosen, Pullover, Strickjacken, Mäntel, Homewear, Bade- und Freizeitbekleidung. Unterwäsche, Nachtwäsche, Frottierwaren.

### Ersparnis

Überhangware 50 bis 70% gegenüber Katalogpreis. Im Rotstiftmarkt bis 80%. Im SSV/WSV nochmals 10 bis 30% reduziert.

### Ambiente

Nennt sich Fabrikverkauf, die Firma produziert selbst jedoch nicht mehr (alles Versandhausware). Präsentation auf 1500 m² Fläche. Umkleidekabinen. Selbstbedienung. Katalogecke, wo reguläre Versandhausware ausgereicht und sofort mitgenommen werden kann.

### Adresse

Mona-Moden, Am Storrenacker 18, 76139 Karlsruhe, Telefon: 07 21/ 9 63 65 00, Fax: 9 63 65 09.

### Öffnungszeiten

Montag bis Freitag 9.30 bis 19.00 Uhr, Samstag 9.00 bis 16.00 Uhr.

### Anreise

Autobahnausfahrt Karlsruhe-Durlach in Richtung Stadtmitte. Bei Mann Mobilia rechts, am Wal-Mart vorbei bis zur Ampel Ruschgraben/Am Storrenacker. Der Straße „Am Storrenacker" folgen bis Mona Moden.

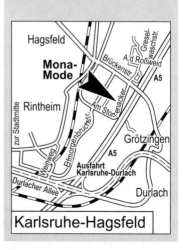

Karlsruhe-Hagsfeld

# EINHORN

Einhorn ist der Inbegriff hochwertiger Herrenhemden. Bekannt für gute Qualität und gute Passform. Führender Markenhemden-Hersteller.

# Klasse: Das Hemd, die Bluse

### Warenangebot
Hemden und Blusen, Krawatten, Jacken, Westen, Kleider, Herrensocken, T-Shirts, Stoffreste.

### Ersparnis
Bei 1.-Wahl-Ware bis 30 %, bei 2.-Wahl-Ware bis 50 %. Herrenhemden 2. Wahl ab 20,- € (Sonderangebot ab 10,- €).

### Ambiente
Neu: der Fabrikverkauf befindet sich innerhalb des Betriebesgeländes in einer Industriehalle. Heller, großer Verkaufsraum mit mehreren tausend Hemden/Blusen. Nette Verkäuferin, die auch berät. Die Ware übersichtlich präsentiert. Kinderspielecke. Sechs Umkleidekabinen, Parkplätze.

### Besonderheiten
2.-Wahl-Ware und reduzierte Ware ist vom Umtausch ausgeschlossen.

### Adresse
Einhorn, Zeeb und Hornung GmbH & Co., Triebstraße, 72138 Kirchentellinsfurt, Telefon: 0 71 21/9 60-2 96.

### Öffnungszeiten
Montag bis Freitag 9.00 bis 13.30 und 14.00 bis 18.00 Uhr, Samstag 9.00 bis 13.00 Uhr.

### Weitere Verkaufsstelle
● 72393 **Burladingen**, Josef-Mayer-Straße 94 (im Trigema-Center), Telefon: 0 74 75/45 16 63. Öffnungszeiten: Montag bis Freitag 9.00 bis 18.00 Uhr. Samstag 9.00 bis 14.00 Uhr.

### Anreise
Aus Richtung Stuttgart kommend B27 bis Ausfahrt Kirchentellinsfurt. Über eine große Bücke in die Ortschaft. An der 1. Kreuzung links. Nach dem Fabrikgebäude von Einhorn links in die Triebstraße und wieder links auf das Betriebsgelände.

Salamander ist für Millionen Verbraucher Inbegriff internationaler Schuhmode, erstklassiger Verarbeitung und perfekter Passform. 100-jährige Tradition, bekannteste Schuhmarke in Europa.

# Die Nr. 1 in Sachen Schuh

### Warenangebot
Sechs starke Schuhmarken im Fabrikverkauf: Salamander, Lurchi, Betty Barclay, Yellomiles, Sioux, Apollo. Damit bietet das Unternehmen ein Vollsortiment vom Krabbel- bis zum Seniorenalter. Sehr große Auswahl jetzt bei allen sechs Marken.

### Ersparnis
1.-Wahl-Ware: 25 %; ca. 30 % der Ware ist 1. Wahl, ca. 70 % ist 2. Wahl. Zusätzliche Preisersparnis im SSV/WSV von ca. 50 %.

### Ambiente
Großzügiger Neubau mit 2000 m² Verkaufsfläche. Fachkundige Beratung möglich. Kinderspielecke. Schuhreparaturservice. Modernes Restaurant/Bistro. Im Stil eines Factory Outlet Center verkaufen hier auch andere Hersteller auf dem Firmengelände von Salamander.

### Adresse
Salamander, Stammheimer Str. 10-14, 70806 Kornwestheim, Telefon: 0 71 54/15-21 16, Fax: 15 27 63, gegenüber dem Bahnhof.

### Öffnungszeiten
Montag bis Freitag 10.00 bis 19.00 Uhr, Samstag 9.00 bis 16.00 Uhr.

### Weitere Verkaufsstellen
● 66957 **Vinningen/Pfalz**, Pirmasenser Straße 47, Telefon: 0 63 35/79 51.
● 86842 **Türkheim**, Industriegebiet, Telefon: 0 82 45/5 20.

### Anreise
Kornwestheim liegt zwischen Stuttgart und Ludwigsburg, Fabrikverkauf gegenüber Bahnhof. S-Bahn (S4, S5) hält direkt vor dem Fabrikverkauf.

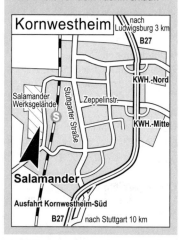

138

Ein komplettes Angebot an Herren-, Knaben-, Mädchen- und Damenunterwäsche. Die Kunden schätzen hier Qualität und Passform zum fairen
Preis.

# Nur Qualität zählt

### Warenangebot
Pfeilring Passform für Herren-Marken-
unterwäsche, Speidel Damen-Marken-
unterwäsche, Mädchen- und Knaben-
unterwäsche.

### Ersparnis
Zwischen 40 und 60 %. Im SSV/WSV
nochmals 20 bis 40 % reduziert.

### Ambiente
Neu eingerichteter Verkaufsraum.

### Adresse
Gebr. Oelkuch GmbH & Co. KG,
Brunnenstraße 31, 72505 Krauchenwies, Telefon: 0 75 76/9 60 50, Fax:
96 05 40.

### Öffnungszeiten
Montag bis Donnerstag 8.00 bis 12.00
und 13.00 bis 17.00 Uhr, Freitag 8.00 bis
11.30 Uhr. Betriebsferien im August,
bitte vorher anrufen.

### Anreise
Krauchenwies liegt an der B311 zwischen Tuttlingen und Ulm. In Krauchenwies Ortsschild Ablach folgen.
In Ablach ausgeschildert.

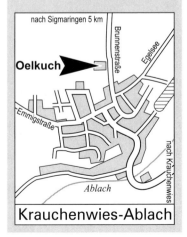

Asta-Freizeitliegen und Schlafsäcke: Spitzenklasse in Komfort und Qualität. Der Gartenfreund schätzt sie genauso wie der Camper. Der findet bei Asta im Fabrikverkauf noch zusätzlich die unentbehrlichen Camping-Utensilien, die das Schlafen ohne Bett angenehmer und bequemer machen.

# Für Garten und Freizeit

### Warenangebot

Garten- und Camping-Liegebetten, Gartenmöbel, Relaxliegen, Sonnenschirme, Klappsessel, Schlafsäcke, Luftmatratzen, Isomatten, Stoffe.

### Ersparnis

2.-Wahl-Ware ca. 30 bis 60%, Musterwaren und Auslaufmodelle ca. 30%, Baumwollstoffe über 50%.

### Ambiente

Vergrößerter Verkaufsraum (250 m²). Vorwahlsystem mit übersichtlicher Präsentation der Waren.

### Besonderheiten

Fachberatung bei Schlafsäcken – auch Sonderanfertigungen in Übergrößen. Bei starkem Andrang ist diese Beratung nicht möglich.

### Adresse

Asta – Stahl & Würthner GmbH & Co. KG, Fabrik für Freizeitliegen und Schlafsäcke, Steinstraße 2, 73329 Kuchen, Telefon: 073 31/8 12 95, Fax: 8 33 76. Internet: www.freizeitliegen.de.

### Öffnungszeiten

Jeden Samstag 11.00 bis 12.00 Uhr. Während der Sommermonate zusätzliche Öffnungszeiten unter Telefonansage, Nummer 073 31/8 33 70 oder im Internet: www.freizeitliegen.de.

### Anreise

A8 (Stuttgart-Ulm), Ausfahrt Mühlhausen. Weiter bis Geislingen/Steige und dann auf der B10 bis Kuchen. Noch 3 km von Geislingen (WMF) bis Kuchen.

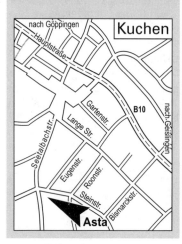

Mustang ist die bekannteste deutsche Jeansmarke. Sie garantiert ausgezeichnete Passform, bietet qualitativ hochwertige Verarbeitung durch Detailgenauigkeit, ist viele Jahre tragbar, geht nicht aus der Form - nicht einmal am Bund. Hohe Farbkonstanz.

# Jeans forever young

### Warenangebot
Über 80.000 Teile, nur 2. Wahl, Auslaufmodelle und Restposten von Mustang-Jeans und Jacketts für Damen und Herren. Pullover, T-Shirts, Sweatshirts, Freizeithemden, Jeanshemden. Jeansröcke und -Kleider, Shorts. Baseball-Caps, Ledergürtel, Freizeitschuhe, Taschen. Materialien: Jeans, Tencel, Cord, Baumwolle, Leinen, Stretch.

### Ersparnis
Keine 1A-Qualitäten. 2. Wahl, Auslaufmodelle und Restposten mit Preisersparnis von 25 bis 70 %. Keine zusätzliche Preisersparnis im SSV/WSV.

### Ambiente
Großzügig gestaltete Verkaufsfläche, 750 m², 52 Kabinen. Ausreichend Parkmöglichkeiten am Haus. Spielecke.

### Adresse
Jeans-Depot Mustang, Würzburger Straße 48-52, 74653 Künzelsau, Telefon: 079 40/9 25 20, Fax: 92 52 22.

### Öffnungszeiten
Montag bis Freitag 9.00 bis 20.00 Uhr, Samstag 9.00 bis 16.00 Uhr.

### Weitere Verkaufsstelle
● 74743 **Seckach**, Waidachshofer Straße 25, Telefon: 0 62 92/9 51 05. Öffnungszeiten: Montag bis Freitag 9.30 bis 19.00 Uhr, Samstag 9.30 bis 16.00 Uhr.

### Anreise
A6, Heilbronn-Nürnberg, Ausfahrt Kupferzell, dann 15 km auf B19 in Richtung Künzelsau. Dort an der 1. Kreuzung zweimal links ab Richtung Umgehungsstraße Würzburg/Bad Mergentheim. Über die Kocherbrücke, dann rechts in die Würzburger Straße.

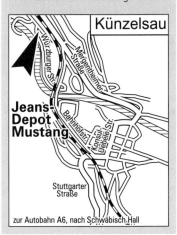

Baumwolle, weitgehend handgepflückt, weder gebleicht noch gefärbt. Das Schlichten erfolgt mit Naturstärke; zum Auswaschen wird Kernseife verwendet. So behält die Baumwolle hohe Saugfähigkeit und Atmungsaktivität.

# Der Haut zuliebe

**Warenangebot**
Frottierwäsche für Haus, Bad, Sauna, Schlafdecken für den Sommer. Frottier-Bademäntel für Damen, Herren, Kinder; Hausmäntel mit höchstem Anspruch an Qualität und Optik.

**Ersparnis**
40 bis 50 % bei 1B-Qualitäten, Restposten, Musterteilen und Waschproben. Bei Saisonschlussverkauf bis 70 %.

**Ambiente**
Selbstbedienung, sehr einfacher Verkaufsraum neben Produktionsräumen, übersichtliche Warenpräsentation.

**Besonderheiten**
Sonderverkäufe zu Saisonende zweimal jährlich.

**Adresse**
Delfina, Martin Heusel GmbH, Raiffeisenstraße 12, 72127 Kusterdingen, Telefon: 0 70 71/9 39 20, Fax: 93 92 30.

**Öffnungszeiten**
Montag bis Mittwoch 14.00 bis 17.00 Uhr.

**Anreise**
B27 (Stuttgart-Tübingen), Ausfahrt Kirchentellinsfurt, rechts nach Kusterdingen. Dort rechts Richtung Gewerbegebiet, rechts in Liststraße, rechts in Jahnstraße, links in Raiffeisenstraße. Von Tübingen: Vor Ortsbeginn scharf links, rechts bis Lustnauer Straße, links Raiffeisenstraße.

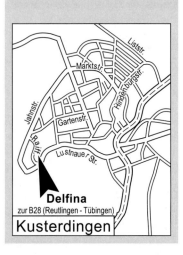

Bonacelli führt hochwertige Damen- und Herren-Markenbekleidung. Die Produktion in Baden wurde eingestellt. Im ehemaligen Fabrikgebäude wird aber weiterhin Wert auf große Auswahl gelegt.

# Qualitätsbewusst

### Warenangebot

Für den Herrn: Anzüge, Sakkos, Hosen, Smokings, Strickwaren, Hemden, Krawatten, Mäntel, Jacken (auch in Leder). Für die Dame: Kostüme, Anzüge, Blazer, Blusen, Hosen, Strickwaren, Mäntel, Jacken. Business- und Freizeitmode für Sie und Ihn.

### Ersparnis

30 bis 50 %. Im SSV/WSV zusätzlich 10 bis 35 %.

### Besonderheiten

Sehr große Auswahl auch in großen Größen. Änderungsservice. Beratung. Gutes Preis-Leistungs-Verhältnis. Ausflug nach Straßburg, Elsässische Weinstraße, Schwarzwald, Europapark Rust (10 km entfernt).

### Adresse

Bonacelli Moda GmbH, Lotzbeckstraße 47/Schwarzwaldstraße (Nähe E-Werk und Stadtpark), 77933 Lahr, Telefon: 0 78 21/9 36 40, Fax: 3 82 79, E-Mail: info@bonacelli.de.

### Öffnungszeiten

Montag bis Freitag 9.00 bis 20.00 Uhr, Samstag 9.00 bis 16.00 Uhr.

### Anreise

A5 Karlsruhe-Basel, Ausfahrt Lahr, Richtung Lahr, 1. Ampel nach Ortsschild Lahr links, nächste Ampel links, 800 m auf der linken Seite. Ausreichend Parkplätze.

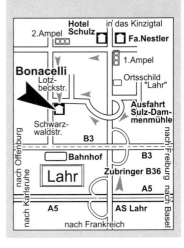

# HKL

Hier gibt es alles, was das Haus schöner und wohnlicher macht. Tisch, Bett, Bad und Küche, für jeden Raum das passende Tuch.

# Moderne Farben und Dessins

### Warenangebot
Tischwäsche, Bettwäsche, Frottierwaren und Küchenhandtücher, Nähzubehör. Stoffreste, Kochkleidung, Berufskleidung für Küche, Service und Pflege. Bei Tischdecken Sonderanfertigungen in allen Formen und Größen. Sie können auf die Anfertigung Ihrer Tischdecke warten und bei der Fertigung zuschauen. Auf Wunsch mit Namenseinstickung oder Monogramm. Mehr als 200 Stoffe zur Auswahl.

### Ersparnis
Ca. 30 bis 50 %. Im SSV/WSV nochmals 20 % reduziert.

### Ambiente
Zwei Verkaufsräume im Erdgeschoss mit Selbstbedienung. Auf Wunsch freundliche und fachlich gute Beratung, ein Ausstellungsraum für Gastronomie im Obergeschoss.

### Adresse
Wäschefabrik Hermann Kächele, Westerheimer Straße 12, 89150 Laichingen, Telefon: 073 33/67 62, Fax: 70 36.

### Öffnungszeiten
Montag bis Freitag 8.00 bis 12.00 und 13.30 bis 17.30 Uhr, Samstag nach Vereinbarung.

### Anreise
Aus Richtung Stuttgart: A8, Behelfsausfahrt Hohenstadt (direkt nach Lämmerbuckeltunnel), nach Hohenstadt, von dort nach Laichingen; am Ortseingang rechts. Aus Richtung Ulm: A8, Ausfahrt Merklingen, bis Stadtmitte, dann rechts ab, der Beschilderung nach Westerheim folgen. Fabrik ist am Ortsausgang in der Gabelung Westerheim/ Hohenstadt.

144

## Wäschekrone ♔

Im Wäschekrone-Laden wurden u.a. folgende Markenprodukte im Bett-
wäsche-Bereich gesichtet: Brinkhaus, elo, erbelle, Erba, irisette, schlafgut,
Doris Meyer, Egeria, Kneer. Wolldecken verschiedener Firmen. Kinderbett-
wäsche von Kiki und Piepmatz.

# Markenmix in Bettwäsche

### Warenangebot
Deckbetten, Federkissen, Wolldecken,
Heim- und Reisedecken, Bettwäsche,
Tischwäsche, bestickte Tischdecken,
Mitteldecken, Sondermaße, Tischbän-
der. Küchenwäsche in Reinleinen, Halb-
leinen, Frottierhandtücher, Waschhand-
schuhe.

### Ersparnis
Ca. 25%. Im SSV/WSV um weitere 30%
reduziert.

### Ambiente
Schönes Ladengeschäft im Hinterhaus.
Große Auswahl. Sachkundige Ver-
käuferin.

### Besonderheiten
Eigenes Stickerei-Atelier für Namen-
und Monogrammstickereien. In allen
Bereichen sind Sonderanfertigungen
möglich. Hotelwäscheverkauf: Hirsch-
straße 98.

### Adresse
Wäschekrone GmbH & Co. KG, Weberei
und Wäschefabrik, Der Wäschekrone-
Laden, Fölltorstraße 7, 89150 Laichingen,
Telefon: 07333/804-26, Fax: 80430.
Internet: www.waeschekrone.de.

### Öffnungszeiten
Montag bis Samstag 9.00 bis 12.00 Uhr,
Montag bis Freitag 14.00 bis 18.00 Uhr.

### Anreise
Fölltorstraße ist eine Abzweigung
von der Bahnhofstraße (ca. 50 m
östlich vom Marktplatz).

In Laichingen gibt es gleich drei Schuhhersteller, denen man beim Schuhemachen zum Teil auch noch zuschauen kann. Das Unternehmen AFS verkauft seine Schuhe auch als Versandware, die aber zum regulären Prospektpreis.

# Schuhe von der Alb

### Warenangebot
Große Auswahl an Sandaletten, Pantoletten und Clogs, mit ausgeprägtem Fußbett für Damen, Herren und Kinder (Decksohle und Obermaterial bei allen Schuhen aus echtem Leder). Auch 2.-Wahl-Schuhe bei Sandaletten, Pantoletten und Clogs. Halb- und Sportschuhe, Freizeitschuhe, Stiefel.

### Ersparnis
1.-Wahl-Ware bis zu 30%; 2.-Wahl-Ware ca. 50%. Sonderangebote bis zu 50%. Im WSV/SSV zusätzliche Ersparnis.

### Ambiente
Verkaufsraum ca. 800 m². Fachkundige Beratung. Die Schuhe werden in Regalen übersichtlich angeboten. Wenn der gewünschte Artikel im Verkaufsraum nicht vorrätig ist, kann direkt aufs Lager zurückgegriffen werden. Prospekte können angefordert werden. Die Schuhe werden dann gegen Rechnung versandt – mit Umtauschrecht. Großer Parkplatz.

### Adresse
AFS-Schuhfabrik GmbH, Lange Straße 1, 89150 Laichingen-Feldstetten, Telefon: 07333/968111, Internet: www.afs-schuhe.de.

### Öffnungszeiten
Montag bis Freitag 8.00 bis 18.00 Uhr; Samstag 8.00 bis 13.00 Uhr.

### Anreise
Feldstetten, ein Ortsteil von Laichingen, liegt auf der Schwäbischen Alb direkt an der B28 (zwischen Urach und Blaubeuren). Man erreicht Feldstetten auch über die A8 (Stuttgart-Ulm), Ausfahrt Merklingen. Über Machtolsheim Richtung Reutlingen/Bad Urach in den Ortsteil Feldstetten.

Solide Handarbeit, gute Passform und beste Naturleder bietet dieser Schuhhersteller. Trotz hoher Lohnkosten wird weiterhin in Laichingen-Feldstetten produziert. Erst kürzlich wurden eine neue Produktionshalle und ein neuer, übersichtlicher Fabrikverkaufsraum eröffnet.

# Fußschmerz ade

### Warenangebot
Wörishofer-Korktieffußbetten mit Luft-polsterfußbett für Damen, Herren und Kinder ab Größe 23 bis 50. Sandaletten und Pantoletten in Vollrindleder und verschiedenen Farben. Außerdem rutschfeste Schuhe für den Nassbereich und Berufsschuhe für die Elektronik-industrie. Clogs, modische Komfort-schuhe, Markenschuhe.

### Ersparnis
30 bis 50 % bei 1.-Wahl-Ware, 2.-Wahl-Ware ca. 30 % günstiger als 1. Wahl. Kein SSV/WSV.

### Ambiente
Neu eröffnete Fabrikationshalle mit Fabrikverkauf. Ware hier direkt im Lager. Kostenlose Kaffeetheke für Kunden.

### Besonderheiten
Besichtigung der Produktion jederzeit möglich, alle vitaform-Schuhe werden ausschließlich in Feldstetten gefertigt.

### Adresse
Vitaform Schuhfabrikations GmbH, Beim Lager 2, 89150 Laichingen-Feld-stetten, Gewerbegebiet Himmelreich, Telefon: 0 73 33/57 88, Fax: 62 90.

### Öffnungszeiten
Montag bis Freitag 8.00 bis 18.00 Uhr, Samstag 8.00 bis 13.00 Uhr.

### Anreise
A8 München-Stuttgart, Ausfahrt Merklingen. Über Machtolsheim in den Ortsteil Feldstetten. Dort am Ortsanfang im Gewerbegebiet Him-melreich ist der Fabrikverkauf. Von der B28 Blaubeuren kommend ist das neue Gebäude in Laichingen-Feldstetten am Ortsanfang.

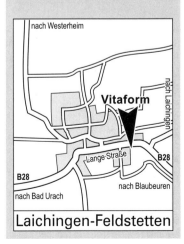

# weeger

Die Schuhfabrikation Weeger hat jetzt ihren Fabrikverkauf auf 300 m² erweitert. Hergestellt werden Gesundheitsschuhe wie Sandaletten, Pantoletten und Clogs mit Luftpolster-Fußbett und Naturkorksohle in verschiedenen Absatzhöhen und der Wörishofener Fußform.

# Wie barfuß laufen

### Warenangebot

Freizeitschuhe, Bequemschuhe, Gesundheitsschuhe, (Sandaletten, Pantoletten, Clogs) aus eigener Herstellung für Damen, Herren und Kinder. ESD-Berufsschuhe, Berufsschuhe für Nassbereiche, Clogs mit eingearbeiteter Stahlkappe. Erweiterter Verkauf aller gängigen Markenartikel.

### Ersparnis

1. Wahl-Ware: ca. 25 %. 2. Wahl-Ware: ca. 50 %. Sonderangebote: ca. 40 %. Im SSV/WSV zusätzliche Preisersparnis von 20 %.

### Ambiente

300 m² Verkaufsfläche, Warenangebot übersichtlich angeordnet. Extra-Schnäppchenmarkt, Sonderposten, Katalogüberhänge, Restposten. Die aktuellen Prospekte werden für jede Saison neu aufgelegt und können auf Wunsch auch vorab angefordert werden.

### Adresse

Weeger, Gebrüder Weeger GmbH, Schuhfabrikation, Lange Straße 101/103, 89150 Laichingen-Feldstetten, Telefon: 0 73 33/70 14, Fax: 2 13 56, E-Mail: schuh-weeger@t-online.de.

### Öffnungszeiten

Montag bis Freitag 9.00 bis 18.00 Uhr, Samstag 9.00 bis 12.00 Uhr. Extra-Schnäppchenmarkt Freitag 10.00 bis 18.00 Uhr, Samstag 9.00 bis 12.00 Uhr.

### Anreise

A8 Stuttgart-Ulm, Autobahnausfahrt Merklingen. Über Machtolsheim, Laichingen nach Feldstetten (Ortseingang rechts).

nach Westerheim

Gebr. Weeger

nach Laichingen

Lange Straße

B28

B28

nach Bad Urach

nach Blaubeuren

**Laichingen-Feldstetten**

Bueckle ist einer der führenden Hersteller von klassischen, sportiven und topmodischen Strickwaren in Europa.

# Bueckle – Knitwear

### Warenangebot

Hochwertige Herrenstrickwaren der Marken Bueckle, Bread & Butter und Bueckle Classic, wie Pullover, Westen, Pullunder und Shirts.

### Ersparnis

Zwischen 30 und 50%. Zusätzliche Preisersparnis im SSV/WSV von 20%.

### Ambiente

Im Bueckle Outlet werden neben einer großen Auswahl an klassischen und modischen Pullovern auch T-Shirts, Sweatshirts, Hemden, Unterwäsche, Socken, Krawatten und Jacken angeboten. Äußerst angenehme Einkaufsatmosphäre, freundliches Personal.

### Adresse

Bueckle GmbH, Lauffener Strickwarenfabrik, Im Brühl 72, 74348 Lauffen/Neckar, Telefon: 0 71 33/10 80, Fax: 1 08 49.

### Öffnungszeiten

Donnerstag und Freitag 10.00 bis 20.00 Uhr, Samstag 9.00 bis 16.00 Uhr.

### Weitere Verkaufsstelle

● 72555 **Metzingen**, Outlet-Center in der Samtfabrik, Telefon: 0 71 23/92 08 03. Öffnungszeiten: Montag bis Freitag 9.30 bis 18.30 Uhr, Samstag 9.30 bis 16.00 Uhr.

### Anreise

A81 (Stuttgart-Heilbronn), Ausfahrt Mundelsheim. Auf der L1115 bis Kirchheim, dort auf die B27 nach Lauffen. Bueckle befindet sich unterhalb des Lauffener Bahnhofs im Gewerbegebiet „Unter Ainer Weg". Zufahrtsstraße „Im Brühl" verläuft parallel der Bahnlinie.

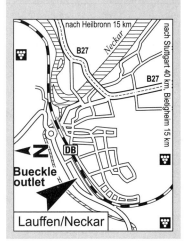

# PUBLIC

Mode für Beruf und Freizeit: leichte Stoffe, smarte Farben, Details für den zweiten Blick. Qualität, die der Mode jeden Spielraum gibt. Basics und gut kombinierbare Modelle.

# Bei Public tut sich was ...

### Warenangebot

Pullis, Shirts, Blusen, Mode aus dem mittleren bis gehobenen Preissegment. Nur Musterteile, 1A-Ware, 2A-Ware, Sonderposten.

### Ersparnis

25 bis 40 %. Im SSV und WSV nochmals 40 bis 60 % günstiger.

### Ambiente

Einfacher Verkaufsraum. Pullis nach Größen und Farben sortiert in Holzregalen. Hosen, Blusen und Jacken auf Kleiderbügeln. Sechs Umkleidekabinen. Sehr gut besucht. Nicht zu vergleichen mit dem Einzelhandelsambiente des Fachgeschäftes von Public in der Kanalstraße 6 in Echterdingen.

### Adresse

Public GmbH, Lagerverkauf, Friedrich-List-Straße 6, 70771 Leinfelden-Echterdingen, Ortsteil Echterdingen, Telefon: 07 11/9 47 78-22.

### Öffnungszeiten

Freitag 9.30 bis 18.00 Uhr und Samstag 9.00 bis 13.00 Uhr.

### Anreise

B27 Stuttgart-Tübingen, Ausfahrt Leinfelden-Echterdingen, In Echterdingen 1. Ampel rechts (Nikolaus-Otto-Straße). Am Ende links in die Friedrich-List-Straße einbiegen. Nach 600 m am Ende der Straße auf linker Seite.

Die Speick-Seife hat einen hohen Bekanntheitsgrad. Speick fertigt aber mehr als nur Seife: Naturkosmetik, deren Inhaltsstoffe ausschließlich naturbelassene Grundstoffe von höchster Qualität sind.

# Naturkosmetik für alle Jahreszeiten

### Warenangebot
Speick-Erzeugnisse (Rasierseife, Seife, Duschmittel, Creme, Deo, After Shave, Eau de Cologne etc.), Fein- und Parfümseifen, reine Pflanzenölseifen, Phytokosma Naturkosmetik.

### Ersparnis
Ca. 10 %.

### Ambiente
Der Verkauf findet auf dem Werksgelände in einem Container statt.

### Besonderheiten
In den Alpen wächst oberhalb der Baumgrenze die Speickpflanze. Das Speicköl wird aus der Wurzel extrahiert und in den Speickprodukten verarbeitet.

### Adresse
Walter Rau Speickwerk, Benzstraße 9, 70771 Leinfelden-Echterdingen (im Industriegebiet), Telefon: 07 11/16 13-0, Fax: 16 13-1 00.

### Öffnungszeiten
Nur am Donnerstag 14.00 bis 18.00 Uhr.

### Weitere Verkaufsstelle
● **Stuttgart-Möhringen**, Speick-Shop, Eingang Streibgasse. Öffnungszeiten: Freitag 11.00 bis 17.00 Uhr.

### Anreise
A8, Ausfahrt Leinfelden-Echterdingen. Richtung Leinfelden-Mitte. Kurz vor der S- und U-Bahn-Haltestelle Leinfelden links in die Benzstraße. Das Speickwerk ist links. Erste Einfahrt am Werksgelände steht der Container.

# Heim

Das Unternehmen von Josef Heim ist seit über 20 Jahren auf die Herstellung von Wildfertiggerichten spezialisiert. Es erhielt die „Silberne Preismünze" des Landes Baden-Württemberg. Über 4000 Portionen verlassen täglich die Großküche.

# Wildspezialitäten

**Warenangebot**
Wildgerichte tiefgekühlt: Rehbraten, Rehtöpfle, Wildschweinbraten, Wildschweintöpfle, Hirschbraten, Hirschgulasch, Hirschrouladen, Sauerbraten, Hasenkeulen, Jägertaschen. Die Gerichte sind als 250/500/1000 g-Packungen erhältlich.

**Ersparnis**
Durchschnittlich 20 bis 30 %. Kein WSV, kein SSV.

**Ambiente**
Verkauf im Firmengebäude. Separater kleiner Verkaufsraum.

**Adresse**
Heim Wildgerichte, Inh. Josef Heim, Daimlerstraße 28, 74211 Leingarten, Telefon: 07131/402051, Fax: 07131/403994, E-Mail: heimwild@arcor.de.

**Öffnungszeiten**
Montag bis Freitag 8.00 bis 16.00 Uhr, jeden ersten Samstag im Monat 9.00 bis 12.00 Uhr. Oktober bis Dezember jeden Samstag geöffnet.

**Anreise**
Leingarten ist 5 km von Heilbronn entfernt. A6 Nürnberg-Heilbronn-Mannheim, Ausfahrt Untereisesheim/Bad Wimpfen, dann rechts auf B293, Richtung Karlsruhe, Ausfahrt Industriegebiet Leingarten.

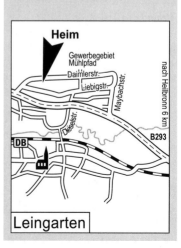

ORIGINAL DESIGN BY

**MARCBROWN®**

Die Firma produziert qualitativ hochwertige Kinder- und Teenagerbekleidung, auch topmodische Ware. In der Kollektion sind alle Teile stylistisch (modisch) und farblich aufeinander abgestimmt. Dadurch ist alles beliebig und problemlos miteinander zu kombinieren. Zwei Kollektions-Linien: Kids: Größe 80 bis 140 und Boys: Größe 116 bis 176.

# Für top-gestylte Kids und MAUS-Fans

### Warenangebot
Nur 2. Wahl, Einzelstücke und Kollektionsteile (große Auswahl in Gr. 98 und Gr. 140): Jeans, Hosen, Jacken, Hemden, T-Shirts und Sweatshirts, Gürtel, Accessoires, Stoffreste.

### Ersparnis
30 bis 60 %, Einzelstücke oft mehr. Im SSV/WSV nochmals 30 bis 40 % reduziert.

### Ambiente
Verkauf im Untergeschoss des Hauses, Eingang linke Hausseite unten; klare und schlichte Präsentation in Regalen, übersichtlich und einheitlich nach Größen sortiert. An Freitagen ist der Verkauf beschildert.

### Adresse
Marc Brown by Starz, Kirchgasse 4, 73575 Leinzell, Telefon: 0 71 75/92 02-0, Fax: 92 02-50.

### Öffnungszeiten
Nur am Freitag 8.00 bis 17.00 Uhr. Kein Fabrikverkauf am Freitag, wenn der Donnerstag zuvor ein Feiertag ist.

### Anreise
Leinzell liegt nordöstlich von Schwäbisch Gmünd. In Leinzell-Ortsmitte (bei der Kreissparkasse) in die Kirchgasse einbiegen; Firma direkt auf der rechten Seite.

*Bella Ciara*

Die Wäschefabrik Rupp fertigt hochwertige Jersey- und Satinbettwäsche. Spezialität ist das Spannbettuch mit Elastan (elastisch und bügelfrei). Sehr gute Qualitäten.

# Schlafen im Besonderen

**Warenangebot**
Bettwäsche aus pflegeleichtem Jersey (sehr große Auswahl), Satin, Mako-Baumwolle und Baumwolle. In den Standardmaßen sowie in allen gängigen Übergrößen erhältlich. Anstelle von Knöpfen schließt ein Reißverschluss. Spannbettücher aus Jersey und Frottee. Kissenbezüge für Zierkissen und Nackenrollen. 2. Wahl und 1B-Ware mit kleinen Fehlern, Auslaufartikel.

**Ersparnis**
Auf 1B-Ware ca. 70 %.

**Ambiente**
70 m² großer Verkaufsraum im Lagergebäude, Ware verpackt in Ständern ausgestellt. Sortierung nach Größen und Qualitäten, hilfsbereites Personal.

**Adresse**
Formesse Wäschefabrik Rupp GmbH & Co. KG, Sägestraße 1, 79843 Löffingen, Telefon: 076 54/9112-0, Fax: 9112-27.

**Öffnungszeiten**
Nur Mittwoch 14.00 bis 16.30 Uhr.

**Anreise**
Löffingen liegt an der B31 zwischen Donaueschingen und Titisee-Neustadt. In Löffingen Richtung Bahnhof fahren, dann über die Bahngleise und weiter rechts Richtung Rötenbach. Firma auf der rechten Seite im letzten Haus. Parken auf dem Firmengelände möglich.

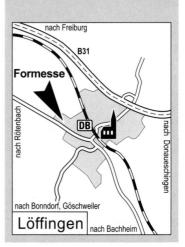

Die angebotenen Markenqualitäten haben einen hervorragenden Ruf. Die Satinbettwäsche gehört zu den Premiumprodukten auf dem Markt.

# Satinweiche Bettwäsche

### Warenangebot
Bettwäsche, Bettlaken, Bettwaren, Daunen, Edelhaar und Kunstfaser für Allergiker, Decken, Frottierwaren, Bademäntel.

### Ersparnis
Bei Bettwäsche bis 50 %, bei anderer Ware zwischen 30 und 40 %. Bettlaken in Jersey und Frottee bis 200 x 200 cm, Bademäntel bis XXL. Kein SSV, kein WSV, aber oft Sonderangebote.

### Besonderheiten
Auch Sondermaße werden auf Anfrage angefertigt.

### Adresse
Comtesse Textil GmbH, Schopfheimer Straße 25, 79541 Lörrach-Brombach, Telefon: 0 76 21/9 15 10, Fax: 9 15 11 30.

### Öffnungszeiten
Montag bis Donnerstag 8.00 bis 15.30 Uhr, Freitag 8.00 bis 12.00 Uhr.

### Anreise
A5 Karlsruhe-Basel auf die A98 Richtung Lörrach. Ausfahrt Lörrach. Auf die B317 Richtung Schopfheim. Ausfahrt Lörrach-Brombach. Rechts abbiegen. Werksverkauf nach ca. 1 km auf der rechten Seite (Schild Textiles Wohnen).

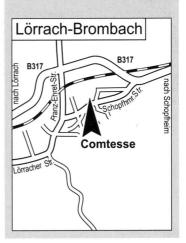

# Textiles Wohnen

**INTERNATIONAL**                                    **G M B H**

Hier werden die Heimtextilien gefertigt. Spezialität: Bettwäsche und Frottierwaren wie Strandlaken oder Bademäntel.

# Ein Hauch von Luxus

### Warenangebot
Bettwäsche aus Baumwolle, Jersey, Satin, Seersucker u.a. in diversen Größen; Betttücher. Frottierwaren, Strandlaken, Geschirrtücher, Bademäntel, Kissen aller Art, Stoffe, Bettwaren.

### Ersparnis
Auf 1. Wahl ca. 30 %, 2. Wahl ca. 60 %. Keine zusätzliche Preisreduzierung im SSV/WSV.

### Ambiente
Große Halle, keine aufwändige Deko, Preise angeschrieben.

### Adresse
Textiles Wohnen, Schopfheimer Straße 25, 79541 Lörrach-Brombach, Telefon: 0 76 21/91 51-0, Fax: 91 51-130.

### Öffnungszeiten
Montag bis Donnerstag 8.00 bis 15.30 Uhr, Freitag 8.00 bis 12.00 Uhr.

### Anreise
A5 Karlsruhe-Basel auf die A98 Richtung Lörrach. Ausfahrt Lörrach. Auf die B317 Richtung Schopfheim. Ausfahrt Lörrach-Brombach. Rechts abbiegen. Werksverkauf nach ca. 1 km auf der rechten Seite (Schild Textiles Wohnen).

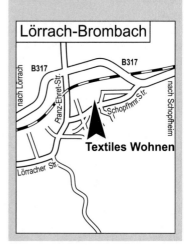

OBB verarbeitet vornehmlich hochwertige Produkte im Markenbereich. Der hohe Bekanntheitsgrad in der Branche resultiert auch aus dem Betriebsverbund mit „irisette"- und WWF-Bettwaren, Canada „Northern Goose", Regina-Spezialkopfkissen usw.

# Bettwaren für Anspruchsvolle

### Warenangebot
Komplettes Sortiment an Kopfkissen, Karo-Steppbetten, Kassettendecken, Dauneneinziehdecken in Normal- und Übergrößen. Alle Artikel mit Federn und/oder Daunen gefüllt.

### Ersparnis
Auslaufware bis 50%, 1B- und Restposten bis 75% günstiger. Kein SSV, kein WSV.

### Ambiente
Übersichtlich angeordneter Verkaufsraum mit genauer Produktaussage. Ausgebildetes Fachpersonal steht zur Verfügung. Parkplätze auf dem Gelände.

### Adresse
OBB – Oberbadische Bettfedernfabrik GmbH, Mühlestraße 54, 79539 Lörrach-Tumringen, Telefon: 07621/15 20 45, Fax: 15 20 20. Internet: www.obb.de; E-Mail: info@obb.de.

### Öffnungszeiten
Montag, Dienstag und Freitag 9.00 bis 12.00 und 14.00 bis 17.00 Uhr, Donnerstag 9.00 bis 12.00 und 14.00 bis 18.00 Uhr, Oktober bis März: 1. Samstag im Monat 9.00 bis 12.00 Uhr.

### Anreise
A5 (Basel-Karlsruhe) bis Ausfahrt Lörrach, auf A98, nach ca. 3 km Ausfahrt Rümmingen; erste Kreuzung geradeaus (Berg hinunter), dann erste Ampel links; Firma nach ca. 400 m rechts (beschildert).

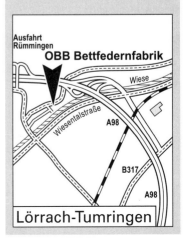

Hochwertiges Manufakturporzellan für gehobene Ansprüche an die Tischkultur. Historische Klassiker und moderne Dekore.

# Königliches weißes Gold

### Warenangebot

Ausschließlich handgefertigtes und freihandbemaltes Porzellan. Kaffee-, Mokka-, Tee- und Speiseservice, Vasen Lampen, Spiegel, limitierte Sammelteller. Auch Wappenmalerei und Monogramminitialen können gemalt werden.

### Ersparnis

1.-Wahl-Ware: ständig große Auswahl in allen Dekoren nach Preisliste. 2.-Wahl-Ware: zweimal im Jahr (Frühjahr und Herbst) jeweils zwei Sonderverkaufstage mit Verkauf von 2.-Wahl-Porzellan in undekorierter oder bemalter und staffierter Ausführung. Preis bei 2. Wahl ca. 20 bis 30% günstiger als Verkaufspreis 1. Wahl.

### Ambiente

Intensive fachkundige Beratung.

### Adresse

Porzellan-Manufaktur Ludwigsburg GmbH, Im Schloss, 71634 Ludwigsburg, Telefon: 0 71 41/97 50 40, Fax: 90 27 68.

### Öffnungszeiten

Montag bis Freitag 9.30 bis 12.30 und 13.30 bis 17.30 Uhr, Samstag 10.00 bis 13.00 Uhr.

### Anreise

B27, Schlossstraße zum Ludwigsburger Schloss oder A81 Stuttgart-Heilbronn, Ausfahrt Ludwigsburg-Nord, Richtung Ludwigsburg und Hinweis Zufahrt Schloss folgen.

Modisch bis klassisch, zeichnet sich die Firma durch Qualität im Mittelpreis-Segment aus, ökologische Produkte aus Bio-Naturleder und Serien-Kollektion. Koffer von Samsonite, Rimowa und Stratic. Große Auswahl an Lederjacken und -hosen.

# Alles Leder

### Warenangebot

Aktentaschen, Business-Taschen. Schultaschen, Handtaschen, Reisegepäck, Kleinlederwaren, Lederbekleidung für Sie und Ihn. Aktuelle und Vorjahresmode. Weitere Markenartikel von Camel, 4YOU, Betty Barclay, EASTPAK, McNeill.

### Ersparnis

1.-Wahl-Ware 20 bis 30%. 2.-Wahl-Ware bis 50%. Herren-Lederjacke 2. Wahl 30,- €, Damen-Lederjacke, 2. Wahl, 100,- €. Im SSV/WSV weitere Ersparnis bis zu 50%. Ständig Sonderangebote.

### Ambiente

Die Ware ist übersichtlich in Regalen und auf Kleiderständern präsentiert. Eigener kleiner Verkaufsraum mit 2.-Wahl-Ware. Eine Umkleidekabine. Freundliche Beratung. Parkplätze.

### Adresse

Leder-Wolf GmbH, Neckartalstraße 25, 71642 Ludwigsburg-Neckarweihingen, Telefon: 0 71 41/25 41-0, Fax: 25 41 23, E-Mail: info@leder-wolf.de. Internet: www.leder-wolf.de.

### Öffnungszeiten

Montag bis Freitag 9.00 bis 18.00 Uhr, Samstag 9.00 bis 13.00 Uhr.

### Anreise

A81 (Stuttgart-Heilbronn), Ausfahrt Pleidelsheim, Richtung Marbach. In Ludwigsburg-Neckarweihingen im Industriegebiet „Au" an der Umgehungsstraße von Marbach nach Poppenweiler. Dort den Schildern „Leder Wolf" folgen.

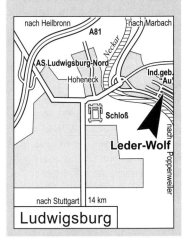

Die SCA-Hygiene Products GmbH produziert hochwertiges Hygienepapier. Vor allem die Marken „Danke" und „Zewa" sind bekannt. Bei der Herstellung verwendet die Firma Recycling-Verfahren und ist mit ca. 35.000 Mitarbeitern in 30 Ländern vertreten.

# Alles soft

### Warenangebot

Es gibt 1.- und 2.-Wahl-Ware. Watte, Zewa-Softis Taschentücher, Zewa-Wisch&Weg Küchentücher, Windeln, Toilettenpapier, vereinzelt Backpapier, Frischhaltefolien, Pappteller, Pappbecher, Geschenkpapier.

### Ersparnis

20 bis 40%, bei Sonderangeboten und 2.-Wahl-Ware oft mehr. Kein SSV/WSV.

### Ambiente

Kleiner, schmuckloser Verkaufsraum neben der Pforte zu Tor 3. Die Ware ist in Kartons auf Paletten gestapelt, die Kleinwaren (Pappteller, Pappbecher, Backpapier etc.) liegen neben der Kasse in einem Regal. Lageratmosphäre.

### Adresse

SCA Hygiene Products GmbH, Sandhofer Straße 176-180, 68264 Mannheim. Der Kleinverkauf befindet sich in der Priebuser Straße, neben Tor 3. Gute Parkplatzsituation: „Besucher-Kleinverkauf Privatparkplatz SCA Hygiene".

### Öffnungszeiten

Montag, Mittwoch bis Freitag 12.00 bis 16.00 Uhr. Dienstag geschlossen.

### Anreise

Autobahn A6/E50 bis Ausfahrt Mannheim-Sandhofen/Waldhof/Hafen 3+4. Weiter auf der B44/Frankenthaler Straße Richtung Mannheim-Sandhofen/Waldhof/Hafen 3+4, rechts abbiegen in die Bürstadter Straße. Nach ca. 250 m links abbiegen in die Priebuser Straße.

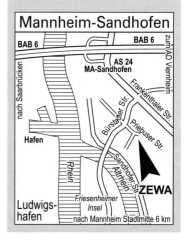

# LINEA PRIMERO®

Hochwertige Sport- und Outdoorbekleidung. Modischer Schick ist hier verbunden mit hoher Funktionalität.

# Sportswear vom Feinsten

### Warenangebot

1.-Wahl-Ware und 2.-Wahl-Ware. Ski- und Outdoor-Jacken, Regenhosen, Trainingsanzüge (Microfaser), Trainingshosen, T-Shirts, Sweatshirts, Polarfleece. Wenig Angebote für Kinder. Aktuelle Mode und Vorjahreskollektion.

### Ersparnis

Mindestens 30 % bei 1.-Wahl-Ware, bei 2.-Wahl-Ware und Sonderangeboten bis 50 %. Kein SSV, kein WSV.

### Ambiente

Verkaufsraum im Haus. Ladengeschäft mit Einzelhandelsatmosphäre. Nicht immer alle Größen vorrätig. Freundliches Personal.

### Besonderheiten

Reduzierte Ware ist vom Umtausch ausgeschlossen.

### Adresse

Linea Primero, Kelee Jawa Vertriebs GmbH, Im Strietwälle 1-5/Industriegebiet, 76359 Marxzell, Telefon: 072 48/ 91 61-0, Fax: 91 61-91. Gute Parkmöglichkeiten.

### Öffnungszeiten

Montag bis Freitag 10.00 bis 18.30 Uhr, Samstag 9.00 bis 14.00 Uhr.

### Anreise

Aus Richtung Basel A5, Ausfahrt Karlsruhe-Ettlingen (Nr. 48), dann auf die B3 Richtung Ettlingen. Weiter Richtung Busenbach/Bad Herrenalb, Ausfahrt Pfaffenrot, Richtung Langenalb. Das Industriegebiet erreichen Sie nach ca. 2 km, es liegt auf einer Anhöhe und ist beschildert. Das Firmengebäude „Linea Primero" ist bereits von der Landstraße aus zu sehen. Aus Richtung Stuttgart auf der A8 kommend, Ausfahrt Karlsbad, Richtung Busenbach/Bad Herrenalb.

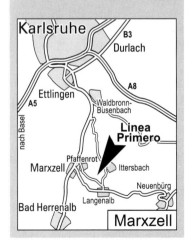

# Liane-Moden GmbH

Das Unternehmen stellt Strick- und Wirkwaren im Damenbekleidungs-
bereich, Young Fashion und große Größen her: Mode für den täglichen Ge-
brauch.

# Masche verfängt

### Warenangebot
Pullis, Shirts, Blusen, Umstandsmoden,
Leggings, komplettes Oberbekleidungs-
sortiment für Damen, Stoffreste.

### Ersparnis
1. Wahl ca. 40 bis 50%. Zusätzliche
Preisersparnis im SSV/WSV ca. 40%.

### Ambiente
Großzügiger Verkaufsraum mit Cafe-
teria; 1B-Ware ist teilweise mit 1. Wahl
gemischt (gekennzeichnet auf Preis-
etikett).

### Besonderheiten
Damenmode bis Übergröße 56. Ständig
großes Angebot an 1B-Ware und Musterteilen.

### Adresse
Liane Moden, Wirkerstraße 3, 72469
Meßstetten, Telefon: 07431/94810,
Fax: 948150.

### Öffnungszeiten
Montag bis Freitag 9.00 bis 12.00 und
14.00 bis 18.00 Uhr, Samstag 9.00 bis
12.00 Uhr.

### Anreise
Von Albstadt kommend fährt man in
Meßstetten Richtung Hossingen, die
Firma ist kurz vor Ortsende Meß-
stetten links (gut erkennbar).

Sanetta ist Marktführer im Kinderwäschebereich und führender Hersteller modischer und qualitativ hochwertiger Kinderbekleidung.

# Der Spitzenreiter

### Warenangebot

Nur 1B-Ware, Reste und Sonderposten der Marken Sanetta und Match. Kindermode von der Babyausstattung bis zum Teenageralter, auch Kinder-Unterwäsche, Kinder-Strumpfwaren, Mützen, Pullover, Sweatshirts, Hosen, Jacken, Anoraks, Schlafanzüge, Jeans, Latzhosen. Auch Stoffe und Stoffreste.

### Ersparnis

Im Durchschnitt 30 %; bei Sonderangeboten und Restware Ersparnis erheblich höher. Zusätzliche Preisersparnis im SSV/WSV ca. 30 %.

### Ambiente

Spielecke für die Kinder. Große Stammkundengemeinde.

### Adresse

Sanetta Textilwerk, Gebrüder Ammann, Sanettastraße 1-5, 72469 Meßstetten, Telefon: 07431/639-0, Fax: 639-109.

### Öffnungszeiten

Montag bis Freitag 9.00 bis 17.30 Uhr, Samstag 9.00 bis 12.00 Uhr.

### Anreise

Meßstetten liegt südlich von Albstadt. In Meßstetten die Hauptstraße (L 433) in Richtung Südwesten nach Unterdigisheim. Am Ortsausgang nach dem städtischen Bauhof links einbiegen zu Sanetta (Gebäude mit großem Firmenemblem, gut sichtbar).

# interstuhl

Hinsichtlich Entwicklung, Produktion und Auswahl gehört die Firma seit 30 Jahren zu den Großen der Bürositzmöbel-Branche und zeichnet sich aus durch innovative Technologie, eigenständiges Design unter Berücksichtigung der neuesten ergonomischen Forschung.

# Sitz-Akzente im Büro

### Warenangebot
Ausschließlich 2. Wahl. Große Auswahl an Arbeits-, Konferenz- und Büro-drehstühlen.

### Ersparnis
50 bis 70 %, kein SSV, kein WSV.

### Ambiente
Verkauf in der ursprünglichen Produk-tionsstätte. Parkplätze vor dem Verkauf.

### Adresse
Sitzmöbel Shop GmbH, Neue Straße 26, 72469 Meßstetten-Tieringen, Telefon: 074 36/9 10 84 11, Fax: 9 10 84 15. Werk: interstuhl Büromöbel GmbH & Co. KG, Brühlstraße 2, Telefon: 074 36/8 71-0. E-Mail: sms@interstuhl.de.

### Öffnungszeiten
Donnerstag und Freitag 13.30 bis 18.30 Uhr.

### Anreise
B27 Stuttgart-Rottweil, Ausfahrt B463 Balingen-Süd-Sigmaringen, Richtung Weilstetten-Stockach nach Tieringen. In Tieringen bei der Ampel Richtung Meßstetten-Ortsmitte in die Balinger Straße, halb rechts in die Neue Straße. Nach ca. 60 m rechter Hand im Hinterhof liegt der Verkauf in einem Wellblechgebäude.

164

# Wo liegt Metzingen?

Metzingen liegt Luftlinie ca. 25 km südlich von Stuttgart am Fuß der Schwäbischen Alb.

## Streckenbeschreibungen

### 1.1. Von den Autobahnen Heilbronn-Stuttgart, Karlsruhe-Stuttgart:

Am Leonberger Dreieck auf die A8, Stuttgart-München. Bei der Anschlussstelle Stuttgart-Degerloch, Ausfahrt Nr. 52, Autobahn verlassen. Hier Tageskilometer-zähler auf km 0 stellen. Auf die B27 Richtung Tübingen, Reutlingen fahren. Von hier sind es noch 22,5 km bis Metzingen. Von der B27 zweigt ca. 2 km nach der Ausfahrt Filderstadt-Ost/Bonlanden/Sielmingen/Harthausen die B312 Richtung Reutlingen/Metzingen ab. Auf der B312 die Ausfahrt Metzingen/Stadtmitte benutzen. Das ist die 2. Ausfahrt nach Metzingen (bei km 22,5). Hauptstraße ist die Stuttgarter Straße. In Richtung Stadtmitte fahren.
Bei km 23 links Fabrikverkauf von Radwerk und Ledorado, Stuttgarter Straße 60.
Bei km 23,1 links Fabrikverkauf Lederbekleidung Weiblen + Rümmelin.
Km 23,2 rechts Diadora Sportswear Lagerverkauf.
Km 23,3 rechts Fabrikverkauf Stoffhersteller Gaenslen & Völter (hier rechts einbiegen in die Sannentalstraße. Nach 50 m links Fabrikverkauf Gaenslen & Völter, Sannentalstraße Nr. 1 (schöne Backsteinfassade).
Bei km 23,9 an der großen Ampel ist der Lindenplatz (Stadtmitte) mit dem Outlet von Strenesse auf der linken Seite. Hier in Richtung Reutlingen rechts abbiegen (Reutlinger Straße). Auf der linken Seite sieht man das Joop-Gebäude, dann Bally und Escada, dahinter liegt Boss. Links abbiegen zum Parkhaus von Boss oder weiter 400 m auf der Reutlinger Straße bleiben, dann links in die Straße Pulverwiesen abbiegen. Dort gibt es einen Parkplatz. Alle Zufahrten zu den weiteren Fabrikverkaufsparkplätzen rund um Boss erreicht man über die Reutlinger Straße.

**A c h t u n g : Die bisherige Verkehrsführung zur Kanalstraße ist für Autos gesperrt. Hier Zufahrt zu den Kundenparkplätzen der Firma Boss nicht möglich. Verkehrsberuhigte Zone. Neu: Parkhaus von Boss, gut anzufahren über die Reutlinger Straße.**

## 1.2. Zum OUTLET CENTER in der SAMTFABRIK
## (ab Metzingen-Stadtmitte, Lindenplatz)

Vom Lindenplatz die B28 weiter in Richtung Osten, auf der Hauptstraße (Ulmer Straße) bleiben (km 0). Direkt nach der Eisenbahnunterführung (km 0,5) links in Richtung Kirchheim/Nürtingen/Neuffen abbiegen. Das ist die Noyonallee. Bei km 0,7 rechts Spielwaren-Lagerverkauf. Bei km 1,0 links Bahnhof Metzingen. Bei km 1,2 Vorwegweiser. Fahren Sie über die Ampel geradeaus in Richtung Kirchheim/ Nürtingen/Grafenberg/Neugreuth. Hier schon erkennbar: 100 m diagonal gegen- über graues mehrstöckiges Gebäude mit Backstein-Fabrikschlot und der Beschrif- tung OUTLET CENTER in der SAMTFABRIK, davor Parkplatz. Nach links auf den Parkplatz vor dem Gebäude abbiegen. Dort ca. 10 Fabrikverkäufe wie Bogner, Peter Hahn, Big Pack, Bueckle, Féraud, Golfino, Oilily, Sergio Tacchini, Sigikid.

## 2. Von der Autobahn Stuttgart-Ulm:

A8 Stuttgart-Ulm, Ausfahrt Nr. 55 (Wendlingen/Nürtingen). Von dort 16 km bis Ortsschild Metzingen. Auf der B313 Richtung Nürtingen nach Metzingen fahren. Ca. 800 m nach dem Ortsschild Metzingen auf der rechten Seite ist das OUTLET CENTER in der SAMTFABRIK u.a. mit den Firmen Bogner, Peter Hahn, Big Pack, Bueckle, Golfino, Féraud, Oilily, Sergio Tacchini, Sigikid. Wer zu Boss und den umlie- genden Firmen wie Joop, Bally, Escada, Esprit, Levi's, Jil Sander, Tommy Hilfiger und Strenesse usw. fahren will: immer geradeaus (rechts die Bahngleise) auf der Noyonallee. Dann nach ca. 900 m rechts durch die Unterführung in die Ulmer Straße zum Lindenplatz. Dort links abbiegen in die Reutlinger Straße (B28). Nach ca. 400 m links abbiegen in die Straße mit dem Namen Pulverwiesen oder anderen Parkplatz entlang der Reutlinger Straße suchen (ausgeschildert).

## 3. Von Stuttgart:

Stadtmitte Stuttgart in Richtung B27 (Stuttgart-Degerloch). Auf der B27 Richtung Tübingen, Reutlingen fahren. Km-Zähler bei Unterführung Autobahn Karlsruhe- München auf 0 stellen. Weiter wie unter 1.

**Besonderer Tipp für Schnäppchenjäger aus Richtung Stuttgart:**
Wer nur zu Boss und den umliegenden Firmen will, dem empfehlen wir die
3. Ausfahrt Metzingen, das ist die nächste Ausfahrt nach Metzingen/Stadtmitte.
Von dort noch 1,3 km auf der Reutlinger Straße (B28) zu den Parkplätzen rund um
Boss. Diese sind ausgeschildert. Vorteil dieser Strecke: Man muss sich nicht durch
die ganze Stadt quälen.

**4. Aus Richtung Reutlingen:**

B28 Reutlingen-Metzingen. Erste Ausfahrt Richtung Metzingen benutzen. Das ist
die B28, die Reutlinger Straße.  Neu: Parkhaus von Boss direkt an der Reutlinger
Straße. Diese führt in Richtung Stadtzentrum/Lindenplatz.

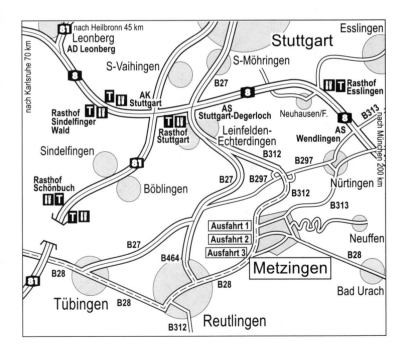

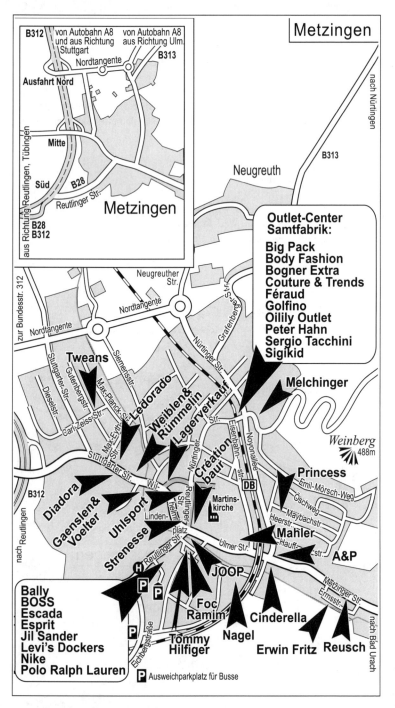

Metzingen

B312 | von Autobahn A8 und aus Richtung Stuttgart | von Autobahn A8 aus Richtung Ulm.

Nordtangente

B313

Ausfahrt Nord

Mitte

Süd

B28

Reutlinger Str.

aus Richtung Reutlingen, Tübingen

B28
B312

Metzingen

nach Nürtingen

Neugreuth

B313

**Outlet-Center Samtfabrik:**

**Big Pack**
**Body Fashion**
**Bogner Extra**
**Couture & Trends**
**Féraud**
**Golfino**
**Oilily Outlet**
**Peter Hahn**
**Sergio Tacchini**
**Sigikid**

zur Bundesstr. 312

Neugreuther Str.

Nordtangente

Nordtangente

Tweans

Ledorado

Weiblen & Rümmelin

Lagerverkauf

Melchinger

Gutenbergstr.

Stuttgarter Str.

Dieselstr.

Carl-Zeiss-Str.

Max-Planck-Str.

Siemensstr.

Max-Eyth-Str.

Stüttgarter Str.

Nürtinger Str.

Grafenbergstr.

Eisenbahnstr.

Nürtinger Str.

Création baur

Novan-Allee

Weinberg
488m

Princess

Diadora

Gaenslen & Voelter

Uhlsport

Strenesse

Wil-

Reutlinger Str.

Linden-

platz

Heim-

Martins-kirche

DB

Emil-Mörsch-Weg

Öschweg

Maybachstr.

Heerstr.

Mahler

Hauff-

str.

A&P

B312

nach Reutlingen

Reutlinger Str.

H

P P

P

Ulmer Str.

JOOP

Foc Ramim

Nagel

Tommy Hilfiger

Eichbergstraße

Cinderella

Erwin Fritz

Reusch

Metzinger Str.

Ermsstr.

nach Bad Urach

**Bally**
**BOSS**
**Escada**
**Esprit**
**Jil Sander**
**Levi's Dockers**
**Nike**
**Polo Ralph Lauren**

P Ausweichparkplatz für Busse

Die Firma A&P vertreibt als Großhandel für Kindergartenbedarfsartikel Spiel- und Bastelwaren von namhaften Herstellern, wie LEGO, Schuco, Schmidt Spiele, Zapf, Marabu, Holztiger, Siku, Wader, Heros, Ursus, BIG, Lyra, Faber Castell, Pustefix, Bully, Dahle.

# Bastelspaß

### Warenangebot

Spielwaren und Bastelmaterialien aller Art, Klebstoffe, Stifte, Kinderbücher, Geschenkartikel. Holzspielfiguren, Bauernhöfe etc. von Holztiger, Spielautos von Siku und Schuco, Holzspielwaren von Heros. Alle Waren finden in Kindergärten Verwendung.

### Ersparnis

Reguläre Ware 30 bis 50% gegenüber dem Einzelhandelspreis. Auslaufware und Restposten bis zu 75%. Kein SSV, kein WSV.

### Ambiente

Ehemaliger Aldi-Markt, direkt an der B313, der Noyon-Allee. Sehr gut beschildert. 41 eigene Parkplätze.

### Adresse

A&P Kindergartenbedarfsgroßhandel, Noyon-Allee, 72555 Metzingen, Telefon: 071 23/9 10 21 30, Fax: 2 01 02, Internet: www.spielwaren-lagerverkauf.de.

### Öffnungszeiten

Montag bis Freitag 9.00 bis 19.00 Uhr, Samstag 9.00 bis 16.00 Uhr.

### Anreise

A8 Stuttgart-München, Ausfahrt Nr. 55 (Nürtingen). B313 über Nürtingen nach Metzingen. Ca. 1000 m nach dem Ortsschild Metzingen auf der linken Seite, direkt an der B313. Großes, beleuchtetes Hinweisschild: „Spielwaren-Lagerverkauf". Siehe auch Anreise-Empfehlung und Detailkarten auf S. 165 ff.

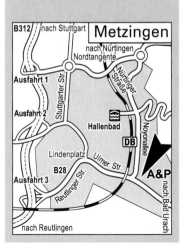

Bally ist einer der größten Schuhkonzerne der Welt. In Eigenproduktion werden jährlich rund 1,6 Millionen Paar Schuhe hergestellt und weltweit 4,5 Millionen Paar Schuhe verkauft.

# Die feine Adresse für Schuhe

### Warenangebot
7000 Paar Schuhe, Vorsaisonware bei Damen- und Herrenschuhen in allen Größen. Aktuelle Kollektionsmuster bei Damen Größe 36/37, Herren 41/42. Accessoires wie Gürtel, Krawatten. Handtaschen, Reisegepäck, Aktentaschen.

### Ersparnis
30 bis 70%, weitere Preisreduzierung im SSV/WSV.

### Ambiente
Bally Outlet zeigt sich wie ein gut geführtes Schuhgeschäft. Sehr freundliche Atmosphäre. Angenehmes Ambiente. Sachkundige Verkäuferinnen.

### Adresse
Bally Outlet, Reutlinger Straße 49/53, 72555 Metzingen, Telefon: 071 23/ 2 08 00, Fax: 10 12.

### Öffnungszeiten
Montag bis Freitag 10.00 bis 20.00 Uhr, Samstag 9.00 bis 16.00 Uhr.

### Anreise
Bally grenzt neben Escada direkt nördlich an den Boss-Fabrikverkauf an. Siehe auch Anreise-Empfehlung und Detailkarten auf S. 165 ff.

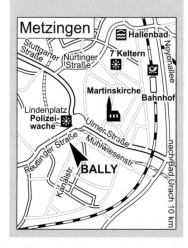

Big Pack ist eine starke Outdoor-Marke mit Top-Qualität: Bis hin zur Big Pack-Bekleidungsphilosophie oder zu den Big Pack-Tragesystemen (bei Rucksäcken) bietet der Hersteller funktionale, passende, haltbare, materiell hochwertige und richtungsweisende Produkte an.

# The outdoor company

### Warenangebot
1B-Ware, Sonderposten, Musterteile, Vorsaisonware und Lagerüberhänge aus dem Gesamtsortiment: Expeditionsausrüstung, Bergsport-, Wander-, Outdoor- und Freizeitbekleidung. Großes Trekkingschuhangebot, Zelte, Rucksäcke, Schlafsäcke.

### Ersparnis
30 bis 50%. Bei 1B-Ware und Einzelstücken auch höhere Nachlässe möglich. Zusätzliche Preisnachlässe im SSV/WSV.

### Ambiente
Gepflegter Verkaufsraum mit Umkleidekabinen, Ausstellungsfläche für Zelte. Geschultes Verkaufspersonal.

### Besonderheiten
Im Outlet Center Samtfabrik bieten mehr als 10 Hersteller unter einem Dach an, u.a. Bogner, Bueckle (Pullover), Féraud, Golfino, Oilily, Peter Hahn, Sigikid, Sergio Tacchini u.a. bekannte Hersteller.

### Adresse
Big Pack Factory Outlet by Woick, Outlet Center Samtfabrik, Nürtinger Straße 63,

72555 Metzingen, Telefon: 071 23/ 10 80, Internet:www.woick.de.

### Öffnungszeiten
Montag bis Freitag 9.30 bis 18.30 Uhr, Samstag 9.00 bis 16.00 Uhr.

### Weitere Verkaufsstelle
Siehe **Bissingen/Teck**. Dort besonders attraktiver Verkauf nahe am Firmensitz.

### Anreise
Siehe auch Anreise-Empfehlung und Detailkarten auf S. 165 ff.

## *Firma* *Body fashion*

In der ehemaligen Samtfabrik verkauft Body-Fashion in gepflegtem Lager-ambiente. Das Warenangebot kann sich sehen lassen.

# So sieht's drunter aus

### Warenangebot
Damen- und Herrenunterwäsche, Nacht-hemden, Schlafanzüge, T-Shirts, Träger-hemden, Bodys, Badeanzüge, Bikinis, Bettwäsche. Markenqualität von Bugatti, Schöller, Kapart, Brennet, und weiteren Herstellern.

### Ersparnis
Ca. 30 bis 60%. Bei Sonderposten noch mehr. Es handelt sich um aktuelle Ware und 1B-Ware. Im SSV/WSV wird noch-mals reduziert.

### Ambiente
Sehr freundliche und hilfsbereite Verkäuferinnen. Großer Verkaufsraum, Ware übersichtlich sortiert, vier Um-kleidekabinen.

### Besonderheiten
Im selben Gebäude zehn weitere Out-lets, z.B. Peter Hahn, Bogner, Golfino, Oilily, Cerruti 1881 etc.

### Adresse
Body fashion, Outlet Center Samtfabrik, Nürtinger Straße 63, 72555 Metzingen, Telefon: 0 71 23/4 15 94.

### Öffnungszeiten
Montag bis Freitag 9.30 bis 18.30 Uhr, Samstag 9.00 bis 16.00 Uhr.

### Weitere Verkaufsstellen
● 72116 **Mössingen**, Richard-Burk-hard-Straße 11, Telefon: 0 74 73/2 66 79.
● 72764 **Reutlingen**, Gartenstraße 24, Telefon: 0 71 21/33 89 07.

### Anreise
Von Reutlingen/Stuttgart kommend zunächst Richtung Bad Urach, dann aber nach der Eisenbahnunterfüh-rung links abbiegen (Richtung Gra-fenberg). Nach ca. 500 m biegt man in die Nürtinger Straße ein. Gleich links liegt das Outlet Center Samt-fabrik. Siehe auch Anreise-Empfeh-lung und Detailkarten auf S. 165 ff.

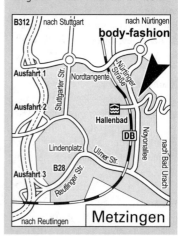

**BOGNER**

Der Name „Bogner" und das „B" am Reißverschluss stehen für Exklusivität und Klasse. Trendsetter in der Skikollektion. Sportlich, hochwertig und elegant ist die Bogner-Mode.

# Sportlich, hochwertig, elegant

### Warenangebot
Komplette Bogner-Kollektion: Damen- und Herrenbekleidung, Sonia Bogner, Sportbekleidung (Ski-, Golf-, Tennis-, Beach-, Freizeitmode), Kinder (Big Ice), Fire&Ice (Young Fashion). Bogner Leather, Accessoires. Die Artikel stammen nicht aus dem aktuellen Sortiment oder weisen kleine Fehler auf.

### Ersparnis
Bis zu 40 bis 60 %. Zusätzliche Reduzierung im SSV/WSV.

### Ambiente
Gepflegte, große Verkaufsräume mit Umkleidekabinen und zuvorkommendem Verkaufspersonal. Bogner ist im Outlet-Center Samtfabrik.

### Adresse
Bogner Extra, Nürtinger Straße 63, 72555 Metzingen, Telefon: 071 23/ 96 38 47.

### Öffnungszeiten
Montag bis Freitag 9.30 bis 18.30 Uhr, Samstag 9.00 bis 16.00 Uhr.

### Anreise
Siehe auch Anreise-Empfehlung und Detailkarten auf S. 165 ff.

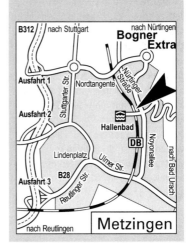

# BOSS
## HUGO BOSS

Hugo Boss ist Edelkonfektionär. Mit der Drei-Marken-Strategie hat er einen richtungsweisenden Schritt in die Zukunft gewagt. Boss, die Kernmarke, Hugo, der avantgardistische Stil. Baldessarini steht für höchste Perfektion. Jetzt gibt es auch Damenmode der Marken Hugo Woman und Boss Woman.

# Europas Nr. 1 in Männermode

### Warenangebot
Damen- und Herrenmode in riesengroßer Auswahl. Auch Sportswear. 2. Wahl, Sonderposten. Stoffreste, Knöpfe und andere Kurzwaren befinden sich im Stoffrestehaus gegenüber in der Kanalstraße 12. Infos über das aktuelle Sortiment werktags von 10.00 bis 11.00 Uhr, Telefon: 0 71 23/94 22 04.

### Ersparnis
20 bis 40 %. Zusätzliche Preisersparnis im SSV/WSV.

### Ambiente
Der Fabrikverkauf hat die Ausmaße eines großen Kaufhauses. Freundliche Werksatmosphäre, riesiger Andrang am Freitag und am Samstag. Ca. 100 Umkleidekabinen, kein Vollsortiment der Ware. Parkplätze entlang der Reutlinger Straße anfahren. Seit 2003 kann auch das Parkhaus P1 direkt vor dem Hugo Boss Fabrikverkauf angefahren werden. An stark frequentierten Verkaufstagen wird ein kostenloser Buspendelverkehr in Richtung Stadionparkplatz angeboten.

### Adresse
Hugo Boss AG, Kanalstraße 6-10, 72555 Metzingen, Telefon: 0 71 23/94 22 04, Fax: 94 20 37.

### Öffnungszeiten
Montag bis Freitag 10.00 bis 20.00 Uhr, Samstag 8.00 bis 16.00 Uhr.

### Anreise
Siehe Anreise-Empfehlung und Detailkarten auf Seite 165 ff.

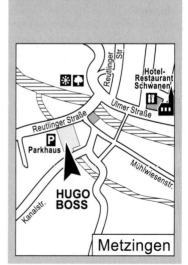

*Cinderella*

Baby- u. Kindermoden GmbH

Modische, erstklassige Ware im Mittelpreissegment, teilweise ausgezeichnet mit den Labels von Jacky wie Jacky Baby und Jacky Junior.

# Pfiffige Kindermoden

### Warenangebot
Jacky Baby- und Kinderbekleidung von der Unterwäsche bis zur modischen Oberbekleidung.

### Ersparnis
1.-Wahl-Ware: 35 bis 40 % billiger, 2.-Wahl-Ware: etwa die Hälfte des Ladenverkaufspreises für 1. Wahl. Muster- und Sonderposten. Im SSV/WSV um weitere 30 bis 40 % reduziert.

### Ambiente
Größe des Verkaufsraumes: 330 m². Separate Abteilung für Babys und Kinder. Ware auf Bügeln übersichtlich nach Baby und Kind geordnet, Sonderposten in Wühlkörben.

### Adresse
Cinderella, Fabrikverkauf von Jacky, Baby- und Kindermoden, Ulmer Straße 99, 72555 Metzingen, Telefon: 0 71 23/ 92 95 14, Fax: 92 95 50, Internet: www. jacky.de.

### Öffnungszeiten
Montag bis Freitag 9.00 bis 12.30 und 13.30 bis 18.00 Uhr, Samstag 9.00 bis 13.00 Uhr.

### Anreise
Siehe auch Anreise-Empfehlung und Detailkarten auf S. 165 ff. A8 Stuttgart-Ulm, Autobahnausfahrt Wendlingen, auf der B313 Richtung Nürtingen nach Metzingen, dort Richtung Ulm-Bad Urach. Nach 50 m auf der linken Seite.

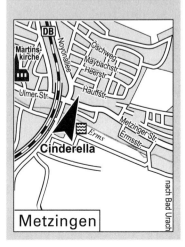

In der Metzinger Samtfabrik geht es heiß her: Zehn Outlet-Stores sind hier unter einem Dach. Mit dabei ist die Firma Couture & Trends. Große Marken zu kleinen Preisen ist das Credo von Couture & Trends. Es handelt sich hier um keinen echten Fabrikverkauf, sondern um einen Händler, der Sonderposten von bekannten Marken aufkauft und den Preisvorteil weitergibt.

# Avantgarde-Strick

**Warenangebot**

Große Auswahl an Damen- und Herrenmode. Herren: Sakkos, Anzüge (auch im Baukastensystem, d. h. großes Sakko zu kleiner Hose), Hemden, Hosen, Krawatten. Damen: Hosenanzüge, Kostüme, Röcke, Blusen, Pullover, Hosen. Kleine Auswahl an Schuhen, Wäsche. Folgende Marken wurden gesehen: allegri, Anti-Flirt, Armani, Calvin Klein, Dolce & Gabbana, Gucci, Valentino, Versace, u.v.m. Auf ca. 80 m² Outletstore der Marke Napapijvi.

**Ersparnis**

Ca. 30 bis 70 %, im SSV/WSV nochmals bis zu 40 % reduziert.

**Ambiente**

Ware wird in großzügigem Ambiente auf ca. 500 m² präsentiert. Neun Umkleidekabinen, Ware ist preisausgezeichnet. Freundliches Personal.

**Adresse**

Couture & Trends GmbH, Outlet Center in der Samtfabrik, Nürtinger Straße 63, 72555 Metzingen, Telefon: 0 71 23/ 16 27 68, Fax: 16 27 69.

**Öffnungszeiten**

Montag bis Freitag 9.30 bis 18.30 Uhr, Samstag 9.00 bis 16.00 Uhr.

**Anreise**

Siehe Anreise-Empfehlung und Detailkarten auf S. 165 ff.

JACKY**P**EER

Die Schnittdirektricen kreieren in Metzingen die Kollektionen von Enzo Lorenzo und Jacky Peer. Die Schnitte, die Muster und die Musterkollektionen werden hier entworfen und im Ausland produziert.

# Man(n) trägt Pulli

### Warenangebot
Hochwertige Herrenstrickmode wie Pullover, Westen, Sweatshirts, T-Shirts, Polo-Shirts. Markenfabrikate der Metzinger Strickwarenfabrik baur wie Enzo Lorenzo, Jacky Peer, Touché. Auch 2.-Wahl, Sonderangebote, Musterware.

### Ersparnis
30 % bei regulärer Ware, Muster- und Einzelteile sehr preisgünstig. Im SSV/WSV nochmals bis zu 30 % reduziert.

### Ambiente
Sehr gute Beratung, freundliche Bedienung, wird im Stil einer Boutique geführt. Sehr übersichtliche Präsentation, gute Auswahl.

### Besonderheiten
Übergrößen bis Herrengröße 60.

### Adresse
Création baur (Der Fabrikverkauf von Enzo Lorenzo wird als Handelsgeschäft geführt), Reutlinger Straße 43, 72555 Metzingen, Telefon: 0 71 23/22 47.

### Öffnungszeiten
Montag bis Freitag 9.30 bis 12.30 und 14.00 bis 18.00 Uhr, Samstag 9.00 bis 13.00 Uhr.

### Anreise
Am Lindenplatz über die Hauptstraße (Ulmer Straße) durch ein modernes Tor „Innenstadt". Zweites Haus rechts, neben Pizzeria. Drei Minuten von Boss entfernt. Siehe Anreise-Empfehlung und Detailkarten auf S. 165 ff.

**◀ DIADORA**

Das deutsche Tochterunternehmen des bekannten italienischen Sport-
schuh- und Sportswearherstellers Diadora bietet Fußball-, Tennis-,
Running- und Wintersportartikel an. Bekannt wurde Diadora in Deutschland durch Top-Sportler wie Björn Borg, Boris Becker und das deutsche
Davis-Cup-Team.

# Prominente Sportmode

### Warenangebot
Sportschuhe, Sport- und Freizeitbekleidung und Accessoires. Funktionelles und
trendiges Sortiment aus hochwertigen
Materialien. Vorwiegend Ware der Vorjahressaison, Reisemuster, sowie 2. Wahl
und Restposten.

### Ersparnis
Ca. 30 %. Vorjahres-Artikel und Restposten sehr günstig. Für Mannschafts-
sport zusätzliche Sonderrabatte bei
Mindestabnahme. Im SSV/WSV nochmals um ca. 20 % reduziert.

### Ambiente
Ca. 150 m² Verkaufsfläche, fünf Umkleidekabinen. Gute, übersichtliche
Warenpräsentation, freundliches, kompetentes Personal, EC-Cash, Parkplätze.

### Adresse
Diadora Deutschland GmbH, Stuttgarter
Straße 45, 72555 Metzingen, Telefon:
0 71 23/92 24-31, Fax: 92 24-19.

### Öffnungszeiten
Montag 13.00 bis 18.30 Uhr, Dienstag
bis Freitag 10.00 bis 18.30 Uhr, Samstag
9.30 bis 14.00 Uhr.

### Anreise
Von der B312 kommend am Anfang
der Hauptdurchgangsstraße, auf der
rechten Seite. Siehe Anreise-
Empfehlung und Detailkarten auf
S. 165 ff.

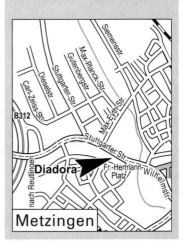

# ESCADA

Escada ist eine internationale Marke für Luxus, Eleganz und Qualität. Weltweit ist sie anerkannt als Gütesiegel für Produkte, die höchsten Standards entsprechen. Eine Marke mit höchstem Anspruch an Qualität. Herausragende Kompetenz im Bereich Mode.

# Internationale Luxusmarke

### Warenangebot
Damenbekleidung für Business und Freizeit, sowie Accessoires von Escada, Escada-Sport und Laurèl. 1.-Wahl-Ware aus der Vorsaison.

### Ersparnis
Mindestens 50%, kein SSV, kein WSV.

### Ambiente
Sehr gute Warenpräsentation nach Produktlinien, freundliches Ambiente, eigens konzipiertes Ladenbaukonzept für Outlets, 700 m² Verkaufsfläche, die sich auf zwei Etagen verteilt.

### Besonderheiten
Das Outlet Metzingen wurde eröffnet, damit Ware aus Überhängen direkt an den Kunden geht und nicht in unkontrollierbare Vertriebswege fließt. Somit bietet das Metzinger Outlet einen Schutz für den Fachhandel und gleichzeitig die Möglichkeit, eine neue Kundengruppe anzusprechen.

### Adresse
Escada Outlet, Reutlinger Straße 49/53, 72555 Metzingen, Telefon: 07123/9 64 30, Internet: www.escada.com.

### Öffnungszeiten
Montag bis Freitag 10.00 bis 20.00 Uhr, Samstag 9.00 bis 16.00 Uhr.

### Anreise
A8 Stuttgart-Ulm, Ausfahrt Wendlingen, B313 nach Metzingen oder A8 Ausfahrt Stuttgart-Degerloch, B27 Richtung Tübingen-Reutlingen, dann Ausfahrt B312, 3. Ausfahrt Metzingen über die Reutlinger Straße. Siehe auch Anreise-Empfehlung und Detailkarten auf S. 165 ff.

179

# ESPRIT

Esprit ist die bekannteste Marke für Damenmode in Deutschland. Knapp 80 % aller Frauen kennen Esprit und knapp ein Drittel trägt Esprit. Mode von Esprit ist Zeitgeist, ist Mode für die Jugend. Sie liegt preislich und qualitativ im mittleren Genre und ist auch für den jugendlichen Geldbeutel erschwinglich, erst recht natürlich im Esprit Factory Store. Esprit beschäftigt 1600 Mitarbeiter und hat einen Jahresumsatz von über 610 Millionen Euro.

## Forever young

### Warenangebot
Strickwaren, Sweatshirts, T-Shirts, Hosen, Jeans, Blusen, Jacken, Röcke, Kleider, Kostüme, eine große Auswahl an Taschen, Gürteln und Kleinlederwaren. Im Angebot ist ausschließlich Ware aus zurück liegenden Saisons, 2. Wahl und Musterteile. Zusätzlich gibt es noch Schmuck und Uhren.

### Ersparnis
30 bis 60 %, im WSV/SSV zusätzliche Reduzierung.

### Ambiente
850 m² große Verkaufsfläche, übersichtlicher Lagerverkauf, der das Preissegment widerspiegelt. Das Personal ist freundlich und hilfsbereit.

### Adresse
Esprit Factory Store, Reutlinger Straße. 63-67, 72555 Metzingen, Telefon: 071 23/9 29 40.

### Öffnungszeiten
Montag bis Freitag 10.00 bis 20.00 Uhr, Samstag 8.00 bis 16.00 Uhr.

### Anreise
Der Esprit Factory Store befindet sich auf dem Boss Areal. Siehe auch Anreise-Empfehlung und Detailkarten auf Seite 165 ff.

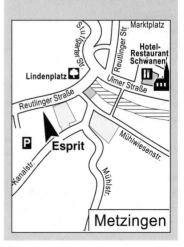

Hinter dem Factory Outlet Modehandel steht kein Hersteller sondern ein Händler, der vor allem Ware der Vorsaison der Marken Marlboro und Lacoste dort direkt einkauft und in Metzingen verkauft. Hier findet Mann und Frau jeden Alters eine ansprechende Auswahl an Freizeit- und Sportbekleidung: Während Malboro die Marke für jedes Alter ist, bedient Lacoste reifere Zielgruppen.

# Das sportliche Factory Outlet

### Warenangebot

Marlboro: Outdoor-Bekleidung, Jacken, Hosen, Jeans, Sweatshirts, Pullover, Fleecebekleidung, Taschen und Rucksäcke. Lacoste: Fitness-, Jogging-, Tennisbekleidung, T-Shirts, Poloshirts, Sweatshirts, Strickwaren.

### Ersparnis

30 bis 50% bei Ware beider Marken. Zusätzliche Preisersparnis im SSV/WSV ca. 30%.

### Ambiente

Der Verkauf ist im 1. OG des Hauses. Die Produkte sind nach Marken geordnet: Im 2. Raum sind alle Marlboro-Waren, im anschließenden Raum Lacoste u. a. Parken vor dem Gebäude nicht möglich, Großparkplatz an der Reutlinger Straße suchen.

### Adresse

Factory Outlet Modehandel GmbH, Mühlstraße 5 (Ecke Kanalstraße), 72555 Metzingen, Telefon: 0 71 23/20 61 92, Fax: 20 03 03.

### Öffnungszeiten

Montag bis Freitag 10.00 bis 19.00 Uhr, Samstag 9.00 bis 16.00 Uhr.

### Anreise

A8 (Stuttgart-Ulm), Ausfahrt Wendlingen. Auf der B313 Richtung Nürtingen nach Metzingen. Dort Richtung Stadtmitte. Vom Lindenplatz noch ca. 100 m Fußweg bis zum Factory Outlet. Siehe auch Anreise-Empfehlung und Karten auf S. 165 ff.

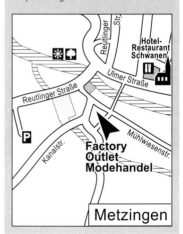

# FÉRAUD

Mit dem exklusiven Angebot von Féraud, einem führenden Pariser Modehaus, wird das Fabrikverkaufs-Mekka Metzingen für die Dame noch interessanter.

## Französische Eleganz

### Warenangebot
Komplettes Sortiment an Damenbekleidung für Business und Freizeit; Kleider, Kostüme, Hosenanzüge, Hosen, Röcke, Blusen, Strickwaren, Shirts, Mäntel, Jacken, Herrenaccessoires.

### Ersparnis
45 %. Im SSV/WSV zusätzliche Preisersparnis von 50 bis 70 %.

### Ambiente
Eingang an der Rückseite des Factory Outlet Center Samtfabrik. Ware in großzügigem Ambiente präsentiert, preisausgezeichnet, Umkleidekabinen, kompetentes Verkaufspersonal.

### Adresse
Féraud Factory Store, Samtfabrik, Nürtinger Straße 63, 72555 Metzingen, Telefon: 0712 3/20 65 00, Fax: 20 65 01.

### Öffnungszeiten
Montag bis Freitag 9.30 bis 18.30 Uhr, Samstag 9.00 bis 16.00 Uhr.

### Anreise
B312/B28 bis Metzingen, die 2. Ausfahrt Metzingen-Mitte. Im Ort der Beschilderung Richtung Nürtingen folgen. Nach der großen Ampelkreuzung ist links das Factory Outlet Center Samtfabrik. Siehe auch Anreise-Empfehlung und Detailkarten auf Seite 165 ff.

**GAENSLEN & VÖLTER**
*fashionable fabrics*

**C A L W**

Die Tuchmacher von Gaenslen & Völter liefern ihre Stoffe an hochwertige Damen- und Herrenkonfektionäre im In- und Ausland.

# Ein prima Tuchmacher

### Warenangebot
Über 100 verschiedene Arten hochwertiger Stoffe zum Selberschneidern für Bekleidung. Fertigbekleidung für Damen und Herren: Mäntel, Sakkos, Anzüge, Jacken, Hosen, Cashmere-Schals, Wolldecken aus eigenen Stoffen.

### Ersparnis
40 bis 80%. Im SSV/WSV um weitere 20 bis 40% reduziert.

### Ambiente
Auf 280 m² Verkaufsfläche fachkundige Bedienung mit Verarbeitungshinweisen, großer Auslegetisch für Stoffbahnen. Die Stoffe liegen übersichtlich in Regalen. Die Fertigbekleidung aus eigenen Stoffen wird bei namhaften Herstellern produziert.

### Adresse
Gaenslen & Völter, fashionable fabrics, Sannentalstraße 1, 72555 Metzingen, Telefon: 071 23/16 52 60, Fax: 1 62 63, E-Mail: gv@gaenslen-voelter.de.

### Öffnungszeiten
Montag bis Freitag 13.00 bis 18.30 Uhr, Samstag 10.00 bis 13.00 Uhr.

### Anreise
Der Fabrikschornstein mit der Aufschrift „GV" ist nicht zu übersehen. Der Fabrikverkauf liegt in der Sannentalstraße 1/Ecke Friedrich-Hermann-Straße. Parkplatz vor dem Laden. Siehe auch Anreise-Empfehlung und Detailkarten auf Seite 165 ff.

In der alten Metzinger Samtfabrik geht es heiß her. Hier ist das Outlet Center Samtfabrik entstandenl. Jetzt hat sich auch der Golfbekleidungshersteller Golfino hier niedergelassen. Golfino steht für sportlich-eleganten Stil, guten Geschmack und viel Bequemlichkeit bei jedem Wetter.

# Die Welt ist ein Golfplatz

### Warenangebot
Hauptsächlich 1.-Wahl-Ware der vergangenen Saison. Hosen, Pullover, Westen, Fleecebekleidung, Windstopper, Jacken, Shorts, Polos, Funktionswäsche, Mützen, Accessoires, Regenanzüge. Kleine Auswahl an Golf-Schuhen. Winzige Kinderabteilung.

### Ersparnis
Ca. 30 bis 50 %. Fünfmal im Jahr gibt es Sonderaktionen, hier nochmals bis zu 20 % Preisreduzierung. Kein SSV, kein WSV.

### Ambiente
Ware wird großzügig auf ca. 350 m² präsentiert. Vier Umkleidekabinen, Ware ist preisausgezeichnet, freundliches Verkaufspersonal. Parkplätze vor dem Outlet Center Samtfabrik.

### Adresse
Golfino Outlet in der alten Samtfabrik, Nürtinger Straße 63, 72555 Metzingen, Telefon/Fax: 0 71 23/91 03 67. Internet: www.golfino.de.

### Öffnungszeiten
Montag bis Freitag 9.30 bis 18.30 Uhr, Samstag 9.30 bis 16.00 Uhr.

### Anreise
Ab Metzingen-Stadtmitte, Lindenplatz: Vom Lindenplatz in Richtung Osten auf der Hauptstraße, der Ulmer Straße, bleiben. Direkt nach der Eisenbahnunterführung links in Richtung Kirchheim/Nürtingen/Neuffen abbiegen. Das ist die Noyonallee. Hier noch 1,2 km, dann Vorwegweiser. Über die Ampel geradeaus in Richtung Kirchheim/Nürtingen/Grafenberg. Hier schon erkennbar. Siehe auch Anreise-Empfehlung und Detailkarten auf Seite 165 ff.

# JIL SANDER

Designer-Couture der internationalen Modemetropolen ist für Metzingen keine Neuheit. Doch jetzt hat auch Jil Sander dort ein Factory Outlet eröffnet, in dem sie Mode aus der Vorsaison, Musterteile oder Mode mit kleinen Fehlern verkauft. Die Kollektionen sind aus wertvollen Naturfasern oder neuartigen Materialmixturen gefertigt, liegen von Preis, Design und Qualität im gehobenen Genre. Die Mode ist eher puristisch, Schrilles ist hier verpönt.

# Neue Anziehungspunkte

### Warenangebot
Herrenanzüge, Sakkos, Hosen, Pullis, eine kleine Auswahl an Lederbekleidung für Damen und Herren, Schuhe, Accessoires, Kostüme, Hosen, Kleider, Röcke, Blusen, Pullis, Jacken.

### Ersparnis
Generell 55 %. Im WSV/SSV zusätzliche Reduzierung bis 85 %.

### Ambiente
Die Ladeneinrichtung entspricht der Mode, puristisch, aber edel, geschmackvoll und großzügig.

### Adresse
Jil Sander Factory Outlet, Reutlinger Straße 63-67, 72555 Metzingen, Telefon: 071 23/16 56 03.

### Öffnungszeiten
Montag bis Freitag 10.00 bis 20.00 Uhr, Samstag 9.00 bis 16.00 Uhr.

### Anreise
Siehe Anreise-Empfehlung und Karten Seite 165 ff. Der Jil Sander Verkauf befindet sich auf dem Boss Areal.

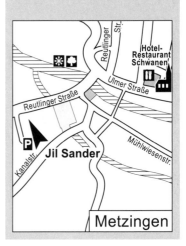

# JOOP!

Wer mit seinem Namen bürgt, verpflichtet sich. So ist es nicht verwunderlich, dass Joop!-Bekleidung auch im Outlet seinem Ruf gerecht wird: hochwertige Tuche, verarbeitet zu Mode von Weltrang.

# Bekleidung der Spitzenklasse

### Warenangebot
EG: Herrenkonfektion (Sakkos, Anzüge, Hosen, Hemden, Jacken, Mäntel etc.). 1. OG: Damenkonfektion (Hosenanzüge, Kostüme, Blazer, Hosen, Röcke, Blusen, Jacken, Mäntel, Unterwäsche, Accessoires etc.). 2. OG: Freizeitbekleidung für Herren, Damen, Kinder (Jeans, Shirts, Hemden, Blusen etc.).

### Ersparnis
30%, 2. Wahl günstiger. Zusätzliche Preisersparnis im SSV/WSV 20%. Aber: Auch das Joop! Outlet ist kein Billigheimer sondern im obersten Preissegment angesiedelt.

### Ambiente
Das Ambiente im dreistöckigen Joop!-Outlet entspricht seiner Klasse: schlicht, elegant, unaufdringlich. Großzügige Präsentation, viele Umkleidekabinen. Aber nur begrenztes Warenangebot. Auswahl nicht immer überzeugend.

### Adresse
Joop! Outlet, Mühlstraße 1 (Am Lindenplatz), 72555 Metzingen, Telefon: 0 71 23/20 41 10.

### Öffnungszeiten
Montag bis Freitag 10.00 bis 20.00 Uhr, Samstag 9.00 bis 16.00 Uhr.

### Anreise
A8 (Stuttgart-Ulm), Ausfahrt Wendlingen. Auf B313 Richtung Nürtingen nach Metzingen. Dort Richtung Stadtmitte. Joop! am Lindenplatz linke Seite (sofort erkennbar). Siehe auch Anreise-Empfehlung und Detailkarte auf Seite 165 ff.

Im Metzinger FOC sind jetzt weitere Marken hinzugekommen. [aem'kei] bezeichnet sich selbst als innovatives Urbanwear Designer-Label. Auf deutsch: eine junge Marke für junge Leute. Nina von C. ist ein bekannter Damenwäsche-Hersteller und Börner-Collection steht für Nachtwäsche aus Seide und Naturfasern.

# Neue Marken im FOC Mühlstraße 5

### Warenangebot

[aem'kei]: Sweatshirts, T-Shirts, Hemden, Hosen, Streetwear, Jacken, Jeansware, vorwiegend Ware der letzten Saison. Impetus: Herrenwäsche für Tag und Nacht. Überhänge, Vorsaisonartikel und 2. Wahl. Nina von C., Prima Nina, Viania, Börner-Collection: Dessous und BHs in vielen Designs und Qualitäten, Ware aus der Vorsaison und Überhänge.

### Ersparnis

Ca. 30 bis 40%, im SSV/WSV 20 bis 30% zusätzlich reduziert.

### Ambiente

Auf einer Fläche von ca. 400 m² wird die Ware übersichtlich und preisausgezeichnet präsentiert. Die Marke [aem'kei] befindet sich in einem separaten Verkaufsraum.

### Adresse

Lagerverkauf, Mühlstraße 5, 72555 Metzingen, Telefon: 0 71 23/92 56 67, Fax: 92 56 68.

### Öffnungszeiten

Montag bis Freitag 10.00 bis 19.00 Uhr, Samstag 9.00 bis 16.00 Uhr.

### Anreise

FOC liegt in der Nähe von Boss. Siehe auch Anreise-Empfehlung und Detailkarten auf Seite 165 ff.

# LEDORADO
Feinste Lederbekleidung für Damen und Herren

Ledermode kann sein wie eine zweite Haut. Hochwertiges Leder und erstklassige Verarbeitung machen Ledermode zu einem Feeling besonderer Art: Es fühlt sich weich an und geschmeidig, wie Samt und Seide. Im Ledorado haben wir Modelle auch aus feinsten Materialien gesichtet, modisch-aktuelle Ware, oft lässig im Schnitt, wirkungsvoll in der Ausstrahlung.

# Feinste Lederbekleidung

### Warenangebot
Jacken, Parkas, Mäntel, Kostüme, Hosen, Röcke, Westen, Hemden, z.B. in Lamm- und Rind-Nappa, Lamm- und Rind-Nubuk, Ziegenvelours und Pelzveloure in vielen aktuellen Farben. Auch Trachten- und Landhausstil.

### Ersparnis
Bei Ware in 1. Wahl ca. 10 bis 20%. Im SSV/WSV zusätzlich bis zu 50% reduziert.

### Ambiente
Übersichtlich angeordnete Ware auf ca. 250 m² Verkaufsfläche; fachlich fundierte Kundenberatung.

### Besonderheiten
Maßkonfektion in allen Größen und Farben für Damen und Herren. Änderungen und Reparaturen; Lederwasch- und Pflegemittel.

### Adresse
Ledorado, Stuttgarter Straße 60, 72555 Metzingen, Telefon: 071 23/6 16 05, Fax: 92 08 80.

### Öffnungszeiten
Montag bis Freitag 10.00 bis 18.30 Uhr, Samstag 9.00 bis 16.00 Uhr.

### Anreise
Von Stuttgart auf der B27 kommend, weiter auf der B312 nach Metzingen (2. Ausfahrt) Richtung Zentrum. Firma am Ortseingang an der 2. Ampel links. Siehe auch Anreise-Empfehlung und Detailkarten auf Seite 165 ff.

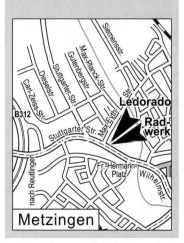

Levi's ist die bekannteste Jeans-Marke der Welt. Legendär: die Levi's 501-Jeans, die inzwischen ein echter Klassiker ist. Der Baumwollstoff, aus dem Jeans geschneidert werden, heißt übrigens Denim. Egal, ob die Jeans verwaschen oder gar rostig aussehen soll, mit diesem Stoff wird der Hersteller zum Zauberer. Jeans von Levi's gibt es deshalb auch in Zukunft in immer neuen Varianten und Farbtönen: Jetzt neu: im Fabrikverkauf.

# Jeans kennen keine Krise

### Warenangebot

Großes Angebot für Damen und Herren an Levi's Irregular, was so viel wie Ware 2. Wahl mit kleinen Fehlern, aber aus der neuen Kollektion bedeutet. Sie finden alle Arten von Jeans, Jeansjacken, Hemden, Sweatshirts, T-Shirts, Pullis, Bermudas. Daneben gibt es Close out, also Ware aus der Vorsaison und von Dockers ebenfalls Jacken, Hosen, Pullis, Polos, Hemden und T-Shirts.

### Ersparnis

30 bis 70%. Im WSV/SSV zusätzliche Reduzierung. Das ganze Jahr über Aktionen mit Preisreduzierung.

### Ambiente

Zielgruppengerechtes, originelles Jeansgeschäft, das nicht berufliche Erfolgstypen anspricht, sondern den Geschmack der Jugend bei der Freizeitkluft. Hilfsbereites, fachkompetentes Personal. Das Dockers-Sortiment hat übrigens nichts mit Schuhen zu tun. Dockers steht für legere, aber doch korrekte Kleidung.

### Adresse

Levi Strauss GmbH und Dockers Factory Outlet, Reutlinger Straße 63-67, 72555 Metzingen, Telefon: 071 23/2 04 33.

### Öffnungszeiten

Montag bis Freitag 10.00 bis 20.00 Uhr, Samstag 9.00 bis 16.00 Uhr.

### Anreise

Siehe Anreise-Empfehlung und Karten S. 165 ff. Verkauf auf Boss Areal.

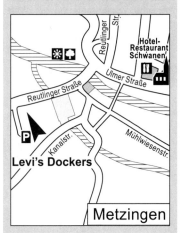

Wir kleiden Ihr Kind ein!

**MAHLER**

K i n d e r m o d e n

Modische Kinderbekleidung, strapazierfähig, gute Wascheigenschaften, farb- und formecht, trocknergeeignet; gute Ware, auch Billigstangebote in guter Qualität (Wühlkisten). Mahler ist kein Hersteller, sondern Wiederverkäufer.

# Kinder herzlich willkommen

### Warenangebot

Kinderbekleidung zu günstigen Preisen. Sortiment von der Erstlings- und Babyausstattung bis zum Teenager; auch Kinderunterwäsche, Kinderstrumpfwaren, Mützen, Pullover, Sweatshirts, Hosen, Anoraks, Jogginganzüge, Schlafanzüge.

### Ersparnis

Preisersparnis im Schnitt: 30 %, laufend Sonderposten. Im SSV/WSV um weitere 25 % reduziert.

### Ambiente

Übersichtliche Präsentation der Ware, aber Lageratmosphäre, reichhaltige Auswahl. Es geht eng zu auf ca. 105 m². Familiäre Atmosphäre, auf Wunsch fachmännische Beratung. Parkplätze im Fabrikhof.

### Adresse

Mahler-Kindermoden, Lagerverkauf, Ulmer Straße 81, 72555 Metzingen, Telefon: 071 23/4 23 49, Fax: 91 03 94.

### Öffnungszeiten

Montag bis Freitag 10.00 bis 18.00 Uhr, Samstag 9.00 bis 13.00 Uhr.

### Anreise

Verkauf Ulmer Straße 81, an der B28, 80 m westlich der Eisenbahnunterführung. Siehe auch Anreise-Empfehlung und Detailkarten auf Seite 165 ff.

# Leder-Outlet MELCHINGER

Melchinger ist bekannt als Ledermoden-Spezialist. Auch als Hersteller von Lederhandschuhen, sowie als Großhändler von Gürteln, Damentaschen, Aktenmappen und Kleinlederwaren.

# Klasse in Leder

### Warenangebot

Qualitätsware von namhaften Herstellern. Große Auswahl. Ware in allen Moderichtungen. Große Auswahl an Lederjacken und -hosen, Ledermänteln und -röcken aus feinstem Lammnappa, leichten Ziegenvelours, rustikalen Hirsch- und Rindledern, gewachsenen Pelzvelours. Außerdem Gürtel, Kleinlederwaren, Damentaschen und Aktenmappen.

### Ersparnis

20 bis 50%. Im SSV/WSV nochmals bis zu 30% reduziert. Keine Billigware.

### Ambiente

Der Verkauf befindet sich im 1. Stock eines Fabrikgebäudes, preisausgezeichnete Ware wird übersichtlich präsentiert. Ca. 350 m² Verkaufsfläche. Gute Beratung. Ausreichend Parkplätze direkt vor dem Haus.

### Besonderheiten

Lederfundgrube. Wer kreativ ist und selbst schneidert, findet Leder aller Art. Auch Reste für Patchwork. Lederreinigung, Änderungen, Reparaturen, Maßanfertigung.

### Adresse

Melchinger Leder-Outlet, Neuffener Straße 5, 72555 Metzingen, Telefon: 07123/968725, Fax: 968730.

### Öffnungszeiten

Montag bis Freitag 9.00 bis 18.30 Uhr, Samstag 9.00 bis 16.00 Uhr.

### Anreise

Stadtausfahrt Metzingen Richtung Neuffen, schräg gegenüber dem Outlet Center Samtfabrik. Siehe auch Anreise-Empfehlung auf Seite 165 ff.

Zahlreiche Große Preise, silberne und bronzene Preise bei DLG-und CMA-Qualitätsprüfungen. Bekannt schmackhafte, schwäbische Gerichte in guter Qualität.

# Was Schwaben gern auf dem Teller haben

### Warenangebot
Original schwäbische Fleischwaren und Teigwaren wie Maultaschen, Ochsenmaulsalat, Leberspätzle, Schupfnudeln, Eierspätzle, saure Kutteln, saure Nieren; aber auch: Leberknödel, Fleischspieße, Cannelloni, Schweineschnitzel. Verkauf auch in haushaltsgerechten Packungen, tiefgekühlt, im Eimer oder in Dosen.

### Ersparnis
10 bis 20 %. Kein WSV/SSV.

### Ambiente
Verkaufsraum mit Tiefkühltruhen. Den Eingangsbereich ziert eine Vielzahl von DLG-Auszeichnungen und Ehrenurkunden. Preisliste Fabrikverkauf wird auf Wunsch zugesandt.

### Adresse
Nagel Fleischwaren GmbH, Mühlwiesenstraße 20, 72555 Metzingen, Telefon: 071 23/96 17-0, Fax: 96 17 10.

### Öffnungszeiten
Donnerstag und Freitag 9.30 bis 12.00 und 13.00 bis 17.00 Uhr.

### Anreise
Ganz in der Nähe der Kreuzung (Unterführung) B28/Eisenbahn/Ulmer Straße. Vom Stadtzentrum kommend nach der Eisenbahnüberführung rechts abbiegen und wieder rechts in die Mühlwiesenstraße. Firma auf der linken Seite. Siehe Anreise-Empfehlung und Detailkarten S. 165 ff.

Nike ist Weltmarktführer für Sportschuhe und Sportbekleidung. Nike ist aber auch Symbol für Sport rund um den Globus. In Metzingen wurde im März 2002 der erste Nike Factory Store Baden-Württembergs eröffnet. Hier finden Sie zu günstigen Preisen Modelle aus der vergangenen Saison, Musterteile oder Ware mit kleinen Fehlern, die allemal noch zu sportlichen Höchstleistungen beflügeln können.

# Die Nr. 1 im Sport

## Warenangebot

Sportschuhe und Sportbekleidung für Damen, Herren, Kinder und Kleinkinder. Besonders bei den Sportschuhen ist die Auswahl groß, auch bei Sportkleidung für Kinder und bei Damen im Bereich Fitness. Basketball-, Tennis-, Fußball- und Golfbekleidung sind ebenfalls im Angebot, aber es ist nicht immer alles in jeder Größe zu finden. Außerdem gibt es Rucksäcke und Sporttaschen, Sportbrillen und Uhren

## Ersparnis

30 bis 60%. Zusätzliche Preisersparnis im SSV/WSV. Viermal im Jahr Sonderverkauf mit 30 bis 60% zusätzlicher Ersparnis.

## Ambiente

Ca. 850 m² große Verkaufsfläche im Stil eines Sportgeschäfts mit Umkleidekabinen und freundlichem Personal.

## Adresse

Nike Factory Store, Reutlinger Straße 63-67, 72555 Metzingen, Telefon: 0 71 23/9 68 50, Fax 96 85 55.

## Öffnungszeiten

Montag bis Freitag 10.00 bis 20.00 Uhr, Samstag 9.00 bis 16.00 Uhr.

## Anreise

Siehe Seite 165 ff. Das Nike Factory Outlet liegt auf dem Boss Areal.

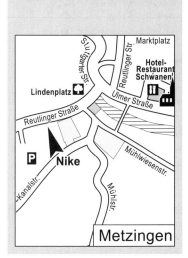

Oilily bietet ein breit gefächertes Kinder- und Damenbekleidungssortiment an. Oilily hat starke Farben und damit die Modewelt der Kinder stark beeinflusst. Die Artikel stammen nicht aus der aktuellen Kollektion oder weisen kleine Fehler auf.

# Children's wear, Women's wear

### Warenangebot
Komplettes Oberbekleidungssortiment ab Größe 56 bis 176. Baby-Kollektion: Strampler, Shirts, Jäckchen, Kleidchen, Kapuzenjacken, Hosen, Pullis, Schuhe etc. Kinder-Kollektion: Jeans und Jeansbekleidung, Hosen, Röcke, Kleider, Shirts, Sweater, Strümpfe, Jacken, Anoraks, Schuhe, Boots etc. Accessoires wie Mützen, Handschuhe, Kindertäschchen. Auch Damenbekleidung.

### Ersparnis
Mindestens 30% auf Ware der vergangenen Kollektion. Im SSV/WSV nochmals bis zu 50% reduziert.

### Ambiente
Freundlich, hell, übersichtlich und gut sortiert. Umkleidekabinen. Kinderspielecke mit Video. Oilily Kundenparkplatz.

### Adresse
Oilily Outlet, Outlet Center Samtfabrik, Nürtinger Straße 63, 72555 Metzingen, Telefon: 0 71 23/20 64 77, Fax: 20 64 78.

### Öffnungszeiten
Montag bis Freitag 9.00 bis 18.30 Uhr, Samstag 9.00 bis 16.00 Uhr.

### Anreise
Siehe auch Anreise-Empfehlung und Detailkarten auf Seite 165 ff.

*Peter Hahn*

Im Outlet Center Samtfabrik verkauft Peter Hahn seine Naturfaser-Kollektionen und neuerdings auch Mischgewebe. Die Ware ist aus besten Qualitäten verarbeitet. Der Naturmodeversender konzentriert sich auf die klassisch-elegant, dezent gekleidete Frau.

# Kompetenz in Qualität

### Warenangebot
Damen: Jacken, Mäntel, Kostüme, Kleider, Blusen, Shirts, Pullover, Westen, Hosen, Röcke. Herren: Sakkos, Hosen, Hemden, Pullis.

### Ersparnis
Ca. 35 bis 60 %. Ware in 1. Wahl aus der vergangenen Kollektion. 2. Wahl aus der aktuellen Kollektion, Musterteile in kleinen Größen. Im SSV/WSV nochmals um 50 % und mehr reduziert.

### Ambiente
Weitgehend Selbstbedienung, großer Kundenandrang, sechs Umkleidekabinen.

### Besonderheiten
Im selben Gebäude zehn weitere Outlets, z.B.: Bogner, Golfino, Oilily, Bueckle, Big Pack etc.

### Adresse
Peter Hahn, Outlet Center Samtfabrik, Nürtinger Straße 63, 72555 Metzingen, Telefon: 07123/961 40, Fax: 961415.

### Öffnungszeiten
Montag bis Freitag 9.30 bis 18.30 Uhr, Samstag 9.00 bis 16.00 Uhr.

### Anreise
Von Reutlingen/Stuttgart kommend in Metzingen zunächst Richtung Bad Urach, dann aber nach der Eisenbahnunterführung links abbiegen (Richtung Grafenberg). Nach ca. 500 m biegt man in die Nürtinger Straße. Dort gleich links. Siehe auch Anreise-Empfehlung und Detailkarten auf Seite 165 ff.

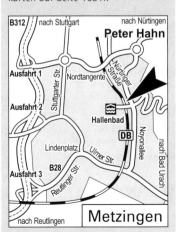

# Polo Ralph Lauren Factory Store

Klassisch, sportlich und edel – so stellt sich die Mode von Ralph Lauren dar. Es ist Mode mit persönlicher Note und wird sowohl von der Jugend als auch von der reiferen Jugend gern getragen. Angesiedelt ist sie im oberen Preissegment. Auch wenn es im Factory Store ausschließlich Waren der Vorsaison gibt, so sind sie doch keineswegs out, sondern „voll auf der Höhe".

# Klassisch mit sportlicher Note

### Warenangebot
Herrenanzüge, Hemden, Sakkos, Herrenhosen, Pullis, Polos, Jeans u.a. Freizeitkleidung, Kostüme, Hosenanzüge, Sommerkleider, Röcke, Hosen, Bermudas, Blusen, Kinderhemden und -hosen, Sweatshirts.

### Ersparnis
30 bis 60%, im WSV/SSV zusätzliche Reduzierung.

### Ambiente
Szeniges Einkaufen in entspannter Atmosphäre, im typischen Ralph Lauren Stil, geprägt von Mahagoni und Messing. Präsentes Personal.

### Adresse
Polo Ralph Lauren Factory Store, Reutlinger Straße 63-67, 72555 Metzingen, Telefon: 071 23/9 24 70.

### Öffnungszeiten
Montag bis Freitag 10.00 bis 20.00 Uhr, Samstag 9.00 bis 16.00 Uhr.

### Anreise
Siehe Anreise-Empfehlung und Karten auf S. 165 ff. Der Factory Store befindet sich auf dem Boss-Areal.

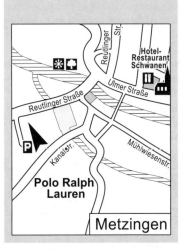

Mercedes unter den Kinderwagen, hochmodische Kollektion. Kunde kann sich z.B. Stoff und Gestellfarbe des Kinderwagens individuell zusammenstellen (allerdings meist auf Bestellung). Eigenproduktionen sind TÜV GS geprüft.

# Kinderwagen ab Fabrik

### Warenangebot
Eigenproduktion: Kinderwagen und Sportwagen. Handelsware: vom Schnuller bis zum Kinderbett (keine Bekleidung). Kinderwagen, Buggies, Puppenwagen, Wiegen, Stubenwagen. Möbel: Betten, Schrank, Kommoden, Laufgitter, Hochstühle usw. Flaschen, Schnuller, Sicherheitsartikel, Autositze, Lauflerngeräte, Fahrradsitze, Bettdecken, Spannbezüge, Spielzeug, Wickelauflagen etc.

### Ersparnis
Bei Eigenproduktion: ca. 30 %. Bei Handelsware: ca. 10 %. Kein SSV/WSV.

### Ambiente
Neu gestaltete, helle Verkaufsräume, übersichtliche Präsentation auf ca. 3000 m² Verkaufsfläche. Kinderwagen-Ausstellung im 2. Stock. Fachmännische Beratung. Guter Kundendienst, Reparaturabteilung im Haus.

### Adresse
Princess-Kinderwagen, Straub GmbH, Heerstraße 10, 72555 Metzingen, Telefon: 0 71 23/92 78-0, Fax: 92 78 78.

### Öffnungszeiten
Montag bis Freitag 9.30 bis 18.00 Uhr, Samstag 9.00 bis 13.30 Uhr.

### Anreise
B313 über Nürtingen nach Metzingen. Weiter auf B313 bleiben bis es links ab zu Princess geht (Hinweisschild). Siehe auch Anreise-Empfehlung und Detailkarten auf S. 165 ff.

Frischer Wind in der Fabrikverkaufsstadt Metzingen. Radwerk bietet auf über 300 m² Radsportbekleidung unter eigenem Label. Auch Marken bekannter Hersteller aus der Radsportszene sind hier zu finden.

# Outfit für den Radsport

### Warenangebot

Radwerk-Fahrradbekleidung: Trikots und Hosen. Produkte von namhaften Herstellern: Trikots, Hosen, Funktionswäsche, Handschuhe, Helme, Brillen, Schuhe; Fahrradzubehör; Triathlon-, Running-, Langlauf- und Snowboard-Bekleidung.

### Ersparnis

Die hochwertige Radwerk-Kollektion besticht durch günstige Preise (bis zu 40% günstiger als vergleichbare Ware), die Kollektionen anderer Hersteller ca. 10 bis 30% günstiger; Saisonware, Überhänge und Restposten bis zu 50%. Zusätzliche Ersparnis im SSV/WSV.

### Ambiente

Übersichtlicher und gut sortierter Verkaufsraum. Im Vorraum befinden sich die Sonderposten. Der Kassenbereich ist im 50er-Jahre-Stil gehalten. Ausreichend Parkplätze.

### Besonderheiten

Spezielle Vereinsausrüstung nach Sonderwünschen möglich.

### Adresse

Radwerk Schäfer-Haid-Marzinak GbR, Stuttgarter Straße 60, 72555 Metzin-gen, Telefon und Fax: 071 23/20 06 66, Internet: www.radbekleidung.de, E-Mail: radwerk@t-online.de.

### Öffnungszeiten

Montag bis Freitag 9.00 bis 19.00 Uhr, Samstag 9.00 bis 16.00 Uhr.

### Anreise

Auf der B312 nach Metzingen (2. Ausfahrt) Richtung Stadtmitte. In der Stuttgarter Straße, schon am Ortsanfang, links befindet sich der Verkauf. Siehe auch Anreise-Empfehlung und Detailkarten S. 165 ff.

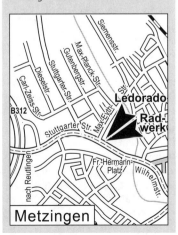

# RAMIM
## PATRICE RAMIM

Bei Ramim gibt es sehr fein verarbeitete Damen- und Herrenmode, Die Firma bietet beste Qualität und ein gutes Preis-Leistungs-Verhältnis.

# Noble Mode aus Italien

### Warenangebot
Aktuelle Kollektionen bei Damen: Kostüme, Blusen, Röcke, Schuhe. Herren: Sakkos, Anzüge, Hemden, Krawatten und Schuhe.

### Ersparnis
Ca. 30 bis 50 %. Kein SSV/WSV.

### Ambiente
Zwei große Verkaufsräume, in Damen- und Herrenkollektion getrennt. Angenehme Einkaufsatmosphäre.

### Besonderheiten
Auf Wunsch werden Änderungen vorgenommen, Abholung oder Zusendung nach ca. zwei Tagen. Direkt neben Ramim befinden sich auch Boss, Bally, Escada und Joop.

### Adresse
Patrice Ramim GmbH, Mühlstraße 5 (Ecke Kanalstraße), 72555 Metzingen, Telefon: 0 71 23/13 90 oder 13 99.

### Öffnungszeiten
Montag bis Freitag 9.00 bis 19.00 Uhr, Samstag 9.00 bis 16.00 Uhr.

### Anreise
Die Firma liegt ca. 50 m von Boss entfernt auf der Ostseite. Einfach Kanalstraße überqueren und schon steht man vor dem Haus Mühlstraße 5. Hier im Obergeschoss weitere Einkaufsmöglichkeiten von bekannten Marken im FOC-Lagerverkauf. Siehe auch Anreise-Empfehlung und Detailkarten auf S. 165 ff.

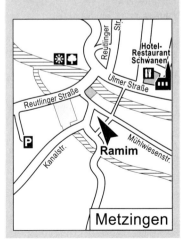

Schön, dass es diese Marken preiswert im Fabrikverkauf gibt. Diese vier Marken stehen für: Ski- und Tennismode, Bademoden, Bergsportbekleidung, Handschuhe, Sport- und Freizeitbekleidung. Zwei Marken sind noch dazugekommen: exxtasy und Head Footwear. Sie stehen für Snowboardbekleidung, Sport- und Tennisschuhe.

# … lassen Sportlerherzen höher schlagen

### Warenangebot
Tennis-, Bade-, Beach-, Freizeit-, Torwart-, Spieler-, Sport-, Snowboard- und Skibekleidung. Ski-, Snowboard- und Torwarthandschuhe; Sport- und Tennisschuhe, Trekkingschuhe, Outdoor-Bekleidung, Rucksäcke, Running-Wear.

### Ersparnis
Bei 1. Wahl ca. 20 bis 30%, bei 2. Wahl und Musterware ca. 50%. Weitere Reduzierung im SSV/WSV.

### Ambiente
Der Verkauf befindet sich hinter dem Verwaltungsgebäude in zwei weißen, neuen, großen Lagerhallen.

### Adresse
Reusch Deutschland GmbH & Co. KG, Metzinger Straße 75, 72555 Metzingen, Telefon: 071 23/1 60-1 44, Fax: 1 84 71.

### Öffnungszeiten
Montag bis Mittwoch 9.00 bis 18.00 Uhr, Donnerstag, Freitag 9.00 bis 20.00 Uhr, Samstag 8.00 bis 16.00 Uhr.

### Anreise
Der Fabrikverkauf liegt an der B28 Metzingen Richtung Bad Urach, Ortausgang Metzingen rechts. Siehe auch Anreise-Empfehlung und Detailkarten auf S. 165 ff.

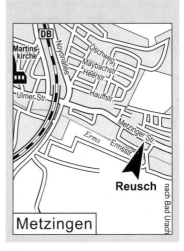

Sergio Tacchini ist ein ewig junger Klassiker. Als einer der weltweit führenden Hersteller von Sport- und Freizeitbekleidung kreiert er Mode mit sportlichem Look und italienischer Eleganz für Jung und Alt, für alle Jahreszeiten.

# Die Marke internationaler Stars

### Warenangebot

Sportbekleidung: für Tennis, Golf, Segeln, Ski, Fitness und viele andere Sportarten. Freizeitbekleidung: T-Shirts, Freizeithemden, Poloshirts, Pullover, Jacken, Hosen, Daunenjacken und Fleece-Pullover. Tennis- und Freizeitschuhe. Accessoires. Die Ware stammt vorwiegend aus der Vorsaison. Auch Überhänge und aktuelle Kollektionsteile.

### Ersparnis

30 bis 50%. Bei einzelnen Teilen bis 70%. Zusätzliche Ersparnis im SSV/WSV und im Rahmen von Aktionswochen.

### Ambiente

Im Outlet Center Samtfabrik wird die Marke übersichtlich und modern präsentiert.

### Adresse

Sergio Tacchini Outlet, Outlet Center Samtfabrik, Nürtinger Straße 63, 72555 Metzingen, Telefon: 071 23/17 00 08.

### Öffnungszeiten

Montag bis Freitag 10.00 bis 18.30 Uhr, Samstag 9.30 bis 16.00 Uhr.

### Anreise

Siehe Anreise-Empfehlung und Detailkarte auf Seite 165 ff.

Die Marke mit dem Klecks kennt man. Das ist Kindermode, die passt. Hier wird viel Aufwand im Detail für die Kleinsten getrieben, damit sie sich wohl fühlen. Und nicht zu vergessen: die Sigikid-Kuscheltiere.

# Ein Klecks für Kinder

### Warenangebot
Erstlingsbekleidung wie Strampler, Mützen etc. ab Größe 62. Baby- und Kinderbekleidung wie Hosen, Sweatshirts, T-Shirts, Mädchenkleider, Anoraks, Schneeanzüge, Nachtwäsche in den Größen 68–140, teilweise bis Größe 152.

### Ersparnis
10 bis 50%. Zusätzliche Preisersparnis im SSV/WSV.

### Ambiente
Freundlich, übersichtlich, gut sortiert.

### Besonderheiten
Im selben Gebäude, dem Outlet Center Samtfabrik, zehn weitere Outlets bekannter Marken.

### Adresse
Sigikid-Outlet im Outlet Center Samtfabrik, Nürtinger Straße 63, 72555 Metzingen, Telefon: 0 71 23/97 23 10, Fax: 97 23 11.

### Öffnungszeiten
Montag bis Freitag 9.30 bis 18.30 Uhr, Samstag 9.00 bis 16.00 Uhr.

### Anreise
Siehe Anreise-Empfehlung und Detailkarte auf S. 165 ff.

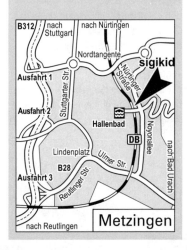

# STRENESSE

Die Kollektionen von Gabriele Strehle stehen für die leisen Töne: versteckter Luxus, überlegene Schnittführung, einzigartige Stoffe, hoher Qualitätsstandard. Neu bei Strenesse ist die hochwertige Herrenkollektion im Factory Outlet Strenesse in Metzingen.

# Designermode mit Gefühl

### Warenangebot
Große Auswahl an Damenbekleidung, gutes Sortiment an Schuhen und Accessoires. Nur Second-Season-Ware. Neu: Herrenbekleidung aus der hochwertigen Herrenkollektion.

### Ersparnis
30 bis 50%. Bei Saisonschlussverkäufen und auf der Aktionsfläche weitere Preisersparnis.

### Ambiente
Interessantes Outletgebäude am Lindenplatz (Stadtmitte) direkt am Beginn der Fußgängerzone. Großzügige Verkaufsräume (ca. 1000 m²) auf zwei Etagen. Gute Warenpräsentation, sehr übersichtlich. 30 Umkleidekabinen. Das Outlet befindet sich ca. 150 Meter nördlich vom Boss-Fabrikverkauf.

### Adresse
Factory Outlet Strenesse, Lindenplatz 3, 72555 Metzingen, Telefon: 071 23/7 20 00, Fax: 72 00 10, E-Mail: foc.metzingen@strenesse.com.

### Öffnungszeiten
Montag bis Freitag 10.00 bis 20.00 Uhr, Samstag 9.00 bis 16.00 Uhr.

### Weitere Verkaufsstelle
● 86720 **Nördlingen/Ries**, (Hauptstandort), Gewerbestraße 10-14, Telefon: 0 90 81/80 70, Fax: 64 48, E-Mail: info@strenesse.com. Öffnungszeiten: Dienstag und Mittwoch 10.00 bis 18.00 Uhr, Donnerstag und Freitag 10.00 bis 20.00 Uhr, Samstag 9.00 bis 16.00 Uhr.

### Anreise
Siehe Anreise-Empfehlung und Detailkarte auf S. 165 ff.

# TOMMY ▬ HILFIGER

Designermode, die sich jeder leisten kann! Das ist das Motto, das sich Tommy Hilfiger als Ziel gesetzt hat. In Metzingen hat Tommy Hilfiger seinen ersten Outlet-Store in Deutschland, der zugleich sein größter in Europa ist, eröffnet. Auf 1100 m² präsentiert er dort Freizeitmode für Kinder, Jugendliche, Damen und Herren

# The American Way of Life

**Warenangebot**
Sportswear und Freizeitbekleidung für Damen, Herren und Kids, Jeans, Herren-bekleidung: Anzüge, Sakkos, Hosen, Mäntel, Hemden, Krawatten.

**Ersparnis**
Ca. 30%, laufend Aktionen, zusätzliche Reduzierung zu Saisonende und SSV/WSV.

**Ambiente**
Großzügige Warenpräsentation mit Shopcharakter in freundlich, lockerer Atmosphäre auf drei Stockwerken. Farblich abgestimmte Sortimente von sportlich bis elegant, immer am Puls der Zeit.

**Adresse**
Tommy Hilfiger Outlet-Store, Mühl-straße 3, 72555 Metzingen, Fax: 071 23/94 48 25.

**Öffnungszeiten**
Montag bis Freitag 10.00 bis 20.00 Uhr, Samstag 9.00 bis 16.00 Uhr.

**Anreise**
Siehe Anreise-Empfehlung und Detailkarte auf S. 165 ff.

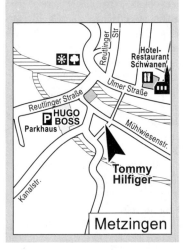

204

Tweans – das Damen- und Herrenmode-Label – setzt mit seiner Kollektion ganz auf Mode. Die Marke, die sich im Jeans- und Young-Fashion-Bereich einen Namen gemacht hat, präsentiert in ihrem Fabrikverkauf Modern Womenswear und Menswear für sportive und modisch aufgeschlossene Konsumenten.

# Jeans & Young Fashion

### Warenangebot
Diverse Hosenmodelle, Blusen, Jacken, Westen.

### Ersparnis
2. Wahl bis 50%. Preisgünstige Musterstücke. 1. Wahl und 1B-Ware ca. 30%. Bei der Ware handelt es sich meist um Überhänge aus aktuellen Kollektionen. Im SSV/WSV nochmals bis zu 50% reduziert.

### Ambiente
Ca. 200 m² großer Verkaufsraum mit vier Umkleidekabinen; eine Verkäuferin, die gleichzeitig kassiert.

### Besonderheiten
Ware ist nicht ausgezeichnet; ein Farbpunktesystem gibt Auskunft über den Preis.

### Adresse
Bekleidungswerke Emil Wurster GmbH & Co. KG, Carl-Zeiss-Straße 5, 72555 Metzingen, Telefon: 071 23/9 27-0, Fax: 9 27-2 90, Internet: www. tweans.de.

### Öffnungszeiten
Mittwoch bis Freitag 9.30 bis 17.00 Uhr, Samstag 8.30 bis 12.00 Uhr.

### Anreise
B312, Ausfahrt Metzingen/Bad Urach, links in die Stuttgarter Straße einbiegen, dann erste Straße wieder links in die Carl-Zeiss-Straße; Gebäude gleich links. Siehe auch Anreise-Empfehlung und Detailkarten auf S. 165 ff.

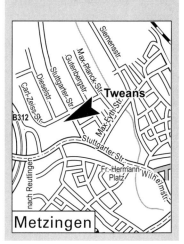

Uhlsport ist ein Fußball-Komplettanbieter. Vom Ball bis zu den Stutzen gibt es alles. Weltklasse-Torhüter wie Lehmann, Butt, Bonano, Enke, Toldo und Coupet vertrauen auf Uhlsport. Die Ware wird in weltweit 50 Länder exportiert.

# Fußball ist unser Leben

### Warenangebot

Trainingsanzüge, Trikots, Fußballhosen, Torwarthosen und -pullover, Torwarthandschuhe, Taschen, Fußballschuhe, Stutzen, Bälle, Stollen, Bandagen, Schienbeinschützer. Hauptsächlich Ware der Vorsaison, Musterteile und 2. Wahl.

### Ersparnis

Ca. 30%. Bei Einzelstücken mehr.

### Ambiente

Geschäft in verkehrsberuhigter Einkaufszone. Ware ist auf ca. 90 m² übersichtlich und preisausgezeichnet präsentiert. Zwei Umkleidekabinen. Freundliches Personal.

### Adresse

Uhlsport GmbH, Reutlinger Straße 24, 72555 Metzingen, Telefon: 0 71 23/ 91 01 53, Fax: 91 01 54.

### Öffnungszeiten

Montag bis Mittwoch 10.00 bis 18.30 Uhr, Donnerstag 10.00 bis 20.00 Uhr, Freitag 10.00 bis 18.30 Uhr, Samstag 9.00 bis 14.00 Uhr.

### Anreise

Von Stuttgart kommend auf der B27, dann B312 nach Metzingen, Richtung Stadtmitte, Lindenplatz. Dort links zu Fuß in die Reutlinger Straße. Zwischen Lindenplatz und Rathaus links. Siehe auch Anreise-Empfehlung und Karten Seite 165 ff.

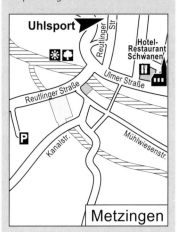

Hauptsächlich Motorradbekleidung, qualitativ interessant, auch großes Angebot an Freizeit-Lederbekleidung.

# Lederbekleidung für Motorrad und Freizeit

### Warenangebot

Motorradbekleidung aus Leder und Textil. Maßanfertigung möglich. Zubehör wie Motorradschuhe. Breites Angebot an modischer Freizeit-Lederbekleidung. Trachtenjacken und -westen. Handschuhe für Reiten, Paragliding etc., Sicherheitshandschuhe.

### Ersparnis

Ca. 20 bis 30 % bei 1. Wahl. Im SSV/WSV nochmals um 40 % reduziert.

### Ambiente

Fachkundige Beratung, rustikal gehaltene Verkaufsatmosphäre.

### Adresse

W+R GmbH, Stuttgarter Straße 54, 72555 Metzingen, Telefon: 0 71 23/ 96 74 32, Fax: 96 74 44, E-Mail: fabrik verkauf@glove.to.

### Öffnungszeiten

Dienstag bis Freitag 10.00 bis 18.00 Uhr, Samstag 9.00 bis 14.00 Uhr.

### Anreise

Von der B312 aus Richtung Stuttgart 2. Ausfahrt benutzen. In der Stuttgarter Straße nach Max-Eyth-Straße zweites Gebäude links. Siehe auch Anreise-Empfehlung und Detailkarten auf S. 165 ff.

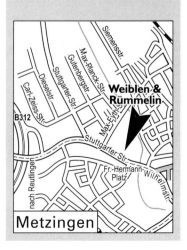

## WOLLY
### Erwin Fritz
Qualität aus Lammfell | Technik
Veredelung
Produkte

Markenname und Markenzeichen Wolly steht für hochwertige Qualität, erstklassige Verarbeitung und beste Passform. Über 60 Jahre Erfahrung mit dem Naturprodukt Fell.

# Der Lammfell-Gerber

### Warenangebot
Schaf- und Lammfelle (medizinische und Mimosa-Gerbung). Schaf-, Lamm-, Ziegen-, Kalb-, Reh-, Hirsch- und Rinder-Dekorationsfelle. Anti-Rheuma-Lammfellbetteinlagen. Medizinisch gegerbte Babylammfelle und -Decken. Kinderwagen-Fußsäcke aus Lammfell (medizinische Gerbung), Hausschuhe und Pantoffeln aus Lammfell, Lamm-fell-Fußwärmer, Autoschonbezüge aus Lammfell (auch für Sitzairbag).

### Ersparnis
Ca. 30 bis 40 % Preisersparnis; günstige Angebote. Kein SSV, kein WSV.

### Ambiente
Freundliche, sachkundige Bedienung. Gut sortiertes Warenangebot am Lager. Gesamte Verkaufspalette auf zwei Stockwerken. Auch Versand möglich unter: 0 71 23/92 20-10.

### Adresse
Wolly Erwin Fritz GmbH & Co.KG, Ermsstraße 3, 72555 Metzingen, Telefon: 0 71 23/92 20 10, Fax: 92 20 20, Internet: www.erwin-fritz.de, E-Mail: info@erwin-fritz.de.

### Öffnungszeiten
Montag bis Freitag 13.30 bis 17.30 Uhr, Samstag 9.00 bis 12.30 Uhr. Vom 25. 12. bis 6. 1. geschlossen.

### Anreise
B28 zwischen Metzingen und Bad Urach. Die Gerberei Fritz liegt in einer Parallelstraße direkt hinter der Firma Reusch. Siehe auch Anreise-Empfehlung und Detailkarten auf S. 165 ff.

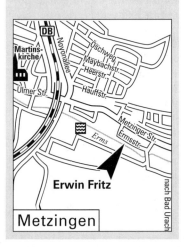

Die Firmenphilosophie: nützliche Produkte herstellen, die Spaß machen. Den Trend schaffen, dem Alltag ein Lächeln zu schenken.

# Ideas for friends

## Warenangebot

Traumkugeln in großer Auswahl, Designartikel aus Kunststoff für Küche, Bad und Wohnraum: Flaschenöffner, Korkenzieher, Salatschüsseln und -bestecke, Teller, Becher, Tabletts, Wanduhren, Garderobenbügel, Papierkörbe, CD-Boxen, Seifenspender, Spülbürsten, Sharky, Wäscheklammern, Büroartikel.

## Ersparnis

Ca. 25 bis 40 %. Kein SSV, kein WSV.

## Ambiente

Im Erdgeschoss des ehemaligen Fabrikgebäudes in Michelstadt. Freundliche, helle Räume mit großen Schaufenstern.

## Adresse

Koziol-Direktverkauf, Frankfurter Straße, 64720 Michelstadt, Telefon: 0 60 61/7 24 25, Fax: 92 55 89.

## Öffnungszeiten

Freitag 14.00 bis 18.00 Uhr, Samstag 10.00 bis 16.00 Uhr, Sonderöffnungszeiten vor Weihnachten und Pfingsten.

## Anreise

Michelstadt liegt im Odenwald zwischen Eberbach und Dieburg. An der B45 von Dieburg/Groß Umstadt kommend, hinter dem Ortseingang nach 200 m auf der linken Seite.

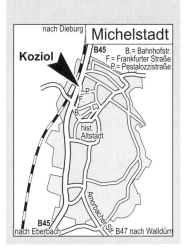

Gubor ist bundesweit für erstklassige Schoko-Spezialitäten bekannt und beliebt. Geschätzt ist dieses süße Paradies im Schwarzwald vor allem auch wegen der ausgezeichneten Pralinen in erstklassiger Frische.

# Genuss, der auf der Zunge zergeht

### Warenangebot
Große Auswahl an hochwertigen Pralinen und Schokoladen, Kekse. Auch andere Marken entdeckt: Stollwerck, Sarotti, Waldbaur, Delacre.

### Ersparnis
Ca. 20 bis 50 %. Pralinen (optisch beeinträchtigt) Kilo ca. 5,- €.

### Ambiente
Nennt sich „Fabrikverkauf" und ist mit blau-weißen Schildern ausgewiesen.

### Besonderheiten
Das Münstertal liegt in wunderschöner Umgebung; es lohnt sich, ein paar Tage Urlaub dort zu verbringen.

### Adresse
Gubor Schokoladenfabrik, Dietzelbachstraße 1, 79244 Münstertal, Telefon: 07631/8040.

### Öffnungszeiten
Montag, Mittwoch und Freitag 10.00 bis 17.00 Uhr.

### Weitere Verkaufsstelle
● 79373 **Müllheim**, Neuenburger Straße 15, Telefon: 07631/804-367. Öffnungszeiten: Montag bis Freitag 10.00 bis 17.00 Uhr. Anreise: von der A5 Basel-Karlsruhe, Ausfahrt Müllheim, durch Neuenburg Richtung Müllheim, links ins Industriegebiet.

### Anreise
Von Staufen nach Münstertal; im Münstertal nach Ortseingang links, Verkauf ist beschildert.

# DIGEL®

Tradition haben, ohne traditionell zu wirken – das ist der Stoff, aus dem sich die Digel-Erfolgsstory entwickelt. Seit sechs Jahrzehnten verbindet Digel bei Menswear modische Stilsicherheit mit Leistungsbewusstsein. Jetzt kann man bei Digel auch ab Fabrik einkaufen. Mitten im Schwarzwald.

# Zieht Männer an

### Warenangebot
Große Sakko-, Hosen- und Anzug-auswahl, ständig 10.000 Anzüge auf Lager, alle Größen, auch Übergrößen. 2 Jahre Qualitätsgarantie. 2.-Wahl-Ware.

### Ersparnis
Bis zu 50 %. Im SSV/WSV nochmals bis zu 30 % reduziert.

### Ambiente
Verkauf im EG. Direkt neben dem Warenlager. Kein Umtausch der Ware. 100 Parkplätze vorhanden.

### Besonderheiten
Maßatelier und Änderungs-Schneiderei. Kompetente Beratung ist selbstver-ständlich. Größenmix: Anzüge können völlig frei zusammengestellt werden.

### Adresse
Digel Menswear Fabrikverkauf, Calwer Straße 81-85, 72202 Nagold, Telefon: 07452/65003, Internet: www.digel.de.

### Öffnungszeiten
Montag bis Freitag 12.00 bis 19.00 Uhr, Samstag 9.00 bis 16.00 Uhr.

### Anreise
Von Karlsruhe kommend über die A8: Ausfahrt Pforzheim-West, B463 Calw, Wildberg, Nagold. 800 m nach Ortseingang auf der rechten Seite, gleich hinter dem Sportstadion. Von Stuttgart kommend über die A81: Richtung Singen, Ausfahrt Rotten-burg. Bondorf, Mötzingen, Nagold. Nagold-Zentrum Richtung Calw. Nach 500 m auf der linken Seite vor dem Sportstadion.

# ROLF BENZ

Wohnen soll Spaß machen. Designer-Kreationen sind der Trend. Weniger, aber interessanteres Mobiliar, aufregende Einzelstücke, Statussymbole, die den Besitzer als Kenner ausweisen - das war bislang die Wohnkultur einer Minderheit. Doch es sieht so aus, als ob sie künftig den Einrichtungsstil breiterer Schichten prägen wird.

# Polstermöbel vom Feinsten

### Warenangebot
Polstermöbel, die als Fotostücke oder Messegarnituren, als Ausstellungsstücke etc. gedient haben. Einzelsofas sowie komplette Garnituren in Stoff oder Leder des Nobelherstellers Rolf Benz.

### Ersparnis
Erhebliche Preisabschläge. Kein SSV, kein WSV.

### Ambiente
Sehr gute Beratung der Kunden. Die Schnäppchen stehen im Untergeschoss einer lausig kalten Lagerhalle ohne Ambiente. Überraschend großes Angebot. Lieferung mit Frachtzuschlag möglich.

### Adresse
Polster Shop GmbH, Brunnenstraße 12, 72202 Nagold, Telefon: 07452/1092 und 5224, Fax: 4187. (Polster Shop gehört nicht zum Unternehmen Rolf Benz).

### Öffnungszeiten
Montag bis Freitag 9.00 bis 12.30 und 14.00 bis 18.00 Uhr; Samstag 9.00 bis 15.00 Uhr.

### Anreise
Auf B28 Richtung Freudenstadt nach Nagold. Von Stuttgart kommend Stadtmitte Nagold, dann Richtung Horb; nach Viadukt ca. 1 km weiterfahren, dann rechts in die Talstraße. Dort 200 m geradeaus, dann links nochmals 200 m.

Immer mehr Autokäufer holen ihr Auto ab Werk ab. Offenbar ist es nicht nur die Ersparnis, die den Kunden dazu bringt, sein Auto selbst abzuholen. Viele machen aus dem Transport des Neuwagens ein Erlebnis mit Informationsmöglichkeit über den Hersteller des geliebten Blechs. Außerdem große Auswahl an auditypischen Accessoires.

# Audi ab Werk

### Warenangebot

Im Audi-Kundencenter ist alles zu haben, was ein Audifahrer braucht. In Ingolstadt werden alle Modelle ausgeliefert, in Neckarsulm A2, A6, A8.

### Ersparnis

Die Selbstabholer sparen die Überführungskosten, die in der Regel zwischen 200,– und 500,– € liegen. Die Abholpauschale beträgt 150,– bis 250,– €, inklusive Werksbesichtigung, kostenloser Restaurantbesuch, ein gefüllter Tank, Sonderkonditionen der Bahn sowie der meisten Autovermieter.

### Ambiente

Das Audi-Kundencenter ist eine kundenfreundliche Veranstaltung. Es kann sowohl eine Werksbesichtigung als auch eine Museumsführung gebucht werden.

### Adresse

Audi-Kundencenter, NSU-Straße 24-32, 74172 Neckarsulm, Telefon: 0 71 32/ 31 23 71.

### Öffnungszeiten

Montag bis Freitag 7.30 bis 17.00 Uhr, Samstag 7.30 bis 13.00 Uhr.

### Anreise

Das Audi-Kundencenter liegt auf dem Werksgelände.

Bei Audi gibt es für den Jahreswagen-Verkauf der Werksangehörigen die Selbsthilfeeinrichtung des Beriebsrates (BRG-Jahreswagenvermittlung eG). Die eingetragene Genossenschaft vermittelt nur und finanziert sich aus den Gebühren der Verkäufer. Seit 1990 wurden mehr als 50.000 Jahreswagen von Audi und VW vermittelt.

# Audi- und VW-Jahreswagen

### Warenangebot

Ständig hat der Audi-Computer 2500 Jahreswagen im Speicher. Der Kunde gibt – möglichst genau – seinen Wunsch an und bekommt dann Angebote. Die Anfrage erfolgt per Fax oder per Telefon (Mailbox). Seit 2002 kann man auch über das Internet abfragen.

### Ersparnis

20 bis 33 % ist der Jahreswagen gegenüber dem Neuwagen billiger. Es ist ja auch kein Neuwagen. Die Jahreswagenvermittlung ist meist 10 % billiger als ein Jahreswagenhändler. Dafür ist die Vermittlung für den Kunden etwas teurer, weil er das Auto abholen muss.

### Ambiente

Der Käufer kann in den Vermittlungsbüros die Angebote einsehen.

### Adresse

Audi/BRG-Jahreswagenvermittlung eG, 74172 Neckarsulm (Fabrikgelände Audi), Telefon: 0 71 32/31 23 39, Fax: 30 66. Internet: www.brg-jahreswagen.de.

### Öffnungszeiten

Montag bis Freitag 8.00 bis 12.00 Uhr. Außerhalb der Öffnungszeiten ist unter der angegebenen Telefonnummer 0 71 32/31 23 39 eine Mailbox geschaltet, auf der Sie rund um die Uhr ihre Wünsche hinterlassen können.

### Anreise

Die Büros liegen auf dem Audi-Werksgelände.

Edle Unikate in allen Größen, Formen und Farben, hohe Qualität; elegante, schwere mundgeblasene Trinkgarnituren mit wertvollem Handschliff für Kenner und Liebhaber.

# Gläserne Kostbarkeiten nach schlesischer Tradition

### Warenangebot

Glas, Kristall und Bleikristall, modern und traditionell gestaltet. Trinkglasgarnituren, Vasen, Leuchter, Schalen und Souvenirs.

### Ersparnis

1A-Qualität 30 bis 40% günstiger, 2A-Qualität 20% günstiger als 1.-Wahl-Preise. Kein SSV/WSV.

### Ambiente

Sehr freundliche Beratung und Bedienung, Erlebnis-Kaufatmosphäre im Kristallparadies.

### Besonderheiten

Neben der Kaspar-Kollektion wertvolles Kristall aus aller Welt, Künstler-Unikate, Reparaturen, Sonderanfertigungen, Sonderangebote.

### Adresse

Franz Kaspar KG Kristallglaswerk, Hauptstraße 11, 74865 Neckarzimmern, Telefon: 0 62 61/92 30 14, Fax: 1 84 42.

### Öffnungszeiten

Montag bis Freitag 8.00 bis 18.30 Uhr, Samstag 8.00 bis 18.30 Uhr, Sonn- und Feiertag von 10.30 bis 18.30 Uhr. Besichtigung: täglich von 8.00 bis 15.00 Uhr. Gruppen nach Voranmeldung.

### Anreise

Direkt an der B27 in Neckarzimmern. Das liegt zwischen Gundelsheim und Mosbach. Werk und Verkauf in Neckarzimmern auf der Durchgangsstraße B27 nicht zu verfehlen.

Jérome Leplats oberstes Prinzip ist es, edle Materialien zu hochwertigen Lederwaren zu verarbeiten.

# Das Original

## Warenangebot
Damenhandtaschen, Herrengelenktaschen, Reisetaschen, Kulturtaschen aus Leder, Ledertaschen und -beutel, Kosmetikkoffer, große Auswahl an Kleinlederwaren, Krawatten, Tücher, Gürtel.

## Ersparnis
Ca. 20 bis 40 %.

## Ambiente
Präsentation wie in einem Fachgeschäft. Fachkundige Beratung und Preisauszeichnung, Kataloge sind erhältlich, jedoch nicht von allen Artikeln 2.-Wahl-Angebote.

## Besonderheiten
Jérome-Leplat-Artikel sind Waren im oberen Preissegment. Hier ist Ware mit kaum erkennbaren Fehlern günstig zu erwerben. Großes Angebot auch an Geschenkartikeln.

## Adresse
Jérome Leplat, Max-Eyth-Straße 39, 89231 Neu-Ulm, Telefon: 0731/ 72537-10.

## Öffnungszeiten
Dienstag bis Freitag 9.00 bis 12.00 und 14.00 bis 18.00 Uhr oder nach Vereinbarung.

## Anreise
Von der A8 aus Stuttgart oder München kommend: Ausfahrt Ulm-West, Richtung Ulm, Ausfahrt Neu-Ulm. Dann links, immer geradeaus. Nach der 3. Ampel: rechts Schild Max-Eyth-Straße, diesem folgen, dann rechts. Auf der Max-Eyth-Straße immer geradeaus, über eine Ampelanlage, dann nach ca. 450 m. Von der A7 aus Richtung Kempten, Lindau kommend: Autobahndreieck Hittistetten, Richtung Senden, Neu-Ulm. Nach ca. 10 km Ausfahrt Neu-Ulm, weiter s.o.

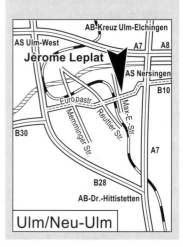

# STRENESSE

Die Kollektionen von Gabriele Strehle stehen für die leisen Töne: versteckter Luxus, überlegene Schnittführung, einzigartige Stoffe, hoher Qualitätsstandard.

# Designermode mit Gefühl

### Warenangebot
Sehr große Auswahl an Damenbekleidung, gutes Sortiment an Schuhen und Accessoires. Herrenbekleidung aus der hochwertigen Herrenkollektion.

### Ersparnis
30 bis 50%. Bei Saisonschlussverkäufen und in der Fundgrube (Einzelteile) nochmals 50%.

### Ambiente
Heller, großzügiger Verkaufsraum, Ware übersichtlich präsentiert, mit vielen Umkleidekabinen.

### Besonderheiten
Die Altstadt von Nördlingen gehört zu den schönsten mittelalterlichen Städten in Deutschland.

### Adresse
Strenesse AG, Gewerbestraße 10-14, 86720 Nördlingen/Ries, Telefon: 0 90 81/80 70, Fax: 64 48, E-Mail: info@strenesse.com.

### Öffnungszeiten
Dienstag und Mittwoch 10.00 bis 18.00 Uhr, Donnerstag und Freitag 10.00 bis 20.00 Uhr, Samstag 9.00 bis 16.00 Uhr.

### Weitere Verkaufsstelle
● 72555 **Metzingen**, Lindenplatz 3, Telefon: 0 71 23/7 20 00, Fax: 72 00 10, E-Mail: foc.metzingen@strenesse.com. Öffnungszeiten: Montag bis Freitag 10.00 bis 20.00 Uhr, Samstag 9.00 bis 16.00 Uhr.

### Anreise
A7, Würzburg-Ulm, Ausfahrt 114, Aalen-Westhausen. Über Bopfingen nach Nördlingen. In Nördlingen Richtung Wemding ins Industriegebiet. Dort Wegweiser Strenesse folgen. Verkauf ist gut ausgeschildert.

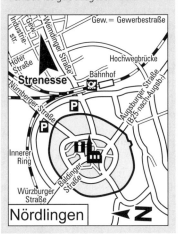

# HAUBER
### FASHION

International bekannt, Trendsetter in Modefarben, qualitativ hochwertig, exklusiv. Weil bei Hauber Produkt und Service überzeugen, macht man dort auch bei schwieriger Konjunkturlage gute Geschäfte.

# Hauber steht für Damenmode

### Warenangebot
Die Mode steht für anspruchsvolle, vielfältig kombinierbare Damenbekleidung. Pullis, Jacken, Blusen, Röcke, Hosen, in aktuellen Farben aufeinander abgestimmt.

### Ersparnis
Hauber-Damenbekleidung ist im hochpreisigen Bereich angesiedelt. Ersparnis mindestens 30 bis 50 %. Hauptsächlich 1. Wahl. Auch Sonderangebote der gehobenen Qualität. Zusätzliche Preisersparnis im SSV/WSV.

### Ambiente
Gepflegte Atmosphäre. Angebot besteht aus aktueller Ware, 1B-Ware, Musterteilen.

### Adresse
Hauber, Minus-Fabrikverkauf, Bahnhofstraße 2, 72622 Nürtingen, Telefon: 0 70 22/70 50 oder 3 88 68, Fax: 70 51 11.

### Öffnungszeiten
Dienstag, Mittwoch, Freitag 10.00 bis 13.00 und 14.30 bis 18.30 Uhr, Donnerstag 10.00 bis 13.00 und 14.30 bis 20.00 Uhr, Samstag 9.00 bis 14.30 Uhr.

### Anreise
Der Minus-Fabrikverkauf, der eindeutig der Firma Hauber zuzuordnen ist, liegt in Nürtingen ca. 200 m südlich vom Bahnhof neben den Gleisen. Das Fabrikverkaufsgebäude liegt auf der anderen Straßenseite des großen Einkaufszentrums Nürtingens. Das dortige Modehaus Hauber hat nichts zu tun mit dem Fabrikverkauf Minus.

# Kicherer

Marken-Qualitäten, moderne, sportgerechte Schnitte. Meist Ware aus Überproduktion und Kollektionsmuster.

## Ganz schön sportlich

### Warenangebot

1A- und 2A-Ware aus Überproduktion. Jegliche Art von Sportbekleidung für Damen, Herren und Kinder und City-Wear, Ski- und Snowboardbekleidung, Anoraks, Overalls, Pullover, Regenbekleidung, Wanderhosen, Kniebundhosen, Hemden, Sportstrümpfe und Socken, Leggings und T-Shirts, Bermudas, Jogging- und Freizeitanzüge usw.

### Ersparnis

1.-Wahl-Ware: ca. 10 bis 30% billiger. Im SSV/WSV nochmals 30 bis 50% reduziert.

### Adresse

Karl-Heinz Kicherer, Sport-Bekleidungsfabrik, Eugenstraße 21, 72622 Nürtingen, Telefon: 070 22/86 93, Fax: 3 63 26.

### Öffnungszeiten

Montag bis Freitag 10.00 bis 18.00 Uhr, Samstag 9.00 bis 13.00 Uhr.

### Anreise

A8, Ausfahrt Wendlingen, auf B313 nach Nürtingen, Richtung Neuffen, beim Amtsgericht nach 50 m links.

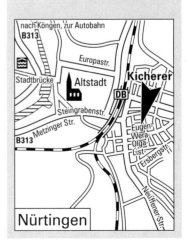

**Betty Barclay**    **Gil Bret**    **Vera Mont** *France*

Neben der Marke Betty Barclay, die für Coordinates, Outdoor-Bekleidung, Hosen und Strickmode steht, gibt es im Fabrikverkauf noch zwei andere Marken des Unternehmens: Gil Bret mit Mänteln, Jacken und Coordinates, Vera Mont zeigt Cocktail-, Abend- und Brautmode.

# Beliebte Marken

### Warenangebot
Damenbekleidung wie Kostüme, Hosenanzüge, Strickwaren, Jacken und Mäntel. 1. und 2. Wahl der aktuellen Saison. Betty Barclay-Düfte, Taschen und andere Accessoires.

### Ersparnis
30 % auf 1. Wahl, bis zu 50 % auf 2. Wahl.

### Ambiente
Großer, heller Verkaufsraum mit 1 250 m² Verkaufsfläche, übersichtlich sortiert, Preisauszeichnung, Umkleidekabinen. Ware muss nach Bezahlung selbst eingepackt werden.

### Adresse
Unternehmensgruppe Betty Barclay, Heidelberger Straße 9-11, 69226 Nußloch, Telefon: 0 62 24/9 00-2 07, Internet: www.bettybarclay.de.

### Öffnungszeiten
Montag bis Freitag 11.00 bis 18.00 Uhr, Samstag 9.00 bis 13.00 Uhr.

### Anreise
Von der B3 aus Heidelberg kommend Richtung Süden über Leimen bis Ausfahrt Industriegebiet Nußloch. Gleich nach dem Ortseingang links in die Max-Berk-Straße abbiegen. Nach einer großen Rechtskurve und weiteren 50 m ist der Parkplatz zum Fabrikverkauf ausgeschildert.

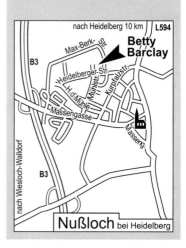

# Plauener Spitze

Alles rund um das „Fensterkleid". Große Auswahl an hochaktuellen Gardinen und Dekostoffen. Ständig Sonderangebote aus Lagerüberhängen in bester Qualität als Meterware, als Fertiggardinen und nach Maß genäht.

# Kreationen für den Raum

### Warenangebot
Gardinen, Dekostoffe, Raffrollos, Gardinenschienen und -stangen, Zubehör, Tischdecken, Kissen und Kissenbezüge, Möbelbezugsstoffe, Gardinen- und Dekoreste.

### Ersparnis
20 bis 40 %. Bei Kiloware Preisersparnis bis zu 75 %. Kein WSV, kein SSV.

### Ambiente
Neuer, übersichtlicher Verkaufsraum. Gardinenkauf braucht hier Zeit, ist aber wirklich lohnend. Sehr fachkundiges und freundliches Personal. Gute Parkmöglichkeiten.

### Adresse
Plauener Spitze Gardinenkonfektion GmbH, Hochhäuser Straße 41, 74847 Obrigheim, Telefon: 0 62 61/6 45-66, Fax: 6 45-1 85.

### Öffnungszeiten
Montag bis Freitag 9.00 bis 12.00 und 13.00 bis 16.45 Uhr, Samstag 9.00 bis 12.00 Uhr.

### Weitere Verkaufsstelle
● 76297 **Stutensee-Blankenloch**, Am Hasenbiel 17, Gewerbegebiet Nord. Öff-

nungszeiten Montag bis Freitag 9.30 bis 18.00 Uhr, Samstag 9.30 bis 14.00 Uhr

### Anreise
Von Heilbronn auf der B27 neckar-abwärts in Richtung Obrigheim. Am Mosbacher Kreuz Richtung Obrigheim abbiegen (B292). Nach der Neckarbrücke erste Ausfahrt Obrigheim. Auf die L588 in Richtung Obrigheim-Stadtmitte. Das ist schon die Hochhäuser Straße. Am Ortseingang von Obrigheim schaut man rechts runter auf die Gardinenfabrik Plauener Spitze.

221

# LUXORETTE

Mode fürs Bett: Beste Qualitäten wie Brokat-Damast, Satin aus mercerisierter Baumwolle und Interlockjersey prägen den edlen Stil der Wäsche. Zeitlose Muster und pastellige Farbtöne runden die Optik von Bett und Tisch angenehm ab.

# Ein Hauch von Luxus

### Warenangebot
Bettwäsche in guter Qualität (auch in Übergrößen erhältlich): Mako-Satin, Brokat-Damast, Interlookjersey, Spannbetttücher. Tischwäsche: Tischdecken in vielen Größen und Designs, Servietten. Handtücher in verschiedenen Größen und Farben; Stoffreste.

### Ersparnis
Sehr lohnenswert vor allem die Wäsche in 1B-Qualität mit 50%. Im SSV/WSV zusätzlich 20%.

### Ambiente
Großer Verkaufsraum mit guter Präsentation.

### Adresse
Luxorette Herstellerverkauf in der Spinnerei Offenburg, Wilhelm-Bauer-Straße 12, 77652 Offenburg, Telefon: 07 81/2 82 34.

### Öffnungszeiten
Montag bis Freitag 9.00 bis 12.00 Uhr, Donnerstag und Freitag 9.00 bis 12.00 und 14.00 bis 17.00 Uhr.

### Weitere Verkaufsstellen
● 73240 **Wendlingen**, Gewerbepark Otto, Schäferhausstraße 2, Telefon: 0 70 24/9 46-1 99.
● 88239 **Wangen/Allgäu**, Neue Textilveredelung Wangen, Ausrüstung 1-20, Telefon: 0 75 22/76 37.

### Anreise
A5 Karlsruhe-Basel, Ausfahrt Offenburg-Stadtmitte. Über die Brücke der Kinzig, dann links abbiegen. Fabrikverkauf ist ausgeschildert.

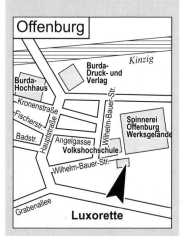

Seit über 50 Jahren ist die Firma elo Hersteller hochwertiger Qualitäts-bettwaren in Steppartikeln und Matratzen mit Zubehör.

# Gesund und komfortabel schlafen

### Warenangebot
Bunte Daunen- und Steppdecken, Schafschurwoll- und Edelhaar-Ein-ziehdecken/-Steppbetten, Unterbetten, Kissen und Nackenrollen. Matratzen aller Art, Bettsysteme. Angebote für Allergiker. Alle Sonder- und Über-größen. Sonderangebote und 2. Wahl.

### Ersparnis
Bis zu 30 %. Zusätzliche Preisersparnis im SSV/WSV 10 %.

### Ambiente
Moderner Verkaufsraum mit übersicht-lichem Artikelangebot, Möglichkeiten zum Liegetest bei Matratzen. Freund-liche Fachberatung.

### Adresse
elo Steppdecken-Matratzen Liebrich GmbH, Fabrikstraße 3, 73275 Ohm-den/Teck, Telefon: 0 70 23/90 05 60, Fax: 90 05 69.

### Öffnungszeiten
Dienstag bis Freitag 14.00 bis 18.00 Uhr, jeden ersten Samstag im Monat 10.00 bis 13.00 Uhr.

### Anreise
Ohmden liegt unweit der A8, direkt am Fuße des Albaufstiegs Aichel-berg, zwischen Kirchheim/Teck und Bad Boll. A8 von Stuttgart kommend Ausfahrt Kirchheim/Teck-Ost, weiter Richtung Weilheim. In Jesingen bei der Kirche links nach Ohmden. Aus Richtung Ulm kommend Ausfahrt Aichelberg, Göppingen, Bad Boll, weiter über Holzmaden nach Ohmden.

HKS fertigt Damenmode. Strickmode, Blusen und Strumpfwaren. Der Stil ist jung, innovativ, feminin, die Passform stimmt. HKS ist das Angebot für jedes Lebensgefühl.

# Damenbekleidung

### Warenangebot
Blazer, Röcke, Hosen, Blusen, Pullover, T-Shirts; Strumpfwaren aller Art für die Familie.

### Ersparnis
Bei 1. Wahl ca. 20 bis 30%, 2. Wahl und Sonderposten 40%. Bei SSV und WSV bis 70%.

### Ambiente
500 m² großer, schlichter Verkaufsraum. Ebenerdig zu erreichen. Ware übersichtlich und preisausgezeichnet präsentiert. Parkplätze vor dem Eingang.

### Adresse
HKS Fashion GmbH, Stuttgarter Straße 20, 75395 Ostelsheim, Telefon: 07033/40131.

### Öffnungszeiten
Montag bis Freitag 9.30 bis 18.00 Uhr, Samstag 9.30 bis 13.00 Uhr.

### Anreise
A8 oder A81 bis Autobahndreieck Leonberg. Dort nach Weil der Stadt. Von Weil der Stadt noch 5 km südlich nach Ostelsheim. Firma am Ortseingang im ersten Haus linke Seite (übersichtlich beschildert).

Es wird überwiegend Ware aus deutscher Produktion angeboten. Die Zukaufartikel kommen zum Teil aus dem Ausland.

# Feierlich im Kerzenglanz

### Warenangebot

Zierkerzen aller Art (Taufe, Geburt, Hochzeit, Geburtstag, Jubiläen). Wachsbilder, Stumpenkerzen, Spitzkerzen, Servietten in sehr großer Auswahl. Kerzenleuchter in Glas, Messing und Metall, Bodenleuchter, Puppen, Duftöle. Blütenkränze, Tischbänder, Glas- und Porzellanartikel. In der Weihnachtszeit besonders hochwertige Ware.

### Ersparnis

1.-Wahl-Ware: ca. 30 %. Restposten nochmals um 10 bis 30 % reduziert.

### Ambiente

150 m² Verkaufsfläche, alle Waren sind in Verkaufsvitrinen ausgestellt, Beratung.

### Besonderheiten

Sehenswürdigkeiten wie die Tropfsteinhöhle bei Eberstadt, ca. 10 km entfernt, Römermuseum in Osterburken und Römerkastell, Deutschordensstadt Bad Mergentheim, ca. 30 km entfernt.

### Adresse

Wachsindustrie Osterburken, Otto Nunn GmbH & Co., Wannestraße 2, 74706 Osterburken/Baden, Telefon: 0 62 91/ 81 02, Fax: 95 30.

### Öffnungszeiten

Montag bis Freitag 8.30 bis 12.00 und 13.30 bis 18.00 Uhr; Samstag 9.00 bis 12.00 Uhr. Betriebsferien im Sommer, bitte vorher anrufen.

### Anreise

A81 Heilbronn-Würzburg, Ausfahrt 6 Osterburken. In Richtung Ortsmitte. An der Ampel rechts fahren. Nach 100 m Verkauf auf der rechten Seite.

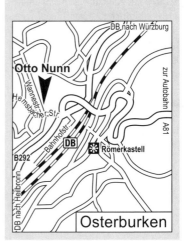

# Ostrach-Glas Diavego

Durch ein weltweit einzigartiges Prinzip ist es möglich, ein unglaubliches Feuer und eine Dynamik von Farben ohne Einsatz von giftigen Zusätzen zu schaffen. Diese Art von Veredlung wird seit 1998 als Diavego bezeichnet. Jedes Glas wird in einem Hightech-Prozess einzeln hergestellt.

# Das Glas mit Feuer ...

### Warenangebot
Drei veredelte Trinkglasserien; normales Kristallglas, Bleikristall, mundgeblasene Gläser; große Auswahl an Vasen, Kerzenleuchtern, Tierfiguren, Lichtmühlen und Laborglas.

### Ersparnis
1. Wahl ca. 20 %, 2. Wahl bis ca. 60 %. Im SSV/WSV zusätzliche Preisersparnis von ca. 30 %.

### Ambiente
Verkaufsraum unmittelbar neben der Produktion; Ware übersichtlich in Regalen präsentiert; 2.-Wahl-Regal.

### Besonderheiten
Ostrach-Glas wird in die ganze Welt exportiert.

### Adresse
Ostrach-Glas, Kirchstraße 6, 88356 Ostrach, Telefon: 075 85/31 02, Fax: 31 06. Internet: www.diavego.de, www. ostrach-glas.de, E-Mail: ostrach-glas @t-online.de.

### Öffnungszeiten
Montag bis Freitag 9.00 bis 13.00 Uhr. Montag, Dienstag, Donnerstag und Freitag 15.00 bis 18.00 Uhr, Samstag geschlossen.

### Weitere Verkaufsstelle
● 88142 **Wasserburg/Bodensee**, Im Bahnhof, Telefon: 0 83 82/88 73 62.

**Anreise**
Ostrach liegt südlich von Sigmaringen. Bei der Kirche in die Kirchstraße einbiegen.

nach Krauchenwies    nach Hohentengen, Mengen

nach Hoßkirch, Althausen

**Ostrach-Glas**

nach Königseggwald

NSG *Pfrunger Ried*

nach Pfullendorf

Ostrach

Was viele Kunden nicht wissen: Die Großversender verkaufen ihre Ware auch in speziellen Geschäften direkt vor Ort. Baders Einkaufsparadies heißt „Direktverkauf". Hier werden vor allem Warenüberhänge aus den Katalogen mit Preisabschlägen angeboten. Die Goldstadt Pforzheim ist ein besonders guter Tipp für preiswertes Einkaufen, denn dort gibt es gleich drei Versender: Bader, Klingel und Wenz.

# Der Katalog als Schaufenster

### Warenangebot
Bader gilt als der Großversender für modische Kleidung, Möbel, Heimtextilien und Schmuck. Der Verkaufsschwerpunkt liegt auf aktuellen Warenüberhängen, die mit bis zu 70% Preisabschlag verkauft werden. Abholmarkt für Möbel und Elektrogeräte.

### Ersparnis
Bis zu 70%. Kein SSV/WSV.

### Ambiente
Großzügige, moderne Verkaufsfläche mit der Atmosphäre eines Fachgeschäfts. Über 3500 m², Einkaufen ohne Stress möglich.

### Besonderheiten
Interessieren Sie sich für einen bestimmten Artikel aus dem Bader-Katalog, bitte vor Ihrem Besuch anrufen. Bader reserviert unverbindlich für Sie. Versandbestellungen und -retouren werden gerne entgegengenommen.

### Adresse
Großversandhaus Bader, Westliche Karl-

Friedrich-Straße 184, 75172 Pforzheim, Telefon: 07231/303283.

### Öffnungszeiten
Montag bis Freitag 10.00 bis 19.00 Uhr, Samstag 9.00 bis 16.00 Uhr, vor Weihnachten bis 18.00 Uhr.

### Anreise
A8 (Stuttgart-Karlsruhe), Ausfahrt Pforzheim-West. Richtung Stadtmitte. Leicht erkennbar.

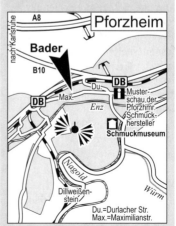

# KLiNGEL

Klingel, bekannt als Versender von Mode und Schmuck, verkauft hier Ware der vergangenen Katalogsaison und auch teilweise aktuelle Ware. So vielfältig wie das Katalogangebot präsentiert sich auch der Ladenverkauf.

# Wo Einkaufen und Sparen Spaß macht

## Warenangebot
Damen-, Herren- und Kinderbekleidung; Lederwaren, Taschen, Schuhe; Haushalts-, Elektrogeräte, Geschirr, Bett- und Tischwäsche, Badezimmer-Ausstattung, Kleinmöbel. 1.-Wahl-Ware, Rest- und Einzelteile. Als Shop: „Gold-Depot", Süddeutschlands größtes Juwelierangebot zu sehr günstigen Preisen.

## Ersparnis
Original Katalogware stark im Preis reduziert. Auf alle Teile mindestens 40 %. Im SSV/WSV nochmals starke Preisreduzierung.

## Besonderheiten
Kauf auf Rechnung oder Teilzahlung möglich.

## Ambiente
Verkaufsfläche ca. 4000 m². Kostenlose Parkplätze. Bistrobetrieb und Postagentur vorhanden.

## Adresse
Klingel, Wilhelm-Becker-Straße 11, 75179 Pforzheim, Telefon: 0 72 31/3 05-41 58, Fax: 3 05-41 91.

## Öffnungszeiten
Montag bis Freitag 9.00 bis 20.00 Uhr, Samstag 9.00 bis 16.00 Uhr.

## Anreise
A8, Ausfahrt Pforzheim-West, stadteinwärts nach 600 m Beschilderung „Klingel".

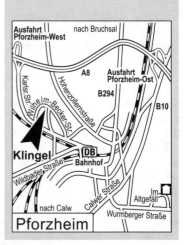

## VERSANDHAUS
# wenz

Marken: Amalfie, Graziella, Arena Strickmode, Hirsch, Laura Kent, Pinya, Wrangler, Lee, HIS, Digel, Reutter, Hammer, Priess, Country Line, Playtex, Skiny, Triumph, May, Felina uvm.

# Qualität – einfach günstig

### Warenangebot

Damen- und Herrenbekleidung, Lederwaren, Taschen, Schuhe, modische
Accessoires; Bett- und Haushalts-
wäsche, Haushaltsgeräte, Geschirr, kleine Elektrogeräte, Geschenkartikel und
Schmuck, Möbel in div. Stilrichtungen.
1.-Wahl-Ware aus Überhängen oder
aus der Vorjahressaison.

### Ersparnis

In der Fundgrube: Katalogware bis 40 %
reduziert (kein Vollsortiment). Im
SSV/WSV nochmals starke Preisreduzierung.

### Ambiente

Angenehme Einkaufsatmosphäre,
2000 m² Verkaufsfläche, attraktive Präsentation der Ware, Schmuckboutique
im neuesten Trend.

### Besonderheiten

Modeschick für mehr Figur; Kauf auf
Rechnung/Teilzahlung möglich. Kataloge liegen im Verkaufsraum aus.

### Adresse

Versandhaus Wenz, „Die Fundgrube",
Dennigstraße 5, 75179 Pforzheim, Telefon: 0 72 31/3 07 42 27, Fax: 3 07 42 26.

### Öffnungszeiten

Montag bis Freitag 9.00 bis 20.00 Uhr,
Samstag 9.00 bis 16.00 Uhr.

### Anreise

A8 (Stuttgart-Karlsruhe), Ausfahrt
Pforzheim West, B294 Richtung
Wildbad-Industriegebiet Brötzinger
Tal.

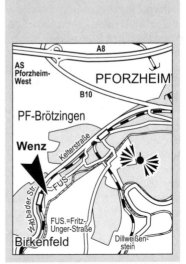

**...die Welt der Küche**

Alno ist Europas größter Küchenhersteller und ist in Sachen maßgeplanter, qualitativ hochwertigen Einbauküchen führend in Deutschland und in Europa. Alno ist mit einem Bekanntheitsgrad von 90% die bekannteste Küchenmarke in Deutschland. Das Konzept: preiswerte Markenküchen, die in Design, Material und Qualität überzeugen.

# Die Welt der Küche

### Warenangebot
Einzelschränke, komplette Küchen, Fronten, Küchen-Arbeitsplatten, Spülen, Küchen-Zubehör und Küchen-Einbaugeräte aus Retouren und Auslaufprogrammen.

### Ersparnis
Äußerst günstige Preise für Einzelschränke, Komplettküchen, Geräte und Zubehör. Kein SSV, kein WSV.

### Ambiente
Im 2.-Wahl-Verkauf kann aus über 40 Programmen und über 140 Frontfarben und sehr preisgünstigen Teilen mit dem geschulten Personal von Alno eine Küche mühelos geplant und zusammengestellt werden. Auch komplette Küchen zu günstigem Preis. Neues Gebäude in sehr ansprechendem Ambiente.

### Adresse
Alno AG, 2.-Wahl-Verkauf, Im Hesselbühl 22, 88629 Pfullendorf, Telefon: Möbel: 07552/21-3318 und 21-3083, E-Geräte: 21-3548, Fax: 21-4502.

### Öffnungszeiten
Dienstag 13.30 bis 17.00 Uhr, Mittwoch 9.30 bis 12.00 Uhr, Donnerstag 14.00 bis 18.30 Uhr, Freitag 9.30 bis 12.00 und 13.30 bis 17.00 Uhr, Samstag 8.30 bis 12.30 Uhr.

### Anreise
Pfullendorf liegt zwischen Sigmaringen und Überlingen/Bodensee. In Pfullendorf der Beschilderung Gewerbegebiet Ost folgen. Alno 2.-Wahl-Verkauf ist ausgeschildert.

Der Hersteller legt großen Wert auf Funktion bei Sportbekleidung. Beispiele: Eine der Stoffarten besteht innen aus Tactel und leitet die Feuchtigkeit von der Haut, außen aus Dacron und sorgt so für sofortige Verdunstung. Polyesterbekleidung ist unverwüstlich, reißfest und formbeständig.

# ... für Team- und Ballsport

### Warenangebot
Trainingsbekleidung (Anzüge, Hosen, Sweatshirts, T-Shirts, Bermudas, Regenjacken usw.), Fußballtrikots, Schiedsrichtertrikots, Kindersportbekleidung, Sportaccessoires, Fußbälle, Handbälle.

### Ersparnis
Ca. 40 bis 60 %. Kein SSV/WSV.

### Ambiente
Übersichtliche und großzügige Warenpräsentation auf ca. 300 m² im Firmengebäude integriert. Freundliche, engagierte Fachberatung. Gute Parkmöglichkeiten.

### Adresse
Erima Sportbekleidungs GmbH, Carl-Zeiss-Straße 10, 72793 Pfullingen bei Reutlingen, Telefon: 0 71 21/3 42-0, Fax: 3 42-2 26 oder 3 42-3 43.

### Öffnungszeiten
Dienstag bis Freitag 10.00 bis 18.00 Uhr, Samstag 10.00 bis 14.00 Uhr.

### Anreise
Von der B27 (Stuttgart-Tübingen) vor Kirchentellinsfurt auf die B28 nach Reutlingen wechseln. In der Stadtmitte weiter Richtung Pfullingen. Auf B312 bleiben. Am Ortsende nach der ARAL-Tankstelle rechts in die Römerstraße. Nach dem Marktkauf (rechte Seite) rechts abbiegen, dann erste Straße links (Carl-Zeiss-Straße).

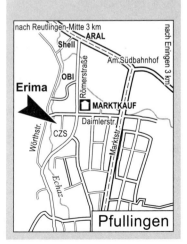

Freya verfolgt nicht die kurzlebigen Modetrends. Klassische Farben, klare Formen und edles Material sind die Basis dieser flotten Mode.

# Anziehende Strickmode

### Warenangebot

Strickwaren und Shirts für Damen in großer Auswahl: Pullis, Rollis, Westen, Röcke. Strickwaren für Herren. Farbig abgestimmte Kollektionen wie im Einzelhandel.

### Ersparnis

Ca. 30 % auf 1A-Qualitäten. Zusätzliche Preisersparnis im SSV/WSV 20 %.

### Ambiente

Präsentation und Bedienung wie im Fachgeschäft. Andere Größen und Farben werden direkt aus dem Lager gebracht. Nur ein Ständer mit 1B-Ware. Besucherparkplätze.

### Adresse

Strickwarenfabrik Freya GmbH & Co. KG, Eichendorffstraße 50, 72793 Pfullingen, Telefon: 0 71 21/97 44-0, Fax: 97 44-11.

### Öffnungszeiten

Mittwoch, Donnerstag, Freitag 10.00 bis 18.00 Uhr, Samstag 10.00 bis 14.00 Uhr.

### Anreise

B312 (Reutlingen-Lichtenstein), nach Pfullingen. Auf der B312 bleiben. Am Arbeitsamt links. Nächste Straße rechts, nächste Straße wieder rechts. Firma linke Seite.

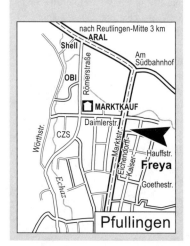

Der Hersteller von Bravour-Herren-Tag- und Nachtwäsche, Marc O'Polo-Damen- und Herren Tag-/Nachtwäsche und Bademoden sowie Strellson Herren Tag-/Nachtwäsche ist bekannt für qualitativ hochwertige und sportliche Ware, im Damenbereich auch feminine Kollektionen.

# Nicht nur für Männer

### Warenangebot
1B-Ware, Sonder- und Restposten von Damen- und Herrenunterwäsche, Pyjamas und Bademoden.

### Ersparnis
Durchschnittlich 20 %, bei Sonderangeboten und Restware auch mehr.

### Ambiente
Ware übersichtlich nach Größen geordnet und auf Bügeln präsentiert. Preisauszeichnung. Fachkundige und freundliche Beratung. Selbstbedienung, kein Umtausch der Ware möglich.

### Adresse
Bravour-Textil Gebr. Ammann GmbH & Co., Wilhelm-Schickard-Straße 3, 72124 Pliezhausen-Gniebel, Telefon: 0 71 27/ 97 74-60, Fax: 97 74-29, Internet: www.bravour.de.

### Öffnungszeiten
Montag bis Freitag 14.00 bis 18.30 Uhr, Samstag 10.00 bis 13.00 Uhr.

### Anreise
Pliezhausen-Gniebel liegt direkt an der B27 zwischen Stuttgart und Tübingen, Ausfahrt Pliezhausen. Von Stuttgart kommend sofort nach der Ausfahrt rechts in das Industriegebiet Gniebel fahren. Nächste Straße rechts, dann geradeaus. Am Ende der Straße befindet sich auf der rechten Seite das Firmengebäude.

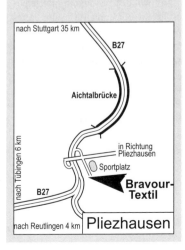

Schiesser ist Trendsetter im Wäschebereich und für Millionen von Verbrauchern Inbegriff von Qualität. Das Unternehmen setzt verstärkt auf modische Unterwäsche. Klassisch-konservativ, aber auch trendig-kreativ, beide Richtungen finden Sie im Fabrikverkauf.

# Qualität auf der Haut

### Warenangebot

Alles, was der Wäsche-Sektor für Damen, Herren und Kinder zu bieten hat. Vom Tanga bis zum Top ist alles dabei. Freizeitbekleidung, Bademäntel, Schlafanzüge, Bademoden. Auch Baby- und Kinderwäsche und -bekleidung.

### Ersparnis

20 bis 30%; Einzelstücke bis 50%. Zusätzliche Ersparnis im SSV/WSV.

### Ambiente

Schöner Verkaufsraum auf ca. 1000 m², ansprechendes Einkaufen in grau-blauem Fachwerk-Ambiente, sehr gutes Angebot. EC-Karte wird akzeptiert. Extra preisgünstig: Rotstift-Preise entsprechend gekennzeichnet. Auch für Bodensee-Urlauber interessant.

### Adresse

Schiesser AG, Schützenstraße 18-22, 78305 Radolfzell am Bodensee, Telefon: 0 77 32/90 22 39, Fax: 90 52 39.

### Öffnungszeiten

Montag bis Freitag 10.00 bis 17.00 Uhr, Donnerstag 10.00 bis 18.30 Uhr, Samstag 9.00 bis 13.00 Uhr.

### Anreise

A81, am Kreuz Singen weiter über B33, später B34 nach Radolfzell. Dort auf der Schützenstraße bleiben. Schiesser kann man nicht verfehlen.

Bei Waffeln schätzt der Verbraucher die besondere Frische. Das weiß auch der Waffelbäcker. Weil es Waffeln nirgends frischer als direkt ab Fabrik gibt, lohnt sich für Bodensee-Urlauber der kleine Abstecher zum Waffelbäcker in Ravensburg. Zumal es dort nur sehr hochwertige Gebäcke und Waffelprodukte in Premium-Qualität gibt.

# Süßer Bruch

## Warenangebot
Konditoren-, Gebäck- und Waffelbruch, Sonderabpackungen, Eistüten und Eiswaffeln, Restposten.

## Ersparnis
30 bis 50 %, bei Bruchware noch mehr. Auch Sonderabpackungen sehr preisgünstig.

## Ambiente
SB-Regale im Tekrum-Werk in der Schwanenstraße (130 m2).

## Adresse
Tekrum-Werk Theodor Krumm GmbH & Co. KG, Schwanenstraße 94, 88214 Ravensburg, Telefon: 07 51/37 60, Fax: 3 76-1 26.

## Öffnungszeiten
Werk Schwanenstraße: Montag bis Freitag 8.00 bis 19.00 Uhr, Samstag 9.00 bis 14.00 Uhr.

## Weitere Verkaufsstelle
● 88339 **Bad Waldsee**, Hauptstraße 21 (Innenstadt, Fußgängerzone). Öffnungszeiten: Montag bis Freitag 9.00 bis 18.00 Uhr, Samstag 9.00 bis 14.00 Uhr.

## Anreise
Von Autobahnausfahrt Ulm Richtung Biberach. Bei Einfahrt nach Weingarten/Ravensburg Schild „Alle Richtungen" folgen. Auf Umgehungsstraße Ausfahrt Ravensburg-Süd, unter der Brücke durchfahren, am Ausfahrtsende rechts weiterfahren (links Werk Tekrum). An der nächsten Ampel rechts abbiegen und nächste Möglichkeit wieder rechts. Nach ca. 500 m auf der linken Seite Fabrikverkauf.

Zahlreiche Rennerfolge des Firmengründers Edmund Bühler waren die Basis für den Handel mit Motorradzubehör. Seit 1971 hat die Firma Bühler die Alleinvertretung der Nolangroup Deutschland.

# On the Road again

### Warenangebot
Musterhelme, Helme aus der Vorjahreskollektion, im Design nicht mehr ganz aktuelle Helme: Motorradhelme für viele Zwecke (Crosshelme, Jet-Helme ...), Integralhelme.

### Ersparnis
Ca. 150 bis 200 Helme im Sonderverkauf: ab 25,- €. Kein SSV, kein WSV.

### Ambiente
Nach Haupteingang links; die Helme im Sonderverkauf sind auf Regalen ausgestellt und preisausgezeichnet; Fachberatung; Prospekte liegen aus. Es werden hier auch Helme repariert.

### Adresse
Nolangroup Deutschland, Benzstraße 28, 71272 Renningen, Telefon: 07159/93 16-0.

### Öffnungszeiten
Montag bis Freitag 8.00 bis 12.00 Uhr, Donnerstag 12.30 bis 16.00 Uhr, Samstag geschlossen.

### Anreise
Renningen liegt an der B295 zwischen Leonberg und Weil der Stadt; in Renningen Richtung Industriegebiet fahren, Firma in der Linkskurve.

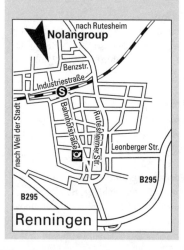

**STÖCKLE**

*Tischtextilien*

Ein fantasievoll schön gedeckter Tisch, farbharmonisch auf den Raum abgestimmt, gehört zur Visitenkarte eines gepflegten Heimes. Große Auswahl, hervorragende Qualitäten, vom Landhausstil bis hin zu den klassisch-eleganten Variationen.

# Ambiente für Tisch und Heim

### Warenangebot
Tischdecken, Mitteldecken, Tischläufer, Servietten, Kissen, Bettwäsche, Frottierwaren, Schürzen, Stoffreste. Deko- und Geschenkartikel.

### Ersparnis
Auslaufende Muster, Restposten und 2.-Wahl-Artikel 20 bis 40 %. Die aktuelle Kollektion nur im Fachhandel. Kein SSV, kein WSV.

### Ambiente
Verkaufsraum an der Rückseite des Gebäudes, Eingang in der Maybachstraße (zwischen Fa. Klopfer und Fa. Stöckle&Co.); übersichtliche Präsentation nach Farb- und Dekothemen.

### Adresse
Stöckle & Co., Tischtextilien, Industriestraße 32, 71272 Renningen, Telefon: 0 71 59/9 26 80.

### Öffnungszeiten
Montag bis Freitag 9.00 bis 17.00 Uhr, Samstag 9.00 bis 12.00 Uhr.

### Anreise
Renningen liegt an der B295 zwischen Leonberg und Weil der Stadt; in Renningen Richtung Industriegebiet fahren, die Straße, die ins Industriegebiet führt, ist die Industriestraße; nach Beginn des Industriegebiets Firma nach ca. 500 m rechte Seite. Laden befindet sich gegenüber S-Bahn Ausgang Industriegebiet.

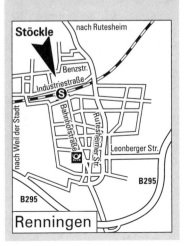

Engel ist führender Markenhersteller von Naturtextilien und Mitglied im Internationalen Verband der Naturtextilwirtschaft (IVN). Alle Artikel sind aus 100 % Naturfasern wie Baumwolle, Schurwolle und Seide, ohne chemische Behandlung.

# Von der Natur beflügelt

## Warenangebot

Natürliches Wickelsystem, Tag- und Nachtwäsche für Babys und Kinder, Frühchenwäsche, Windelvlies (100-Blatt-Rolle), Strumpfwaren. Ferner Unterwäsche für Erwachsene, Still-BHs, Babytragesäcke, Felle.

## Ersparnis

30 bis 40 %. Bei 2.-Wahl-Ware bis 50 %.

## Ambiente

2.-Wahl-Ware ist gekennzeichnet: grünes Preisschild bei Ware mit Flecken oder Webfehler, rotes Preisschild bei Artikeln mit Loch. Spieltischchen für Kinder. Kundenparkplätze. Gute Beratung.

## Adresse

Engel GmbH, Albstraße 38, 72764 Reutlingen, Telefon: 0 71 21/3 87 87-88, Fax: 3 87 87-87. Internet: www.engel-natur.de, E-mail: info@engel-natur.de.

## Öffnungszeiten

Montag, Dienstag, Mittwoch 9.00 bis 12.30 Uhr, Donnerstag und Freitag 9.00 bis 18.00 Uhr.

## Anreise

In Reutlingen Stadtmitte über Oskar-Kalbfell-Platz Richtung Pfullingen (auf Lederstraße). Am Echazzentrum (rechte Seite) links über die Echaz fahren. Firma nach ca. 30 m rechts vor Gasthaus „Zum See" in Fabrikhof. Verkauf beschildert.

Schnitzler gehört bei Kindermoden zu den vier „Großen" im Raum Reutlingen, und hat sich durch ein außergewöhnlich großes Angebot an Babybekleidung einen Namen gemacht.

# Ein Kessel Buntes

### Warenangebot
Extrem große Auswahl an Babymoden. Komplettes Bekleidungssortiment von der Unterwäsche über Jogginganzüge bis zum Anorak und Schlafsack.

### Ersparnis
Ca. 30 bis 40 %. Im SSV/WSV zusätzliche Preisersparnis von 30 %.

### Ambiente
Vom Hauseingang ins UG (Schild: Fabrikverkauf); Ware größtenteils preisausgezeichnet; Sonderangebote in Wühlkisten.

### Besonderheiten
Die Firma führt auch eine Auswahl an Stoffresten aus der Produktion.

### Adresse
Schnizler Kindermoden, Grathwohlstraße 5, 72762 Reutlingen, Telefon: 071 21/51 48 30.

### Öffnungszeiten
Montag bis Freitag 14.00 bis 18.00 Uhr, Samstag 9.00 bis 12.00 Uhr.

### Anreise
Die Grathwohlstraße liegt in der Stadtmitte von Reutlingen; von der B28/B312 kommend in Stadtmitte vor dem Hauptpostamt rechts unter den Bahngleisen durchfahren und gleich links in die Tübinger Straße, nächste wieder rechts; Firma nach ca. 20 m linke Seite.

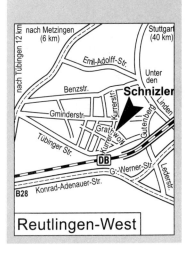

MiniMondo ist ein bekannter Markenname für qualitativ hochwertige, modische Kinderbekleidung. Sie bietet freche, spritzige Kombi-Ideen für Jungen, Mädchen und Jugendliche.

# Was die Kleinen anzieht

### Warenangebot
T-Shirts, Sweatshirts, Pullis, Strick-jacken, Anoraks, Jeans, Polos, Westen, Steppwesten in den Größen 80 bis 188. Auch Mode für 12- bis 18-Jährige in den Größen XS bis XL.

### Ersparnis
Ca. 50%. Kein SSV, kein WSV.

### Ambiente
Typischer Fabrikverkauf in einem abge-teilten Bereich einer Lagerhalle mit fachkundiger Verkäuferin. Die Ware ist übersichtlich präsentiert.

### Adresse
Gustav Detzel, Strickwarenfabrik, 72770 Reutlingen-Betzingen, Ernst-Abbé-Straße 21, Telefon: 0 71 21/9 50 40.

### Öffnungszeiten
Mittwoch 14.00 bis 17.30 Uhr.

### Anreise
B28 (Reutlingen-Tübingen), Aus-fahrt Industriegebiet West, dann Richtung Markwiesenstraße, dort links und nach weiteren 100 m wie-der links in die Ernst-Abbé-Straße. Gegenüber des VAG-Autohauses Hensel + Moritz rechts in die Zu-fahrtstraße und dem Hinweisschild MiniMondo folgen

Emdee-Blusen haben einen sehr guten Ruf. Neben hoher Qualität und ansprechendem Design gibt es dort vor allem eine große Auswahl und ein Angebot bis Größe 52.

# Blusen und Shirts

### Warenangebot
Blusen und T-Shirts in allen Formen und Farben. Verfügbare Größen: 36 bis 52. Auch Röcke und Hosen. 1. Wahl aus der Vorsaison und 2. Wahl aktueller Ware.

### Ersparnis
30 bis 50%. Im SSV/WSV zusätzliche Preisersparnis von 20 bis 30%. Auch Sonderverkäufe für Muster in Größe 38.

### Ambiente
Freundliche Atmosphäre mit viel Platz und vielen Umkleidekabinen. Hilfsbereite Bedienung. Sehr große Auswahl. EC-cash-Karte und Geldkarte werden angenommen, genügend Parkplätze, Kinderecke.

### Adresse
Emdee – die Bluse, Fabrikverkauf, Auchtertstraße 4, 72770 Reutlingen-Betzingen, Telefon: 0 71 21/5 15 20, Fax: 51 52 42.

### Öffnungszeiten
Montag, Mittwoch und Freitag 14.00 bis 18.00 Uhr.

### Anreise
Von Stadtmitte Reutlingen aus die B28 in Richtung Tübingen. Abfahrt nach Reutlingen-Ohmenhausen. Nach ca. 500 m rechts Richtung Industriegebiet „Mark West". An der ersten Kreuzung rechts, nach Unterquerung der Brücke links. Nächste Möglichkeit halblinks.

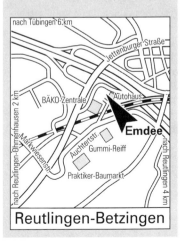

# ernst beck

Anspruchsvolles Design in ausgefeilter Farbgebung ist bei Wohnstoffen ein Muss. Blumendrucke, transparente Gardinen mit farbigem Aufdruck, geometrische Zeichnungen für den sachlichen Wohnstil und geschmackvolle Bettwäsche. Das Angebot umfasst auch Exklusivdrucke, die nicht in den Handel kommen.

# Attraktives Design

## Warenangebot
Hochwertige Ware: Bettwäsche (auch in Übergrößen), Dekostoffe (bedruckt, gefärbt), Gardinen. Stoffarten: Satin, Chintz, Voile, Batist, Ausbrenner, Cretonne, Velours.

## Ersparnis
Bei 1. Wahl ca. 20%, bei 2. Wahl 50%. Sporadische Sonderverkäufe. Kein SSV, kein WSV.

## Ambiente
Einfache Präsentation, Selbstbedienung bei der Auswahl, 1. und 2. Wahl gekennzeichnet.

## Adresse
Ernst Beck GmbH, Riederichstraße 80, 72766 Reutlingen-Mittelstadt, Telefon: 071 27/8 16 -0, Fax: 8 16-110.

## Öffnungszeiten
Montag bis Freitag 10.00 bis 12.00 und 13.00 bis 18.00 Uhr, Samstag 9.00 bis 12.00 Uhr.

## Anreise
Mittelstadt liegt ca. 8 km nördlich von Reutlingen in Richtung Stuttgart an der B312; Ausfahrt Riederich/Mittelstadt. Nach Ortseingang Mittelstadt ist die Firma das 2. Gebäude links.

### Reutlingen-Mittelstadt

nach Reicheneck, Rommelsbach, Reutlingen

# hämmerle

Hämmerle-Blusen haben ein gutes Image. Elegante Blusen, modisch, auch mit sportlichem Schick, perfekt im Sitz und in den Details, in Design und Farbe.

# Erstklassig in Sachen Blusen

### Warenangebot
Blusen, Kombis, T-Shirts in allen Größen, Formen, Farben und zu allen Anlässen. Soft-Set-Kombis, die im Trend liegen, Kleider, innovative Qualitäten. Viscose, Mischgewebe und Baumwolle. Blusen mit Stickereien und Applikationen. Stoffreste. Überwiegend 2. Wahl, Restposten und Auslaufmodelle. Keine Billigware.

### Ersparnis
Nur bei Auslaufmodellen und Restposten ca. 40 bis 50 %. Im SSV/WSV nochmals 30 % reduziert.

### Ambiente
Kellerraum. Blusen, T-Shirts, Kombis auf Kleiderständern nach Farben und Größen geordnet. Acht Kabinen zum Anprobieren. Sehr freundliches Verkaufspersonal.

### Adresse
Friedrich Hämmerle GmbH & Co. KG, Mähringer Straße 30-32, 72770 Reutlingen-Ohmenhausen, Telefon: 071 21/91 10, Fax: 91 14 00.

### Öffnungszeiten
Montag bis Freitag 9.00 bis 18.00 Uhr.

### Anreise
Von Reutlingen Richtung Tübingen. Ausfahrt nach Reutlingen-Ohmenhausen. Neue Straße entlang der Ortsmitte, rechte Nebenstraße der Hauptstraße (Hohe Straße) ist die Mähringer Straße.

243

# *Silit*

Seit Jahrzehnten steht die Marke Silit in der Küche für Qualität auf höchstem Niveau. Von der Erfindung des Sicomatic bis hin zu Silargan Kochgeschirren hat Silit die Welt des Kochens entscheidend geprägt. In dieser Tradition, Kochen immer attraktiver und bequemer zu gestalten, wurde das Sortiment konsequent um viele praktische Küchenartikel erweitert.

# Ganz und gar genießen

### Warenangebot
Schnellkochtöpfe (Sicomatic), Töpfe und Pfannen, Wok, Fonduegeräte in Silargan, Edelstahl, Silitstahl und Aluguss. Gewürzmühlen, Bestecke, Isolierkannen und weitere Küchenwerkzeuge und Küchenhelfer.

### Ersparnis
1A-Ware mit kleinen Schönheitsfehlern ca. 30 % günstiger. Kein SSV, kein WSV.

### Ambiente
Übersichtliche Warenpräsentation und fachkundige Beratung. Kundenparkplätze.

### Adresse
Silit-Werke GmbH & Co. KG, Jörg-L.-Vorbach-Straße 1-5, 88499 Riedlingen, Telefon: 0 73 71/1 89-0.

### Öffnungszeiten
Montag bis Freitag 9.00 bis 12.30 und 13.30 bis 17.00 Uhr, Samstag 9.00 bis 11.30 Uhr.

### Weitere Verkaufsstelle
● 89331 **Burgau**, Josef-Drexler-Straße 6-8, Telefon: 0 82 22/41 07 00.

Öffnungszeiten: Montag bis Freitag 9.00 bis 12.15 und 13.30 bis 17.00 Uhr, Samstag 9.00 bis 12.00 Uhr.

### Anreise
Der Silit-Werksverkauf liegt neben dem Hauptgebäude direkt an der B311 (Ulm-Mengen-Tuttlingen); von Sigmaringen kommend, Firma direkt am Ortseingang links (beschildert).

dima bietet hochwertige Gartenmöbel aus europäischen und asiatischen Harthölzern sowie verschiedenem Materialmix (z.B. Holz und Metall) an. Sie sind wettergeschützt weiß lackiert oder braun lasiert. Teakholz- und Robinienmöbel sind auch ohne Behandlung wetterbeständig.

# Freiluftsaison

### Warenangebot
Verstell- und Klappsessel, Stapelsessel, Stühle, Tische, Bänke, Liegen, Servierwagen, Deckchairs, passende Auflagen und Sonnenschirme. Tische meist mit Verlängerungsmöglichkeit.

### Ersparnis
2. Wahl 10 bis 25%, bei Auslaufmodellen ca. 40% (Abholpreise). Kein SSV, kein WSV.

### Ambiente
Präsentation in Ausstellungshalle mit großer Schaufensterfront; Ware aufgestellt und einladend hergerichtet; fachkundige Beratung. Über 400 m² große Ausstellung.

### Adresse
dima Freizeitmöbel GmbH, Dieselstraße 6, 73278 Schlierbach, Telefon: 0 70 21/ 72 76 29, Fax: 72 76 40. E-Mail: info@ dima-freizeitmoebel.de.

### Öffnungszeiten
März bis September: Montag bis Freitag 13.00 bis 18.00 Uhr, Samstag 9.00 bis 13.00 Uhr, Oktober bis Februar: Montag bis Freitag 13.00 bis 17.00 Uhr.

### Anreise
A8 (Stuttgart-Ulm), Ausfahrt Kirchheim-Ost. 6 km auf der B297 (Kirchheim/Teck-Göppingen); Ausfahrt Schlierbach-Industriegebiet, nächste Straße links (ab hier beschildert).

Hohes Ansehen beim Fachhandel, der Sudendorf-Mode unter eigenen
Fachhandels-Etiketten führt. Hochwertige Materialien, schick verarbeitet,
oft auch hochaktuelle Ware. Gute Qualität, 1B-Ware gesondert gekennzeichnet. Gute Trage- und Wascheigenschaften.

# Shirts + Coordinates

### Warenangebot
Shirts, Kleider, Röcke und Hosen aus
Wirkwaren. Eine sehr modische Kollek-
tion für die Kundin, die auf Qualität
Wert legt. Joggingkollektion mit vielen
schönen Details, gut zu kombinieren.

### Ersparnis
25 bis 35%; jeweils zum Ende der
Saison Sommer/Winter wird gesamtes
Lager geräumt, dann Sonderpreise mit
über 50% Nachlass (zeitlich begrenzt).
Im SSV/WSV bis 50% reduziert.

### Ambiente
Sehr nette Verkäuferin, Ware übersichtlich präsentiert, sechs Kabinen, Verkaufsraum ca. 170 m², Ware hängt auf
Ständern.

### Besonderheiten
Warenangebot wird ständig erneuert;
immer aktuelle Farben.

### Adresse
Sudendorf GmbH, Lagerverkauf, Siemensstraße 6, 71101 Schönaich, Telefon:
07031/75 96-0.

### Öffnungszeiten
Mittwoch 14.00 bis 17.30 Uhr, Freitag
14.00 bis 17.30 Uhr.

### Anreise
Von Böblingen Richtung Schönaich,
am Ortsschild Schönaich geradeaus
ca. 1 km, bis links Schild „Industrie-
gebiet/Sportplätze", nach links in
Bahnhofstraße einbiegen, ca. 1,2 km
ins Industriegebiet fahren, dort erstes Industriegebäude mit lila An-
strich.

# ❖ Burlington

Burlington ist Marktführer im Premium-Segment für Strickstrümpfe in Europa. Höchster Markenbekanntheitsgrad im Segment Beinbekleidung. Die typischen Verwender sind anspruchsvoll und stilbewusst. Zeitlos sind die Strümpfe mit dem Karo-Muster.

# British Country Lifestyle

### Warenangebot
Burlington Menswear: Pullover, Shirts, Hemden, Jacken, Hosen, Accessoires, Unterwäsche. Burlington Herren- und Damensocken, Hudson- und Kunert-Feinstrumpfhosen.

### Ersparnis
1.-Wahl-Markenware ist um ca. 30 bis 40 % reduziert. B-Ware erheblich günstiger. Im SSV/WSV zusätzliche Preisersparnis bis zu 50 %. Zusätzlich jedes 1. Wochenende im Monat am Freitag und Samstag Schnäppchenverkauf.

### Ambiente
Raum ca. 240 m², zwei Umkleidekabinen, zwei Spiegel, sehr gut sortiert.

### Adresse
Burlington-Strümpfe, Werksverkauf-Betriebsladen, Arlington Socks GmbH, Fabrikstraße 1, 79650 Schopfheim-Langenau, Kreis Lörrach, Telefon: 0 76 22/69 91 47, Fax: 69 92 19.

### Öffnungszeiten
Montag bis Freitag 9.00 bis 17.00 Uhr, Samstag 9.00 bis 13.30 Uhr.

### Anreise
Schopfheim-Langenau liegt im Tal der Kleinen Wiese. Von Lörrach aus auf der B317 nach Schopfheim. Ausfahrt Schopfheim-West, Richtung Langenau, ca. 400 m nach Ortsschild links abbiegen, Hinweisschild Burlington. Großer Parkplatz vor Werksverkauf.

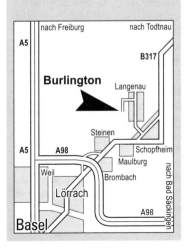

# LARCA®

Die Firma arbeitet mit den großen Outdoor-Herstellern zusammen: Jack Wolfskin (sehr große Auswahl), Berghaus, Salewa, Tatonka, Leki, Lowa, Fjällräven, Lowe, Asics, Clarks, Marmot, Ortlieb, Deuter, Coleman, Schöffel, Columbia, Meindl, Camping Gaz usw. Aktuelle Katalogware und Restposten.

# Alles für draußen

### Warenangebot

Sportbekleidung für Damen und Herren: Unterwäsche, Fleecebekleidung, Wind- und Regenschutz, Bike Wear, Wärmekleidung/Wetterschutzkleidung. Strümpfe, Schuhe für Trekking, Wandern, Sport, Sandalen, Canadian Boots, Gummistiefel. Kindersportbekleidung. Sportartikel: Rucksäcke und Taschen, Schlafsäcke, Zelte, Hängematten, Pflegemittel, Reiseutensilien, Kocher, Lampen, Zubehör.

### Ersparnis

Reguläre Ware 30 bis 70%. Große Auswahl an günstigen Angeboten. SSV/WSV-Angebote, immer wieder Zusatz-Sparaktionen. Wer im Adressverteiler ist, wird informiert. Katalog gratis.

### Ambiente

2000 m² auf zwei Stockwerken: Sportbekleidung im OG, Sportartikel im EG.

### Adresse

Larca Outlet-Center, Waiblinger Straße 60, 73614 Schorndorf, Telefon: 07181/ 9 38 06-0, Fax: 9 38 06-54, -55, -56; Internet: www.Larca.de, E-Mail: Larca @Larca.de.

### Öffnungszeiten

Montag bis Freitag 8.00 bis 20.00 Uhr, Samstag 8.00 bis 16.00 Uhr.

### Anreise

B14 Stuttgart-Waiblingen, dort weiter auf B29 nach Schorndorf (Richtung Schwäbisch Gmünd). Outdoor-Center direkt an der B29. Ausfahrt Schorndorf-West. Am 1. Kreisverkehr die 2. Ausfahrt nehmen. Larca auf der linken Seite.

**JUNGHANS**

Junghans beschäftigt sich rund um die Uhr mit der Zeit. Deshalb stehen Junghans Uhren nicht nur für Qualität der Spitzenklasse, sondern auch für innovative Materialien, wie Karbon und Keramik. Seit 1861 baut Junghans Uhren in handwerklicher Vollendung.

# Uhren made in Germany

### Warenangebot
Sehr großer Teil der Ware sind Restposten oder Warenrücknahmen (Einzelstücke). Viele Armbanduhren aus der aktuellen Kollektion. Armbanduhren für Damen und Herren; klassische, sportliche und Schmuckuhren. Funk-, Solar-, oder Quarzuhren. Fast alle Armbanduhren sind in Vitrinen ausgestellt. In einem weiteren Raum befinden sich Wanduhren jeder Art, Wecker und Kinderarmbanduhren.

### Ersparnis
Auf alle Uhren ca. 30 %. Einzelstücke bis 60 %. Spezielle Angebote, z.B. vor Weihnachten/Ostern.

### Ambiente
Freundliche, kompetente Beratung. Bezahlen mit EC-Karte möglich.

### Adresse
Junghans Uhren GmbH, Tösstraße 53-57, 78701 Schramberg, Telefon: 0 74 22/1 81 68 oder 1 81, Fax: 1 86 95.

### Öffnungszeiten
Montag bis Freitag 9.00 bis 18.00 Uhr. Betriebsferien im August.

### Anreise
Von der A81 Stuttgart-Singen, Ausfahrt Rottweil, auf die B462 bis Schramberg-Talstadt. Von Offenburg auf die B33, B294 und bei Schiltach auch auf die B462 bis Schramberg, 1. große Kreuzung rechts in den Umgehungstunnel Richtung Hornberg. Nach dem Tunnel 2. rechts in die Lauterbacherstraße. Immer bergauf; 3. Straße rechts runter in die Tösstraße (nach einer Bushaltestelle), Fabrikverkauf im Eckhaus, Tösstraße 53.

Mit Web-, Strick- und Druckstoffen zählt die Firma Drews zu den leistungs-
fähigsten Unternehmen der Textilindustrie.

# Eigene Kreation gefragt

### Warenangebot
Stoffe in unterschiedlichen Qualitäten
(Naturfaser, Mischgewebe und Viskose-
stoffe). Große Stoffauswahl für Ober-
bekleidung: Für Blusen, Röcke, Hosen,
Jeans, Kostüme und Mäntel, Pullis,
Kinderbekleidung. Zubehör: Burda-
Schnitte, Reißverschlüsse, Futterstoffe,
Nähgarne, Bundeinlagen (keine Knöpfe
und Gummibänder).

### Ersparnis
20 bis 30%. Im SSV/WSV Preisreduzierung bis 50%.

### Ambiente
Gute, übersichtliche Stoffpräsentation
in Regalen; Preisauszeichnung; fachkundige Beratung; im Nebenraum liegen Schnitte und Nähanregungen/
-anleitungen aus, dort Sitzgruppe.

### Besonderheiten
Schrozberg liegt im Hohenloher
Schlösser- und Burgenland an der
romantischen Straße zwischen Bad
Mergentheim und Rothenburg o. T., sehr
schöne Landschaft, die immer einen
Besuch wert ist.

### Adresse
Günter Drews, Textilwerke GmbH, Zeller
Weg 36, 74575 Schrozberg, Telefon:
079 35/8 92 51.

### Öffnungszeiten
Montag bis Freitag 13.00 bis 17.00 Uhr,
Samstag 9.00 bis 12.00 Uhr.

### Anreise
A6 Heilbronn-Nürnberg, Ausfahrt
Crailsheim, B290 Richtung Bad Mergentheim; Firma am Ortseingang
von Schrozberg links.

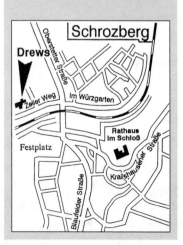

**BIFORA**

Bifora ist die älteste deutsche Armbanduhrenfabrik. Sie wurde von einer international im Uhrenbereich tätigen Gruppe übernommen. Fertigung nur noch im Ausland.

# Kreationen zwischen Zeit und Raum

### Warenangebot
Bifora-Armbanduhren für Damen, Herren und Kinder in Quarzausführung in verschiedenen Preisklassen von 40,- € bis 350,- €. Schmuckbänder, Lederbänder für Uhren.

### Ersparnis
25 bis 30 %. Kein SSV/WSV.

### Ambiente
Es liegen auch Prospekte mit unverbindlicher Preisempfehlung aus. Kleinverkauf im Hof des Fabrikgebäudes untergebracht.

### Adresse
Bifora-Uhren GmbH, Hauffstraße 2, 73525 Schwäbisch Gmünd, Telefon: 0717 1/6 90 51 oder 5 25 61 89, Mobil: 01 71/5 25 61 89 (Herr Kandhari).

### Öffnungszeiten
Dienstag 16.00 bis 18.00 Uhr. Freitag 9.00 bis 17.00 Uhr. Samstag 10.00 bis 13.00 Uhr oder nach Vereinbarung.

### Anreise
In Schwäbisch Gmünd in Bahnhofsnähe, gegenüber dem Zollamt.

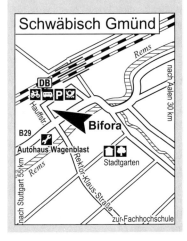

Grau Aromatics ist der Spezialist für synthetische Riechstoffe und Aroma-chemikalien. Es werden aber auch Parfümöle für den Eigenbedarf entwickelt und produziert. Die Firma ist auch Spezialist für natürliche Pflanzenextrakte und andere Wirkstoffe (z.B. Vitamine, Jojobaöl) für kosmetische Produkte. Seit 100 Jahren bekanntes Herstellerunternehmen, dessen Rohstoffe auch bekannte Markenhersteller zu teurer Kosmetik verarbeiten.

# Kosmetik-Forschung

### Warenangebot

Kosmetik von A wie After Shave bis W wie Wangenrouge: Cremes wie Calendula-Creme, Body-Lotion, Collagen-Feuchtigkeitscreme für Tag und Nacht, Cremebad, Shampoos und Spülung, Duschbad, Reinigungsmilch, Schaumbäder, Sonnenschutzmittel. Eigene Parfümöle. Putzmittel, Spülmittel.

### Ersparnis

Bei Kosmetik und Parfüms bis zu 50 %. Auf Anfrage verschickt die Firma Grau Aromatics ihre Preisliste mit ca. 150 Artikeln. Die Produkte werden ab einem Warenwert von 25,- € auch verschickt. Immer wieder auch Sonderangebote.

### Ambiente

Separater Verkaufscontainer vor dem Hauptgebäude. Fachkundige Beratung. Parfüms probieren möglich.

### Adresse

Grau Aromatics, Hausverkauf, Bismarckstraße 4, 73525 Schwäbisch Gmünd, Telefon: 071 71/9 11 4-0, Fax: 911 4 10, E-Mail: grau.aromatics@t-online.de.

### Öffnungszeiten

Dienstag 9.00 bis 12.30 Uhr, Donnerstag 13.00 bis 17.00 Uhr.

### Anreise

Die Bismarckstraße liegt direkt an der B29 im östlichen Schwäbisch Gmünd (Richtung Aalen). Von der Stadtmitte Gmünd kommend nach der Baldung-Kreuzung 2. Ampel rechts über die Rems und dann zweimal links.

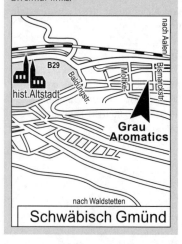

Über 25 Jahre Erfahrung. Lautsprecher mit herausragendem Preis-Leistungs-Verhältnis. Vom kompakten Regallautsprecher bis zum Heimkino-Surroundset der Sonderklasse. Qualifizierte, erfahrene Berater.

# Spitzen-Klang

### Warenangebot

Die umfangreiche Produktpalette beginnt bei einer Kompaktbox für 127,- € aus der preisbewussten nuBox-Linie und reicht über testbewährte Regal- und Standlautsprecher sowie Subwoofer bis zum Super-Surroundset für den anspruchsvollen Heimkino-Fan. Neben der designorientierten nuWave-Linie wendet sich die Edel-Serie nu-Line mit hochwertigen Hölzern und klaren Linien an den Liebhaber klassischer Gestaltung.

### Ersparnis

Sehr gutes Preis-Leistungs-Verhältnis, wie viele Fachmagazine und die Frankfurter Allgemeine Zeitung bestätigen.

### Ambiente

Direkter Vergleich unter praxisgerechten Hörbedingungen in drei wohnraumgerechten Hörstudios und einem großzügigen Heimkino-Studio.

### Besonderheiten

Vier Wochen Rückgaberecht bei Nichtgefallen. 5 Jahre Garantie. Bundesweiter Versand.

### Adresse

Nubert Speaker Factory, Goethestraße 69, 73525 Schwäbisch Gmünd. Gebührenfreie Hotline: 08 00/6 82 37 80, Internet: www.nubert.de.

### Öffnungszeiten

Montag bis Freitag 9.30 bis 18.30 Uhr, Donnerstag bis 20.00 Uhr, Samstag 9.00 bis 14.00 Uhr.

### Weitere Verkaufsstelle

● 73430 **Aalen**, Bahnhofstraße 111, Telefon: 0 73 61/95 50 80.

### Anreise

B29, Ausfahrt Schwäbisch Gmünd-West, rechts, ca. 1,5 km stadteinwärts.

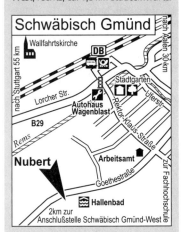

## MANN & SCHRÖDER

Die Kosmetikartikel der Firma Mann und Schröder sind Qualitätsbegriffe, die der Verbraucher kennt und schätzt. In Siegelsbach werden sie hergestellt und günstig ab Werk verkauft.

# Der Schönheit zuliebe

### Warenangebot
Kosmetische Artikel, Haut- und Haarpflegemittel wie Diplona, Alkmene, Happy hair, Numismed, Sanosan, Dulgon.

### Ersparnis
Beschädigte Verpackungen bringen Preisersparnis von 30%. Kein SSV, kein WSV.

### Ambiente
Großzügiger Verkaufsraum. Freundliches Personal.

### Adresse
Mann und Schröder GmbH, Kosmetikfabrik, Bahnhofstraße 14, 74936 Siegelsbach, Telefon: 072 64/80 70, Fax: 8 07-111.

### Öffnungszeiten
Montag bis Freitag 8.00 bis 12.00 und 13.00 bis 18.00 Uhr im Firmengelände.

### Anreise
Siegelsbach liegt nördlich von Bad Rappenau. Kosmetikfabrik am Ortsende von Siegelsbach Richtung Hüffenhardt. Rosarotes Gebäude auf der linken Seite.

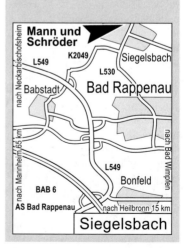

Mercedes-Benz

Eine Selbstabholung wird bei jedem Autokauf im Kaufvertrag vereinbart. Wer seinen Mercedes in Sindelfingen bei Stuttgart direkt ab Werk abholen will, kann über den Händler die Nummernschilder bekommen und erhält auch vom Händler den sehnlichst erwarteten Termin. Mercedes begrüßt knapp ein Drittel der Kunden in Sindelfingen. Seit kurzem kann man seinen Mercedes auch in den Werken in Bremen und Rastatt abholen.

# Mercedes ab Werk abholen

### Warenangebot
Im Mercedesshop ist alles zu haben, worauf ein Stern passt: T-Shirts, Halstücher, Lederjacken, Cabrio-Mützen, Modellautos, Skiträger. Hier gibt es mehr als bei den meisten Händlern, aber es ist nicht billiger.

### Ersparnis
Selbstabholer sparen ca. 100,- bis 550,- €.

### Ambiente
Ein Kundencenter der S-Klasse mit internationalem Flair. Zwei Restaurants, Ruheräume, Duschen, Wickelräume, einstündige Werksführung (mehrsprachig). Zubehör- und Collectionsshop sowie weitere Leistungen.

### Besonderheit
Mercedes lädt die Selbstabholer zur kostenlosen Fahrzeugübergabe samt Filmvorführung und Werksbesichtigung ein. Tipp für Mercedes-Freunde: Mercedes-Benz-Museum in Stuttgart-Untertürkheim, Mercedesstraße 136.

### Adresse
DaimlerChrysler AG, Werk Sindelfingen, Kundencenter, 71059 Sindelfingen, Telefon: 0 70 31/90 26 20, Fax: 7 88 57.

### Öffnungszeiten
Montag bis Freitag 8.00 bis 16.00 Uhr.

### Anreise
Wer seinen Mercedes ab Werk abholt, bekommt eine Wegekarte mit Anreisebeschreibung.

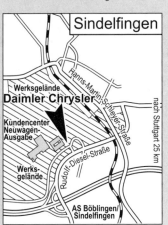

Zellner beliefert die Polstermöbel- und Fahrzeugindustrie mit modischen Dessins und traditionellen Bezugsstoffen in vielen Mustern und Farben in hochwertiger Qualität.

# Neuer Schick für alte Polster

### Warenangebot
1.- Wahl-Ware. Möbelbezugsstoffe für Polstermöbel, Eckbänke, Stühle, aber auch Wohnwagen und Wohnmobile. Bettdecken, Samtvorhänge, Türvorhänge, Kissenbezüge. Tischdecken auch in Maßanfertigung für die Gastronomie. Dekostoffe.

### Ersparnis
1.-Wahl-Ware 50% und mehr. Oft Sonderangebote.

### Ambiente
Einfacher Laden; preisausgezeichnet; freundliche Beratung.

### Besonderheiten
Bei diesen hochwertigen Stoffen lohnt sich die Mühe, neu zu beziehen.

### Adresse
Zellner Möbelstoffe, Paul-Zweigart-Straße 12, 71063 Sindelfingen, Telefon: 070 31/87 56 43.

### Öffnungszeiten
Montag bis Freitag 9.00 bis 12.30 und 13.30 bis 18.00 Uhr, Mittwoch von 9.00 bis 13.00 Uhr, jeden 2. und 4. Samstag im Monat 9.30 bis 13.00 Uhr.

### Anreise
A81 (Stuttgart-Singen), Ausfahrt Richtung Calw; vor Ende der Ausbaustrecke Richtung Sindelfingen West abfahren; an der 1. Ampel geradeaus über Hanns-Martin-Schleyer-Straße, 2. Querstraße links; Verkauf nach ca. 50 m rechts.

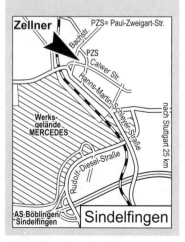

Hogri zählt zu den bekannten Herstellern von Geschenken aus Metall. Mit der Serie Friends Forever führt Hogri eine der interessantesten Produktserien der Branche. Praktische Gebrauchsartikel in originellem Design, verpackt in einer pfiffigen Geschenkverpackung – eine Kombination zum günstigen Preis.

# Design-Geschenkideen aus Edelstahl

### Warenangebot
Geschenkideen aus Edelstahl, Silberwaren in traditionellem Design.

### Ersparnis
1. Wahl ca. 40 %, 2. Wahl ca. 60 %.

### Ambiente
Großer Verkaufsraum mit geschultem Personal. Zahlung mit EC-Karte ist möglich. Parkplätze sind ausreichend vorhanden.

### Adresse
Hogri Honer & Grimm GmbH & Co. KG, Sallancher Straße 6, 78549 Spaichingen, Telefon: 07424/9 56 10, Fax: 50 14 24, Internet: www.hogri.de, E-Mail: info@hogri.de.

### Öffnungszeiten
Montag bis Donnerstag 8.00 bis 11.30 und 13.30 bis 16.00 Uhr, Freitag 8.00 bis 11.30 Uhr, Samstag geschlossen. Betriebsferien im August, bitte vorher anrufen.

### Anreise
Spaichingen liegt am Dreifaltigkeitsberg an der B14 zwischen Rottweil und Tuttlingen, A81 Ausfahrt Rottweil/Spaichingen. Spaichingen-Stadtmitte in die Sallancher Straße abbiegen. Nach 200 m langgestrecktes Fabrik- und Verkaufsgebäude gegenüber dem Busbahnhof.

# SPAICHINGER Nudelmacher

Nudeln und vieles mehr aus eigener Produktion. Die Vielfalt reicht von Hartweizen-Nudeln ohne Ei bis zu Frischeinudeln mit bis zu vier Eiern pro Kilogramm, Vollkornnudeln, Dinkelnudeln, bunte Nudeln.

# Nudeln machen glücklich

### Warenangebot

Nudeln in allen Formen, Qualitäten und Farben; auch Hartweizen-, Vollkorn- und Dinkel-Vollkorn-Teigwaren und Gewürze.

### Ersparnis

Teigwaren und Gewürze bis zu 50 %.

### Ambiente

Bedienungsverkauf in separatem Raum. Preisauszeichnung an Regalen oder auf den Produkten.

### Adresse

Spaichinger Nudelmacher GmbH, Eschenwasen, 78549 Spaichingen, Telefon: 074 24/9 56 70, Fax: 95 67 29. Seitz Gewürzhandel GmbH (Tochter der Spaichinger Nudelmacher GmbH), Telefon: 0 74 24/95 67 31, Fax: 95 67 39.

### Öffnungszeiten

Dienstag, Donnerstag und Freitag 10.00 bis 12.00 und 14.30 bis 17.30 Uhr. Montag, Mittwoch und Samstag geschlossen. Betriebsferien im August, bitte vorher anrufen.

### Anreise

Spaichingen liegt an der B14 zwischen Rottweil und Tuttlingen. Zu Spaichinger Nudelmacher von Rottweil oder Tuttlingen kommend Richtung Sportgelände/Freibad. Nach dem Ortsschild links in das Gewerbegebiet Eschenwasen. Von Schura kommend vor dem Ortsschild rechts in das Gewerbegebiet.

Die gelungene Gestaltung wohl bekannter Comic-Figuren verzaubern nicht nur den kindlichen Betrachter. Die pfiffigen Bewohner von Entenhausen und unzählige andere Walt-Disney-Figuren sowie hunderte naturgetreu modellierte und liebevoll handbemalte Tierfiguren entzücken weltweit Kinder und Erwachsene.

# Im Reich der Fantasie

### Warenangebot

Comic- und Tierfiguren, großes Tiere-Sortiment, Ritter, Krieger, Römer, Feuerwehrmänner, Eisenbahnfiguren, Cowboys und Indianer, Geschenkpackungen, Trucks, Schneekugeln, Schlüsselanhänger und vieles mehr.

### Ersparnis

30 bis 35 %. Ständig auch interessante Sonderangebote und Produkte, die es nicht im Spielwarengeschäft gibt. Große Schnäppchen-Ecke. Kein SSV/ WSV.

### Ambiente

Bully-Shop ist in das Bullyworld-Museum integriert (direkt neben Firma). Restaurant/Café Bullyboy mit leckeren Tagesmenüs und kleinen Gerichten.

### Adresse

Bullyland, Volkmar Klaus AG, Bully-Straße 1, 73565 Spraitbach, Telefon: 07176/3030, Fax: 30312. Museum: Telefon: 07176/30375, Fax: 30385, E-Mail: bullyworld@bully.de, Internet: www.bullyland.de

### Öffnungszeiten

Täglich (7 Tage die Woche) 9.00 bis 18.00 Uhr.

### Anreise

Spraitbach liegt 15 Auto-Minuten nördlich von Schwäbisch Gmünd an der B298 Richtung Schwäbisch Hall. Durch den Ort fahren; Firma und Museum am Ortsende rechts.

Krafft's Koch Kollektion ist der Kupfer-Spezialist für Kochgeschirr. Kochkollektion Proline mit hitze-, schnitt- und kratzfester Beschichtung, ideal zum Schmoren, Dünsten und scharf Braten.

# Kupferschmiede

### Warenangebot
Kupfergeschirr aus eigener Produktion: Sirius: Töpfe, Pfannen, Bräter, Sautoirs, Stielkasserollen, Paella-Pfannen, Gratinplatten, Rühr- und Schlagschüsseln etc.. Proline: Kessel, Brat- und Backformen. Wok, Fondue, Steakpfanne, Omelettpfanne, Bräter, Kochtöpfe und Kochserien auch aus Edelstahl. Töpfe und Pfannen auch aus Gusseisen.

### Ersparnis
Proline-, Edelstahl- und Gusseisenkollektionen zu Großhandelspreisen, 1.- und 2.-Wahl-Ware, Auslaufmodelle und Sonderangebote mit Preisabschlägen bis zu 50 %.

### Ambiente
Ansprechende Einkaufsatmosphäre, sehr fachkundige Beratung.

### Adresse
Krafft's Koch Kollektion, Max-Eyth-Straße 3 (Gewerbegebiet Ost), 71144 Steinenbronn, Telefon: 0 71 57/70 17, Fax: 7 25 78.

### Öffnungszeiten
Montag bis Freitag 9.00 bis 11.30 und 14.00 bis 16.00 Uhr; Samstag 9.00 bis 11.30 Uhr und nach telefonischer Absprache.

### Anreise
A8 Stuttgart-München, Ausfahrt Tübingen/Reutlingen, dann auf der alten B27 durch Echterdingen. Nächster Ort ist Steinenbronn. Hinweisschilder Gewerbegebiet Ost und Ernst Auwärter beachten, Firma liegt hinter Auwärter.

Schnaidt produziert seit 1886 feines Edelholzgestühl nach Designer-entwürfen. In der Branche bekannt als Hersteller hochwertiger Sitzmöbel aller Art.

# Erstklassig sitzen

### Warenangebot
Stühle, Armlehnstühle, Sessel, Sofas, Couchen mit sichtbaren Holzteilen, auch Vollpolster-Sitzmöbel. Esszimmertische, Konferenztische, auch komplette Anlagen, Couchtische, Beistelltische. Reststoffe zu günstigen Preisen. Sonder-Beiz- und Lackfarben zur Anglei-chung an vorhandene Möbel werden gegen geringen Mehrpreis gemacht.

### Ersparnis
Durchschnittlich 40% vom Verkaufs-listenpreis. Kein WSV/SSV. Hochpreisige Modelle zu sehr günstigen Werks-preisen.

### Ambiente
Einfacher Muster- und Prototypen-schauraum im 1. Stock der ehemaligen Fabrik. Nach telefonischer Terminab-sprache gute Beratung durch Fach-personal. Parkmöglichkeit auf dem Firmengelände.

### Adresse
Lucas Schnaidt GmbH u. Co. KG, Nel-kenstraße 11, 71711 Steinheim a.d. Murr, Verkauf im 1. Stock, Telefon: 0 71 44/27 58, Fax: 2 16 74, Internet: www.lucas schnaidt.de.

### Öffnungszeiten
Montag bis Donnerstag 9.00 bis 12.00 und 13.00 bis 17.00 Uhr. Andere Zeiten sind nach Vereinbarung möglich.

### Anreise
A81 Stuttgart-Heilbronn, Ausfahrt 14 Pleidelsheim. In Richtung Murr nach Steinheim. Verkauf direkt ge-genüber der ehemaligen Bahnsta-tion. Eine dort abgestellte Dampf-lokomotive ist eine gute Orientie-rungshilfe.

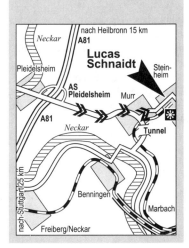

 *Gino Lombardi* **PIERO PICCINI**

Mit 80-jähriger Erfahrung in der Herstellung von Hemden und Blusen ist Schütz bekannt für höchste Qualität und erstklassige Verarbeitung. Die Marken Gino Lombardi und Piero Piccini stehen für italienisches Design aus hochwertigen Baumwollstoffen.

# Der Hemden- und Blusenprofi

### Warenangebot

Riesige Auswahl an Herrenhemden zum Anzug, Sakko oder für die Freizeit, Vollzwirnhemden, Hemden mit „extra langem Arm" und „extra kurzem Arm", Hemden bis Größe 50, Damenblusen. Ware in 1. und 2. Wahl (Fehler gekennzeichnet). Das breite Sortiment passt zu klassischer und sportlicher Mode. Auch in bügelfreier Verarbeitung.

### Ersparnis

Ca. 30 bis 50 %; zusätzliche Preisersparnis im SSV/WSV bis zu 50 %.

### Ambiente

Sehr übersichtliche Warenpräsentation, Artikel nach Modell, Schnitt und Größe geordnet, Lagerstil, keine Preisauszeichnung. Die nette Dame am Empfang gibt geduldig über Preise Auskunft. 2.-Wahl-Ware in extra Regal. Alle Teile sind original verpackt.

### Adresse

Schütz Hemden und Blusen, Schwenninger Straße 3, 72510 Stetten am kalten Markt, Telefon: 0 75 73/50 50, Fax: 5 05-55.

### Öffnungszeiten

Montag bis Donnerstag 8.00 bis 17.00 Uhr, Freitag 8.00 bis 12.00 Uhr, Samstag geschlossen.

### Anreise

In Stetten auf Hauptverkehrsstraße Richtung Schwenningen; von Ortsmitte kommend, ist die Firma nach der Kirche (links) auf der linken Seite in der Rechtskurve (noch ca. 100 m). Aufpassen, die große Kirche an der Durchgangsstraße ist gemeint, nicht die kleine, hellblaue im Ortskern.

Knusprige Nippon-Häppchen, knackiger Mr.-Tom-Erdnussriegel, feine Romy-Kokosschokolade, das sind Qualitätsprodukte aus dem Hause Hosta.

# Süße Spezialitäten zum Genießen

### Warenangebot
Nippon Häppchen, Choco Nippon, Puffreistafel, Mr. Tom, Mr. Jim, Romy. Je nach Saison Fruchtbonbons und Erfrischungsstäbchen.

### Ersparnis
20 bis 40 %. Kein SSV, kein WSV.

### Ambiente
Selbstbedienungsverkauf im Pförtnerhaus. Neben originalverpackter Ware auch abgepackte Bruchware in verschiedenen Angebotsgrößen.

### Adresse
Hosta Werk für Schokoladen-Spezialitäten, An der Bundesstraße 290, 74597 Stimpfach-Randenweiler, Telefon: 079 67/15 32 00.

### Öffnungszeiten
Montag bis Freitag 11.00 bis 16.00 Uhr, Samstag 9.00 bis 12.00 Uhr.

### Anreise
Von Crailsheim auf B290 Richtung Ellwangen, Stimpfach liegt direkt an der B290 (in Stimpfach beschildert).

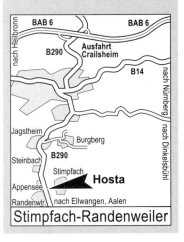

Feine Anzüge und Kostüme nach Maß - aber ab Fabrik und zu solch günstigen Preisen wie Kleidung von der Stange. So lautet das schlichte Konzept, mit dem Dolzer-Chef Thomas Rattray Selkirk auf dem deutschen Textilmarkt eine Erfolgsgeschichte schreiben will. Dolzer Maßkonfektionäre bietet eine außergewöhnlich große Auswahl an Stoffen in besten Qualitäten.

# Auf den Leib geschnitten

### Warenangebot
Herren: Mäntel, Anzüge, Westen, Sakkos, Hosen, Fracks und Cuts, Maßhemden. Damen: Kostüme, Jacken, Röcke, Hosen, Mäntel, Hosenanzüge. Krawatten, Tücher.

### Ersparnis
Maßbekleidung zu Preisen wie von der Stange. Maßgeschneiderte Anzüge und Kostüme von 149,- € bis 349,- €.

### Ambiente
Ca. 500 m² große klimatisierte Filiale im 1. OG. Angenehme Atmosphäre, fachkundige Beratung von Schneidern auf Wunsch. Stoffmuster sind übersichtlich präsentiert.

### Besonderheiten
Die Lieferzeit beträgt ca. sechs Wochen.

### Adresse
Dolzer Maßkonfektionäre GmbH, Heilbronner Straße 326, 70469 Stuttgart, Telefon: 07 11/89 66 30 50. Internet: www.dolzer.de.

### Öffnungszeiten
Montag, Dienstag und Freitag 9.30 bis 18.30 Uhr, Mittwoch, Donnerstag 9.30 bis 20.00 Uhr, Samstag 9.00 bis 16.00 Uhr.

### Anreise
B27, Stuttgart Richtung Zuffenhausen, ca. 800 m nach Pragsattel rechts auf den Parkplatz der Nr. 326 (bei Felix W.). Straßenbahnhaltestelle Heilbronner Straße/Sieglestraße der Linien 5 und 15 vor der Tür.

FELIX W.®

Einkaufen ohne Stress! Keine überfüllte Innenstadt und Parkplatzsuche. Hier hat sich Felix W. mit seinem Direktverkauf etabliert. Felix W. ist ein Herrenausstatter im Bereich Business und Freizeit für modebewusste Männer.

# Areal 326

### Warenangebot
Herrenbekleidung wie Anzüge, Sakkos, Hemden, Krawatten, Shirts, Pullover und Mäntel. Direkt vom Hersteller.

### Ersparnis
Ca. 20 bis 40%, zusätzliche Preisersparnis im SSV/WSV.

### Ambiente
Groß, übersichtlich, Ware wird präsentiert, Preise sind ausgezeichnet, qualifizierte Beratung und ausreichend Parkplätze vorhanden. Im gleichen Areal auch Maßkonfektionär Dolzer.

### Adresse
Felix W., Protex GmbH, Heilbronner Straße 326, 70469 Stuttgart, Telefon: 07 11/89 66 46-15, Internet: www.felixw.de

### Öffnungszeiten
Montag bis Freitag 11.00 bis 20.00 Uhr. Samstag 10.00 bis 16.00 Uhr.

### Anreise
Vom Stadtzentrum Stuttgart B27 Richtung Zuffenhausen/A81, ca. 800 m nach dem Pragsattel rechts.

# ULI KNECHT

Das Unternehmen gilt als erstklassiger Einzelhändler, Filialist und Hersteller von sportlicher und klassischer Damen- und Herrenmode sowie Sportswear und Jeans mit Geschäften in Berlin, Hamburg, Düsseldorf, Köln, Frankfurt, Stuttgart, München u.a.

# Im Dienste guter Mode

## Warenangebot

Das Angebot setzt sich zusammen aus dem Sortiment aller Filialen, und zwar aus besonders günstigen Einzelteilen aus der letzten Saison und auch hochaktueller Ware mit kleinen Fehlern oder Überhängen aus der laufenden Saison. Anzüge, Sakkos, Hemden, Pullover, Krawatten, Kostüme, Röcke, Blusen, T-Shirts, Schuhe, Freizeitbekleidung.

## Ersparnis

Bei Ware aus der laufenden Saison 30 bis 40 %, bei Ware mit kleinen Fehlern sowie Restbeständen 50 bis 80 %. Kein Billigpreis-Niveau. Im SSV/WSV nochmals um 30 % reduziert.

## Ambiente

400 m² große Verkaufsfläche, übersichtlich präsentiert.

## Adresse

Uli Knecht Depot, Stiftstraße 3, 70123 Stuttgart, Telefon: 07 11/2 28 39 13.

## Öffnungszeiten

Dienstag bis Freitag 10.00 bis 19.00 Uhr, Samstag 10.00 bis 16.00 Uhr.

## Anreise

Vis-à-vis der Stiftskirche in der Stadtmitte (s. Karte unten).

# GIN TONIC

Gin Tonic Men und Women spricht Menschen an, die Lust auf Mode haben: Junge und Junggebliebene mit Markenbewusstsein, modisch aufgeschlossen mit einer gesunden Preissensibilität. Die Marke Sisignora kreiert Mode für Frauen; junge, modische Kollektionen in großen Größen.

## Inspiration

### Warenangebot

Damen: Blusen, Shirts, Pullover, Kleider, Röcke, Blazer, Kombimode, Jeans, Jacken, Mäntel, Accessoires wie Handschuhe, Mützen, Schals, Taschen. Herren: T-Shirts, Sweatshirts, Pullover, Hemden, Hosen.

### Ersparnis

30 bis 40 % auf 2.-Wahl-Ware, zusätzliche Preisersparnis im SSV/WSV von 20 bis 50 %.

### Ambiente

Großflächiger Verkaufsraum im Erdgeschoss des Gebäudes. Ware übersichtlich auf Ständern präsentiert. Genügend Umkleidekabinen vorhanden. Die Preise sind ausgezeichnet. Selbstbedienung. Von Zeit zu Zeit findet ein „Hallenflohmarkt" statt mit zusätzlichen Schnäppchen. Kein Umtausch möglich.

### Adresse

Gin Tonic, Breitwiesenstraße 12 (im Industriegebiet Vaihingen/Möhringen), 70565 Stuttgart-Möhringen. Telefon: 07 11/78 11-0, Internet: www.gintonic.de.

### Öffnungszeiten

Montag bis Mittwoch 11.00 bis 17.00 Uhr, Donnerstag und Freitag 11.00 bis 18.00 Uhr. Samstag 9.00 bis 13.30 Uhr.

### Anreise

A8, Ausfahrt Stuttgart-Vaihingen. Dort Richtung Möhringen auf der Nord-Süd-Straße. „Am Wallgraben" rechts in das Industriegebiet Möhringen/Vaihingen abbiegen. Die 3. Straße links (Breitwiesenstraße). Gin Tonic ist nach ca. 500 m auf der rechten Seite.

Der frühere Slogan „Vergiss nicht deinen Hugendubel" heißt heute „Überall mit Hugendubel". Mit rund 800 mm Niederschlag per anno in Stuttgart und Umgebung ein wohlüberlegter Werbegag.

# Schirmmanufaktur seit 1833

### Warenangebot
Stockschirme und handliche Knirpse für Damen, Herren, Kinder; verstärkte (Wander-)Stockschirme, Designerkollektionen, Knirps in Alu-Box, der auch nass wieder verpackt werden kann. Regenstiefel und Regencapes.

### Ersparnis
Ca. 50 %. Kein SSV, kein WSV.

### Ambiente
Kleine Verkaufsecke in der Manufaktur. Schirme in Regalen und auf Ständern. Reparaturservice.

### Adresse
Schirmmanufaktur Rainer Hugendubel & Co. KG, Balinger Straße 15, 70567 Stuttgart-Möhringen, Telefon: 07 11/ 7 54 22 46, Fax: 7 54 22 61.

### Öffnungszeiten
Dienstag und Donnerstag 10.00 bis 13.00 und 15.00 bis 18.00 Uhr.

### Anreise
A8 Stuttgart-München, Ausfahrt 52a, Stuttgart-Möhringen, Richtung Vaihingen/Möhringen die Ortsumgehung Möhringen fahren. Weiter Richtung Möhringen-Mitte auf der Vaihinger Straße. Nach der Polizeiwache (rechte Seite) links in die Balinger Straße. Firma im nächsten Eckhaus Leinenweberstraße/Balinger Straße. Oder mit der U 5 oder U 6 nach Möhringen-Bahnhof. Am Wienerwald (Filderbahnstraße) vorbei, die nächste Straße rechts in die Leinenweberstraße. Firma in 100 m rechts.

## Mercedes-Benz

Wenn das keine Schnäppchen-Adresse ist: Mercedes-Benz verkauft auf Herz und Nieren geprüfte, gebrauchte Original-Teile. Und noch ein Tipp: Hier können Sie auch Ihren alten Daimler zum Restwert abgeben (Altautorücknahme). Es werden auch Unfallfahrzeuge angekauft.

# Original-Teile zum fairen Preis

### Warenangebot
Gebrauchte Mercedes-Benz Original-Teile und 2.-Wahl-Teile mit einem Jahr Garantie. Große Auswahl. Pkw- und Nutzfahrzeug-Teile.

### Ersparnis
40 bis 60%.

### Ambiente
Anfragen/Bestellungen per Telefon/Fax und Internet möglich. Vor Ort: übersichtliches Lager. Ware kann direkt mitgenommen werden oder Versand. Fragen Sie auch in Ihrer Werkstatt nach gebrauchten Mercedes-Benz Original-Teilen.

### Adresse
Mercedes-Benz ATC GmbH, Altfahrzeug- und Altteilecenter, Augsburger Straße 726 A, 70329 Stuttgart-Obertürkheim. Telefon Verkauf Teile: 07 11/1 77 00 00, Fax: 1 77 00 39, Internet: www.mbatc.de, E-Mail: verkauf@mbatc.de.

### Öffnungszeiten
Montag bis Freitag 9.30 bis 17.00 Uhr.

### Weitere Verkaufsstellen
● 70565 **Stuttgart-Vaihingen**, Hand-

werkstraße 45, Telefon Verkauf Teile: 07 11/1 77 01-00, An- und Verkauf Fahrzeuge: 07 11/1 77 01-03. Fax: 1 77 01 48, E-Mail: fahrzeuge@mbatc.de.
● 73257 **Köngen**, Bahnhofstraße 29, Telefon: 0 70 24/80 70. Verkauf von gebrauchten Lkw- und Transporterteilen.

### Anreise
B10 Ausfahrt Hedelfingen/Obertürkheim. Richtung Obertürkheim über die Otto-Hirsch-Brücke nach rechts in die Göppinger Straße und wieder rechts.

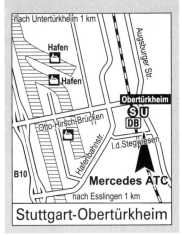

Mercedes-Benz

Im Großraum Stuttgart kennt fast jeder einen, der "beim Daimler schafft", und der hat auch einen Jahreswagen. Doch manche Autofahrer, die einen Jahreswagen mit Stern haben wollen, möchten sich nicht immer am Geschmack und der PS-Zahl ihres Nachbarn orientieren. Es soll aber auch langfristige Bestellungen beim Mercedes-Nachbarn geben. Andere gehen zum Jahreswagenhändler oder studieren gern seitenlange Anzeigen mit Jahreswagen in der Zeitung. Seit einiger Zeit gibt es noch eine Alternative. Mercedes bietet einen eigenen Jahreswagenverkauf an. Über eine gebührenfreie Telefonnummer erreichen Sie kompetente Ansprechpartner.

# Mercedes-Jahreswagen

### Warenangebot
In Stuttgart-Wangen stehen manchmal nur 15 Jahreswagen. Aber im Computer wird es einem schwindelig vor Sternen. Ständig 15.000 Autos.

### Ersparnis
Bei Jahreswagen gibt es natürlich ebenso unterschiedliche Ausstattungen wie bei Neuwagen. Je nach Typ und Marktgängigkeit liegt die Ersparnis bei 20 bis 35 %.

### Adresse
Mercedes-Benz, Niederlassung Stuttgart – Jahreswagenverkauf, Ulmer Straße 196, 70188 Stuttgart-Wangen, Telefon: 08 00/9 87 98 76 (gebührenfrei), Fax: 07 11/2 59 01 63.

### Öffnungszeiten/Erreichbarkeit
Montag bis Freitag 8.00 bis 18.30 Uhr, Samstag 9.00 bis 14.00 Uhr.

### Anreise
Verkauf im Stuttgarter Osten. Von Stuttgart-Mitte über Gaisburg nach Wangen. Die Ulmer Straße ist die Hauptdurchgangsstraße.

# wössner
## Die Essplatz-Marke

Wössner ist Hersteller von hochwertigen Möbeln für Speisezimmer. Das Lieferprogramm deckt alle Einrichtungsstile von Landhaus bis Modern ab. Vertrieb ausschließlich über den Fachhandel.

# Aufgemöbelt

### Warenangebot

Esszimmergarnituren: Eckbänke von traditionell bis modern, Tische in unterschiedlichen Formen, teilweise ausziehbar bis 310 cm, dazu passende Stühle. Vitrinen, Esszimmerschränke und Anrichten. Es handelt sich bei der Ware um qualitativ hochwertige Möbel, die von den Ausstellungsräumen der Einzelhändler zurückkommen. Teilweise mit kleinen Schönheitsfehlern.

### Ersparnis

Bis zu 50%. Kein WSV, kein SSV.

### Ambiente

Präsentation in einfacher Lagerhalle, Ware preisausgezeichnet aufgestellt (in Sitzgruppen). Beratung auf Wunsch.

### Adresse

Wössner GmbH, Hartensteinstraße 25, 72172 Sulz/Neckar, Telefon: 07454/74-109, Internet: www.woessner.de, E-Mail: info@woessner.de.

### Öffnungszeiten

Donnerstag und Freitag 13.00 bis 18.00 Uhr, Samstag 8.00 bis 13.00 Uhr. Betriebsferien im August, bitte vorher anrufen.

### Anreise

Der Restpostenverkauf ist dem Produktionsstandort Sulz-Kastell angegliedert. A81 Singen-Stuttgart, Ausfahrt Sulz, dort in Richtung Sulz-Industriegebiet Kastell. Parken auf dem Firmengelände.

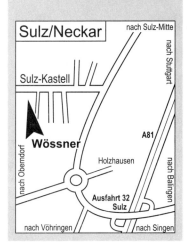

Graf erzeugt qualitativ hochwertige Kunststoffbehälter in allen Formen und Größen - von kleinen Regentonnen bis zum 10.000- Liter-Transporttank. Die Firma ist Hobbygärtnern, Landwirten und Winzern seit 40 Jahren ein Begriff.

# Für Haus, Hof und Garten

### Warenangebot

Haus und Garten, Wein- und Obstbau: Regenwasserbehälter (150-800 l), Regenwassertanks ab 1000 Liter, komplette Regenwasser-Nutzungsanlagen, Filter, verschiedene Komposter, Versickerungskomponenten, Fäkaliensammelbehälter, Rechteckbehälter, Wannen, Getränkefässer, Weinlagertanks, Maischebehälter, Lager- und Transportbehälter, Eimer, Kübel, sämtliches Zubehör für alle Artikel (z.B. Pumpen, Hähne, Schläuche, Verschraubungen etc.).

### Ersparnis

Bis zu 50 %. Kein SSV, kein WSV.

### Ambiente

Eingang beim Schild „Verkauf". Kompetente Fachberatung. Artikel in handlichen Größen sind preisausgezeichnet und in Regalen ausgestellt.

### Adresse

Otto Graf GmbH, Carl-Zeiss-Straße 2-6/ Industriegebiet Rohrlache, 79331 Teningen, Telefon: 0 76 41/58 90, Fax: 5 89 50.

### Öffnungszeiten

Montag bis Freitag 8.00 bis 12.00 und 13.00 bis 17.00 Uhr.

### Anreise

A5 (Freiburg-Karlsruhe) Ausfahrt Teningen, Richtung Teningen bis Kreisverkehr, im Kreisverkehr ins Industriegebiet Rohrlache abbiegen, gleich 1. Straße rechts, nächste wieder links, nach ca. 80 m auf der rechten Seite (gleich nach kleinerem grünen Gebäude).

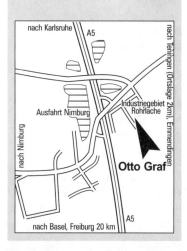

Bestens durchdacht und leichtgewichtig ohne Qualitätsverlust präsentieren sich Bekleidung und Equipment von Vaude. Das international bekannte Unternehmen ist im Trekking- und Outdoor-Bereich ein Schwergewicht.

# Komfortables Leichtgewicht

### Warenangebot

EG: komplettes Sortiment an Trekking- und Outdoor-Bekleidung, Fleecebekleidung, Skibekleidung, Kinder-Outdoor-Bekleidung, Trekking-Hardware und -zubehör, Accessoires wie Mützen, Handschuhe etc, Daypacks, Fahrradtaschen. OG: Outdoor-Jacken für unterschiedlichste Beanspruchungen, Schlafsäcke, Zelte, Touren- und Trekkingrucksäcke, Sporttaschen, Stoffreste und Stoffe, Wanderschuhe.

### Ersparnis

30 bis 70%. Zusätzliche Ersparnis im SSV/WSV ca. 20%.

### Ambiente

Bereits 15 Minuten vor der Öffnungszeit bemühen sich rund 30 Personen jeweils als Erste im Verkauf zu sein – unverständlich, da sehr große Auswahl. Verkauf findet über zwei Stockwerke statt. Ware übersichtlich und preisausgezeichnet präsentiert. Umtausch gegen Kassenbon möglich.

### Adresse

Vaude Sport, Obereisenbach, 88069 Tettnang, Telefon: 075 42/53 06-0, Fax: 53 06 60, Internet: www.vaude.de.

### Öffnungszeiten

Jeden Donnerstag 14.00 bis 19.30 Uhr.

### Anreise

B30 (Ravensburg-Friedrichshafen) nach Tettnang. Dort zunächst Richtung Wangen bis Beschilderung „Bodnegg". Weiter Richtung Bodnegg. Ca. 5 km nach Tettnang kommt man nach Obereisenbach. Vaude direkt am Ortseingang rechte Seite.

# Λckel

Hemdenmacher seit 1949. Klasse statt Masse. Werbe-Kooperation mit James Bond 007, Pan American, Gauloise und Porsche prägen das Firmenporträt. Neu: Ackel woman, Damenmode.

## Hemden der Spitzenklasse

### Warenangebot
Große Auswahl an hochwertigen City-, Business-, Party-, Freizeit- und Sportswear-Hemden. Klassisch und modisch. Stoffe aus Naturfasern, feinsten Garnen und edlen Vollzwirnen. Für große Herren: Hemd und Arm extra lang. Zusätzlich Krawatten, Shirts, Strick- und Lederwaren, Sakkos und Anzüge. Für Damen: Designer- und Modemarken.

### Ersparnis
1. Wahl 40 bis 60%, Sonderposten bis 70%. Im SSV/WSV weitere Preisersparnis.

### Ambiente
Übersichtliche Ausstattung, EC-Cash, genügend Parkplätze. Freundliche kompetente Beratung. Restaurant. Reservierung: 07071/368806. Täglich ab 18.00 Uhr, außer Montag.

### Adresse
Ackel Hemdenfabrik, Schaffhausenstraße 113, 72072 Tübingen, Telefon: 07071/32025, Fax: 35009, E-Mail: mail@ackel.de, Internet: www.ackel.de.

### Öffnungszeiten
Montag bis Freitag 9.00 bis 18.00 Uhr, Samstag 9.00 bis 13.00 Uhr.

### Anreise
Von Stuttgart kommend B27 Ausfahrt Tübingen, Industriegebiet Unterer Wert, rechts und dreimal links. Ganz in der Nähe: Egeria Frottierweberei, Rösch Nachtwäsche, Einhorn Hemdenfabrik in Kirchentellinsfurt.

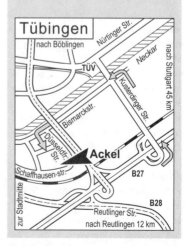

Egeria ist Qualitäts- und Imageprodukt; es wird sehr gute Baumwolle verarbeitet; hochwertig, strapazierfähig, farbecht. Zum Teil Artikel, die sich
nicht mehr in der aktuellen Kollektion befinden.

# Spezialist in Frottier

### Warenangebot
Bademäntel, Hand-, Bade-, Strand-
tücher, Gäste- und Kindertücher sowie
Waschhandschuhe, Bettwäsche, Spann-
bettlaken, Badvorleger, Geschirrtücher,
Geschenkideen.

### Ersparnis
1.-Wahl-Ware 10 bis 20% günstiger als
im Handel. 2.-Wahl-Ware: teilweise um
50 bis 60% preisgünstiger. Viele Sonderposten und Musterteile.

### Ambiente
Übersichtliche Präsentation der Waren,
Umkleidekabinen, sehr nettes und kom-
petentes Verkaufspersonal.

### Besonderheiten
Schriftliche Pflegehinweise für Frottierwäsche.

### Adresse
Allegra Textil Vertriebs GmbH, Werks-
verkauf Egeria, Nürtinger Straße
(Südseite ohne Hausnummer gegen-
über Hauptgebäude), 72074 Tübingen-
Lustnau, Telefon: 0 70 71/8 82-2 85.

### Öffnungszeiten
Montag bis Freitag 9.00 bis 17.00 Uhr,
Samstag 9.00 bis 14.00 Uhr.

### Weitere Verkaufsstellen der Allegra Textil GmbH
● 72393 **Burladingen**, Telefon: 0 74 75/
45 14 26.
● 97999 **Igersheim** (Bad Mergentheim), Telefon: 0 79 31/94 99 37.

### Anreise
A8 Stuttgart-München, Ausfahrt
Degerloch, dann autobahnähnlich
ausgebaute B27 bis nach Tübingen-
Lustnau geradeaus, in Lustnau
rechts unübersehbar Egeria-Turm,
auf der gegenüberliegenden Seite
Egeria-Frottier-Lädle.

Die Marken Rösch, Louis Féraud, Pompadour, Daniel Hechter und Schöller Kinderunterwäsche sind bekannt für Beachwear, Homewear, Lingerie in bester Qualität.

# Spitzenträume aus 1001 Nacht

### Warenangebot
Schlafanzüge, Nachthemden, Morgen-mäntel, Bademoden, T-Shirts, Sweat-shirts, Poloshirts, Hosen, Bermudas, Hemden, Slips für Damen und Herren, BHs, Bodys, Kinderunterwäsche.

### Ersparnis
Zum Teil edle Stücke aus den Muster-kollektionen sehr preisgünstig. Im Schnitt Ersparnis um 30%; bei Ange-boten und Musterware bis 50%. Im SSV/WSV zusätzlich 20 bis 30%.

### Ambiente
Übersichtlicher Verkaufsraum mit Um-kleidekabinen, fachkundige, freundliche Bedienung.

### Besonderheiten
Ganz in der Nähe die Firmen Einhorn (Kirchentellinsfurt), Ackel, Egeria (Tü-bingen-Lustnau).

### Adresse
Gerhard Rösch GmbH, Schaffhausen-straße 101-105, 72072 Tübingen-Indus-triegebiet, Telefon: 07071/153195. E-Mail: info@gerhard-roesch.de.

### Öffnungszeiten
Montag bis Freitag 9.00 bis 18.00 Uhr, Samstag 9.30 bis 13.00 Uhr.

### Weitere Verkaufsstelle
● 72393 **Burladingen**, Jahnstraße 12, Telefon: 07475/1895.

### Anreise
A8 Stuttgart-München, Ausfahrt Stuttgart-Degerloch, B27 Richtung Tübingen, Ausfahrt „Unterer Wert". Dort Straße links, 1. rechts, 1. links.

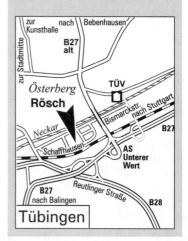

HeKi produziert selbst Kleinlederwaren und Handtaschen, das Bekleidungssortiment wird zugekauft. Stil: Modisch aktuell, softweiches Leder und lässige Schnitte für den dynamisch-sportlichen Typ.

# Best of Nature

## Warenangebot

Alles Leder: Jacken, Mäntel, Hosen, Röcke, Westen, Motorradjacken, -hosen und -latzhosen. Handtaschen, Brieftaschen, Geldbeutel, Schlüsselmäppchen, Handschuhe.

## Ersparnis

Ca. 30 bis 50 %. Im SSSV/WSV nochmals bis 30% reduziert.

## Ambiente

Der HeKi-Direktverkauf ist im 1. Stock des Hauses (Personenaufzug); Präsentation wie im Fachgeschäft; fachkundige aber unaufdringliche Beratung durch den Chef des Hauses.

## Adresse

HeKi Ledermoden, Rudolf-Diesel-Straße 12, 78532 Tuttlingen, Telefon: 0 74 61/ 1 28 57, Fax: 7 90 99.

## Öffnungszeiten

Montag bis Freitag 9.00 bis 12.00 und 14.00 bis 18.00 Uhr, Samstag 9.00 bis 12.00 Uhr. Betriebsferien im August, bitte vorher anrufen.

## Anreise

Im Industriegebiet-Nord von Tuttlingen: Donau überqueren, dann Richtung Industriegebiet Nord; die Rudolf-Diesel-Straße verläuft parallel zur Ludwigstaler Straße, dem Zubringer ins Industriegebiet.

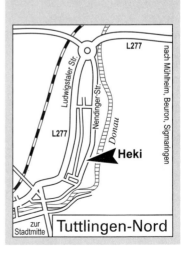

**seit 1867**

Mattes betreibt in Tuttlingen eine Gerberei und stellt Schaf- und Lammpelzfelle für verschiedenste Zwecke her, auch konfektionierte Artikel.

# Der Wolf im Schafspelz

### Warenangebot
Felle in unterschiedlichen Größen von Schafen und Lämmern, medizinische Schaffelle, Babyfelle, Kinderwagensäcke, Lammfell-Reitsportartikel, Fahrradsattelüberzüge, Autositze, Lenkradüberzüge, Mützen, Hand- und Hausschuhe, Fellwesten, Sitzkissen, Kissen, Dekorationsfelle, Bastelartikel wie Fellreste, Wolle zum Ausstopfen, Puppenperücken, Lederriemen. Ferner Lohngerbungen von fast allen Fellarten (Schafe, Wildschweine, Dachse, Füchse, usw.).

### Ersparnis
Ca. 20 bis 50 %, auf Angebote mehr. Kein SSV/WSV.

### Ambiente
Übersichtlich gestalteter Verkaufsraum; Felle liegen preisausgezeichnet aus; freundliche Fachberatung.

### Adresse
E. A. Mattes GmbH, Nendinger Allee 99, 78532 Tuttlingen, Telefon: 0 74 61/9 66 14-0, Fax: 9 66 14-20, E-Mail: info@e-a-mattes.com, Internet: www.e-a-mattes.com.

### Öffnungszeiten
Montag bis Freitag 9.30 bis 12.00 und 13.00 bis 17.00 Uhr, Samstag geschlossen.

### Anreise
Die Nendinger Allee verläuft parallel zur Donau im Industriegebiet Nord von Tuttlingen; im Industriegebiet Nord ist Mattes wiederum im vorletzten Haus (beschildert).

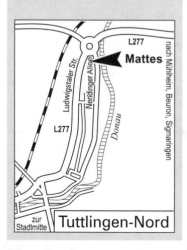

Rieker hat bewiesen, dass schicke Schuhe auch bequem sein können: Obermaterial und Innensohle aus Leder, die Sohle aus biegsamem und rutschfestem Material.

# Auf leisen Sohlen ...

### Warenangebot

Warenangebot: nur 2. Wahl, Herren-, Damen- und Kinderschuhe der bequemen, sportlichen Machart; saisonbedingter Wechsel; keine hochhackigen Schuhe oder Ledersohlenschuhe.

### Ersparnis

Gute Lederqualität zum günstigen Preis, ca. 20 bis 30 % ermäßigt. Im SSV/WSV nochmals 20 % reduziert.

### Ambiente

Der Schuhverkauf ist gegenüber der Firma Rieker im Takko-Modemarkt integriert. Präsentation wie im Fachgeschäft.

### Adresse

Rieker Schuh GmbH, Gänsäcker 31, 78532 Tuttlingen, Telefon: 0 74 62/20 10, Fax: 2 01-2 20.

### Öffnungszeiten

Montag bis Freitag 9.00 bis 18.30 Uhr, Samstag 9.00 bis 14.00 Uhr, langer Samstag bis 16.00 Uhr, Donnerstag bis 19.00 Uhr.

### Anreise

Von Tuttlingen Richtung Donaueschingen; zwischen Möhringen-Vorstadt und Tuttlingen-Möhringen links ins Industriegebiet „Gänsäcker", der Takko-Modemarkt ist sofort erkennbar.

Solidus und Vivo sind führende Bequemschuh-Marken für Einlagen und mit Fußbett für Haus und Straße in hochwertiger Qualität und mit sehr guter Passform. Selbst große Weiten (bis Überweite M) sind berücksichtigt. Für Menschen mit Fußproblemen und solche, die viel stehen und gehen oder individuell gefertigte Einlagen tragen müssen, ist Solidus und Vivo eine gute und richtige Adresse. Solidus bietet auch ein Schuhprogramm speziell für Diabetiker.

# Himmelbett für Füße

### Warenangebot
Ausschließlich 2. Wahl, Restposten und Musterpaare. Bequemschuhe und Sandalen für Damen und Herren, Sandalen, Pantoletten und Winterstiefel in großer Auswahl.

### Ersparnis
30 bis 50 %, zusätzliche Preisersparnis im SSV/WSV von 10 %.

### Ambiente
Übersichtliche, gut sortierte Regale in mittelgroßem Verkaufsraum, fachlich versiertes Personal.

### Adresse
Solidschuhwerk GmbH, Ehrenberg-straße 18, 78532 Tuttlingen, Telefon: 074 61/96 12-0, Fax: 96 12-70.

### Öffnungszeiten
Montag bis Freitag 9.00 bis 12.00 und 13.00 bis 18.00 Uhr, Mittwoch nur bis 16 Uhr, Samstag 9.00 bis 13.00 Uhr. Anfang August Ferien, bitte vorher anrufen.

### Anreise
A81 Stuttgart-Singen, Ausfahrt Tuttlingen. In Tuttlingen bis Kreis-verkehr, dort Richtung Ulm-Mess-kirch, nach ca. 30 m halb links in die Möhringer Straße, weiter bis zur Querstraße Kaiserstraße, dort rechts und gleich linker Hand finden Sie im Innenhof den Verkauf.

Der Möbelstoff-Vertrieb Andrea Stickel, ein junges Unternehmen, produziert Möbelbezugsstoffe für die Polsterindustrie; außerdem werden technische Gewebe für den Objekt- und Fahrzeugbereich designed und gefertigt.

# Für schöneres Sitzenbleiben

## Warenangebot

Große Auswahl an verschiedenen Flachgeweben, bedruckt oder jacquardgemustert, Schurwolle- oder Wollmischgewebe. Uni-, Jacquard- und bedruckte Velours in Farbe und Qualität für Eckbänke, Stühle, Couchgarnituren, Übergardinen, Boote, Wohnwagen etc. Wasserundurchlässige Stoffe für den Nassbereich bei Zelt und Boot.

## Ersparnis

Je nach Qualität gegenüber Ladenpreisen bis zu 50 %. Bei Aktionswochen alles um 50 % reduziert. Kein SSV, kein WSV.

## Ambiente

Durch den Eingang der Bäckerei Stickel gelangt man in die Lagerräume des Stofflagers. Übersichtliche Präsentation nach Qualitäts- und Preismerkmalen.

## Besonderheiten

Beratung durch einen Polsterer, der auf Wunsch auch Arbeiten ausführt.

## Adresse

Möbelstoff-Vertrieb Andrea Stickel, Hauptstraße 7, 88690 Uhldingen-Mühlhofen, Telefon: 0 75 56/4 80, Fax: 4 81.

## Öffnungszeiten

Samstag 9.00 bis 12.00 Uhr oder nach telefonischer Vereinbarung.

### Anreise

Uhldingen-Mühlhofen liegt zwischen Meersburg und Überlingen; Ausfahrt B31 Uhldingen-Mühlhofen, Richtung Salem nach Mühlhofen. Verkauf am Ortsanfang.

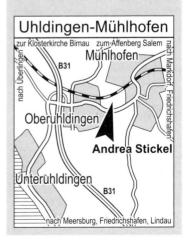

Glaeser ist der Mode immer um eine Nasenlänge voraus, da die Stoffe ein halbes Jahr vor der fertigen Kollektion erhältlich sind.

# Paradies für Hobby-Schneiderinnen

### Warenangebot
Bekleidungsstoffe, Kurzwaren Kunstleder, Teddystoffe, Bastelfilz, Schaumstoff für Matratzen und Kissen, Nessel, Vliesstoffe, Füllmaterial etc., sowie Wachstuch, Gardinen-, Möbel-, Markisen- und Dekostoffe, große Auswahl an Vorhangstangen und Zubehör, Tisch- und Bettwäsche, Frottierwaren, Kissen, Accessoires und vieles mehr.

### Ersparnis
Stoffe werden größtenteils nach Kilo verkauft. Ersparnis bei Kiloware 40 bis 60 %, bei Stoffen in 1. Wahl und Meterware 5 bis 10 %, teilweise mehr. Zusätzliche Ersparnis im WSV/SSV 20 %.

### Ambiente
Fabrikverkauf auf drei Etagen, fachliche Beratung, Nähservice für Gardinen, online-shop.

### Adresse
Heinr. Glaeser Nachf. GmbH, Fabrikverkauf, Blaubeurer Straße 263, 89081 Ulm, Telefon: 07 31/39 81-37, Fax 39 81-55, online-shop: www.glaeser-textil.com.

### Öffnungszeiten
Montag bis Freitag 9.00 bis 18.30 Uhr, Samstag 9.00 bis 13.00 Uhr.

### Anreise
A8 bis Ausfahrt Ulm-West; erst Richtung Ulm dann Richtung Blaubeuren fahren; ca. 2 km nach Ortsende Ulm Fabrik linker Hand. Der Fabrikladen ist groß beschildert, kostenlose Parkplätze rechts und links nach der Einfahrt.

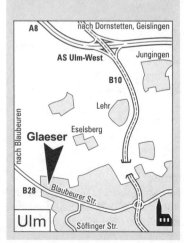

**MAYSER**

*BASIC COLLECTION*

Die bekannte Mayser-Basic-Collection bietet Merinopullover in allen Kragenformen, maschinenwaschbar und trocknergeeignet. Die modische Pelo-Kollektion rundet das große Angebot an Strickwaren ab

# Zeitlose Klassik in Strick

## Warenangebot

Topaktuelle Saisonware, auslaufende Kollektionen und 2.-Wahl-Artikel bei Pullis in allen Kragenformen. Strickjacken, Pullunder, T-Shirts, Poloshirts, Krawatten und Schals. Für den Herren: Sakkos, Hosen und Westen als Baukastensystem. Freizeitjacken, Jeans und Hemden. Für Damen und Herren: Tag- und Nachwäsche, Socken, Gürtel.

## Ersparnis

20 bis 50 %. Zusätzliche Ersparnis im WSV/SSV: 20 bis 30 %.

## Ambiente

Eingang in der Nagelstraße (Rückseite des Gebäudes, dorthin geht man von der Hauptpforte aus). Freundliche, fachkundige Bedienung. Angenehme Atmosphäre. Große Auswahl an Strickwaren, gut sortierte Wäscheabteilung.

## Adresse

Mayser-Shop, Nagelstraße 24, 89073 Ulm, Telefon/Fax: 07 31/9 21 54 50.

## Öffnungszeiten

Montag bis Freitag 9.00 bis 13.00 und 14.00 bis 18.00 Uhr, Samstag 9.00 bis 13.00 Uhr.

## Weitere Verkaufsstelle

● 73431 **Aalen**, Pelo-Shop, Ulmer Straße 80. Telefon: 0 73 61/5 70 4-37, Fax: 57 04-10

## Anreise

A8 bis Ausfahrt Ulm-Ost; Richtung Ulm-Stadtmitte; am Ostplatz links (Staufenring), 2. Straße links und nächste noch mal links (Nagelstraße).

# WAHL® GROUP

**WAHL MOSER®** ermila. *TAUBE*

Die Wahl-Group ist einer der führenden Hersteller von Rasierapparaten, Haar- und Bartschneidern sowie Tierschermaschinen in Europa.

# Alles elektrisch

### Warenangebot
Haarschneidemaschinen, elektrische Rasierapparate, Bartschneider, elektrische Zahnbürsten und Mundduschen, Lady-Care-Produkte wie elektrische Wimpern- und Augenbrauenformer, elektrische Multi-Feile. Massagegeräte, Tierschermaschinen.

### Ersparnis
Ca. 30% unter den handelsüblichen Verkaufspreisen. Sonder- und Restposten: Ersparnis bis zu 70%. Kein SSV, kein WSV.

### Ambiente
Ansprechender Verkaufsraum.

### Adresse
Wahl GmbH, Werksverkauf, Villinger Straße 8-12, 78089 Unterkirnach, Telefon: 077 21/5 96 36.

### Öffnungszeiten
Montag bis Freitag 8.00 bis 19.00 Uhr, Samstag 8.00 bis 13.00 Uhr.

### Anreise
A81 Stuttgart-Singen, Ausfahrt Villingen-Schwenningen, B33 bis Villingen, Richtung Kurgebiet, Landesstraße Richtung Unterkirnach/Furtwangen.

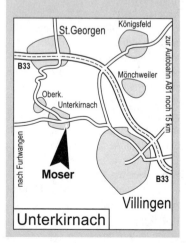

# irisette

Irisette ist eine der bekanntesten Marken für Bettwäsche in Deutschland. Sie gehört inzwischen zu den Bierbaum-Textilwerken in Borken. Vom Garn bis zum fertigen Bettset achtet Bierbaum auf hervorragende Verarbeitung und kann Qualitäten „Made in Germany" bieten, die zum Besten gehören, was in Deutschland hergestellt wird. Die Marken, die neben irisette in Urbach verkauft werden, gehören zu den unumstrittenen Spitzenprodukten.

# Schlafkomfort & Tischkultur

### Warenangebot
Bettwäsche, Tischwäsche. Bettwaren: Daunen, Edelhaar und Kunstfaser für Allergiker; Matratzen und Lattenroste; Heim- und Schlafdecken, Frottierwaren und Bademäntel; Geschirr- und Putztücher; Herren-Oberhemden und Unterwäsche/Schlafanzüge; Wachstuch und -folien, Fertigteile und Meterware.

### Ersparnis
Bettwäsche von Irisette bei 1B-Ware und Sonderposten bis zu 50 %. Zusätzliche Preisersparnis bei SSV/WSV.

### Ambiente
Einfache Präsentation; Preisauszeichnung; aus der 2.-Wahl-Wühlkiste haben wir zwei komplette Bettwäschegarnituren für 10,- € erstanden (Kilopreise).

### Adresse
Irisette GmbH & Co. KG, Werksverkauf Urbach, Konrad-Hornschuch-Straße 67, 73660 Urbach, Telefon: 0 71 81/88 08 73.

### Öffnungszeiten
Montag bis Freitag 9.00 bis 12.30 und 14.00 bis 17.00 Uhr, Samstag 9.00 bis 13.00 Uhr.

### Anreise
Urbach liegt östlich von Schorndorf; in Urbach Richtung Bahnhof fahren, diese Straße ist die Konrad-Hornschuch-Straße; Firma links, der Verkauf ist nach Schranke (auf Firmengelände) rechts.

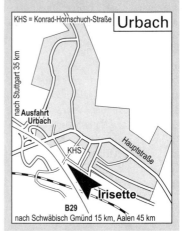

# HARDY®

Hardy ist bekannt als Marke für hochwertige und exklusive Strickmodelle, insbesondere für die elastischen Hardy-Hosen.

# Masche für Sie und Ihn

### Warenangebot
Damen: Pullover, Jacken, Parkas und City-Jacken, Blazer, Stretchhosen, Hosen, Jeans, Röcke, T-Shirts, Kleider in Strick und Jersey. Herren: Pullover, Strickjacken, Hemden, Jeans, Handstrickgarne, Stoffreste.

### Ersparnis
Günstige Sonderangebote 30 bis 50 % Preisnachlass; auch Restverkäufe. Zusätzliche Preisersparnis im SSV/WSV von 10 %.

### Ambiente
Geschultes Verkaufspersonal. Verkaufsraum 120 m², gediegene Ausstattung, klare und gepflegte Präsentation. Ständig aktuelles Angebot in den Größen 36 bis 48.

### Besonderheiten
Vaihingen/Enz liegt am Rande des Strombergs, der mit seinen Weinbergen und den idyllischen Wiesentälern zu den beliebtesten Naherholungsgebieten im Großraum Stuttgart zählt. Wanderfreunde und Liebhaber schwäbischer Gastronomie kommen hier voll auf ihre Kosten.

### Adresse
Hardy Strickmodelle, Hessenthaler GmbH, Löbertstraße 12, 71665 Vaihingen/Enz, Telefon: 0 70 42/28 85-0, Fax: 28 85-20, E-Mail: hardymode@web.de, Internet: www.hardy-mode.de.

### Öffnungszeiten
Montag bis Freitag 8.30 bis 12.00 und 13.30 bis 17.00 Uhr, Samstag 8.30 bis 12.00 Uhr.

### Anreise
B10 zwischen Stuttgart und Pforzheim. In ca. 30 Minuten von beiden Städten zu erreichen.

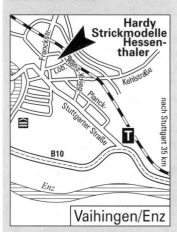

Erste Versuche, dem süßen Geheimnis des Bonbon-Kochens auf die Spur zu kommen, unternahm Jung bereits im Jahre 1828. Heute findet man im Angebot alles, was die Herzen der Naschkatzen höher schlagen lässt.

# Gummibärenland

### Warenangebot
Über 35 verschiedene Fruchtgummi-Artikel, über 30 Bonbonsorten, Popcorn in bis zu 1,5-kg-Packs, Schokoladen und Pfefferminzartikel, Diabetikerartikel, Saisonartikel.

### Ersparnis
Durchschnittlich 35%. Kein SSV/WSV.

### Ambiente
Fabrikverkauf in einem klimatisierten 400 m² großen Gebäude.

### Besonderheiten
Bonbon-Museum im 1. OG auf über 300 m².

### Adresse
Gummi-Bären-Land der Jung Bonbon-fabrik GmbH & Co. KG, Kleinglattbach Industriegebiet, Industriestraße 9-11, 71665 Vaihingen/Enz, Telefon: 07042/9070. Internet: www.gummibaeren-land.de, E-Mail: Zentrale@jung-europe.de.

### Öffnungszeiten
Montag bis Mittwoch 8.00 bis 18.00 Uhr, Donnerstag und Freitag 8.00 bis 19.00 Uhr, Samstag 9.00 bis 14.00 Uhr.

### Weitere Verkaufsstellen
● 74078 **Heilbronn**, Im Neckargarten 4 (Pflanzen Kölle), Telefon: 071 31/39 93 30.
● 70469 **Stuttgart-Feuerbach**, Heilbronner Straße 393 (beim Media-Markt), Telefon: 0711/8 06 91 58.

### Anreise
A81 Stuttgart-Heilbronn, Ausfahrt Vaihingen/Enz (Stuttgart-Zuffenhausen), auf die B10 nach Vaihingen/Enz, Ortsteil Kleinglattbach. Weiter auf Durchgangsstraße. Vor der Bahnbrücke rechts ins Industriegebiet.

Die Idee zum Format hatte – mal wieder – eine praktisch denkende Frau.
„Machen wir doch eine Schokolade, die in jede Jackentasche passt, ohne
dass sie bricht, und die das gleiche Gewicht hat wie die normale dünne
Langtafel." Das soll Clara Ritter 1932 zu ihrem Mann Alfred gesagt haben.
Alle in der Familie waren von dem Vorschlag begeistert und schon war das
"Quadratisch. Praktisch. Gut." erfunden.

# „Quadratisch. Praktisch. Gut."

### Warenangebot
Schokoladen-Bruch (unverpackte Tafeln
sind in Papiertüten verpackt), Ritter-
Sport-Schokolade.

### Ersparnis
10 bis 20 % bei Originalware. Viel preisgünstiger ist Schokoladenbruch.

### Ambiente
Schokoladen- und Bruchverkauf mit
Selbstbedienung in neuem Verkaufsraum. Einkaufswagen und Einkaufs-
körbe wie im Supermarkt.

### Adresse
Ritter-Sport-Schokolade, Alfred-Ritter-
Straße 25-29, 71111 Waldenbuch, Telefon: 071 57/97-4 73 oder 4 74, Fax:
9 73 99.

### Öffnungszeiten
Montag bis Freitag 8.00 bis 18.30 Uhr,
Samstag 8.00 bis 12.30 Uhr.

### Anreise
Waldenbuch liegt zwischen Stutt-
gart und Tübingen an der alten B27
(L 1208). Zu Ritter-Sport dann Ab-
zweigung nach Böblingen. An der
Abzweigung Schild "Ritter-Sport-
Schokolade".

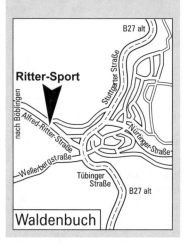

Ganter verwirklicht die Philosophie des Naturkonzeptes in all seinen Modellen: natürlich gehen in Schuhen, die für die Füße gemacht werden.

# Schuhe, wie sie sein sollen

### Warenangebot
Sehr großes Bequemschuhangebot für Damen und Herren: Halbschuhe, Schuhe, Stiefel, Pantoletten, Clogs, Sandalen. Schuhe mit Korkfußbett, Musterschuhe in großer Anzahl in Gr. 37 (sehr günstig), Schmal-, Breit- und Normalformen. Ausschließlich 2.-Wahl-Ware, Musterschuhe und Auslaufmodelle.

### Ersparnis
Ca. 30 bis 50 %. Kein SSV, kein WSV.

### Ambiente
Der Fabrikverkauf ist in der Nähe der Fabrik. Ware in Regalen im geöffneten Karton präsentiert. Einzelauszeichnung pro Paar. Probieren nur mit Strümpfen. Die Schuhe sind vom Umtausch ausgeschlossen.

### Adresse
Ganter shoe fashion gmbh, Fabrikverkauf: Ecke Rudolf-Blessing-Straße/Industriestraße, Firma: Mauermattenstraße 3-5, 79183 Waldkirch, Telefon: 07681/2040.

### Öffnungszeiten
Montag bis Freitag 9.00 bis 12.00 und 14.00 bis 18.00 Uhr, Samstag 9.00 bis 12.00 Uhr.

### Anreise
Waldkirch liegt ca. 15 km nordöstlich von Freiburg. A5 (Karlsruhe-Basel) Ausfahrt Freiburg-Nord Richtung Waldkirch auf B294. Waldkirch-Stadtmitte abfahren. Nach Ortsbeginn an der 1. Ampel rechts (links ist Ganterfabrik zu erkennen). Fabrikverkauf ist im 2. Gebäude auf der linken Seite (gut beschildert).

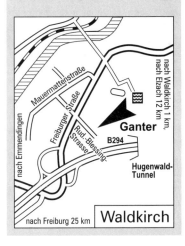

# LEiCHT

Leicht-Küchen sind ein Begriff. Leicht-Küchenteile und Musterküchen gibt es auf dem Firmengelände des Küchenherstellers Leicht, im Wohnkaufhaus Leicht GmbH.

# Do it yourself ist gefragt

### Warenangebot
Küchenteile, zum Teil beschädigt, Musterküchen, komplette Musterküchenzeilen auch mit Elektrogeräten, Kleinteile wie Griffe, Schrauben.

### Ersparnis
Äußerst günstige Einzelteile, aus denen mit viel Fantasie auch Küchen gebastelt werden können.

### Ambiente
Im Abholmarkt gibt es Einzelteile aus den unterschiedlichen Küchenprogrammen. Wer Verwendung für Einzelstücke hat oder handwerkliches Geschick kann echte Schnäppchen machen. Interessant auch für Leute, die Musterküchen, gekauft wie besehen, erstehen wollen. Kaum Beratung möglich; großes Publikumsinteresse.

### Besonderheiten
Der Küchenhersteller Leicht AG teilt mit: Ein Fabrikverkauf findet nicht statt. Im Abholmarkt der Wohnkaufhaus Leicht GmbH auf dem Fabrikgelände werden jedoch Produkte der Küchenmöbelfabrik Leicht AG, wie hier beschrieben, verkauft.

### Adresse
Wohnkaufhaus Leicht GmbH, Abholmarkt, Gmünder Straße 70, 73550 Waldstetten bei Schwäbisch Gmünd. Telefon: 0 71 71/4 02-2 77.

### Öffnungszeiten
Donnerstag, Freitag 13.30 bis 18.00 Uhr, Samstag 8.00 bis 12.00 Uhr.

### Anreise
Waldstetten liegt ca. 5 km südöstlich von Schwäbisch Gmünd. Der Abholmarkt befindet sich auf der Rückseite hinter den Fabrikgebäuden.

Der Name Sioux steht für Spitzenschuhe. Das Unternehmen, das zum Salamander-Konzern gehört, ist eine der besten Schuhfabriken in Deutschland. Drei Schuhgruppen: Modisch-elegante Schuhe, bequeme Komfort-Schuhe und klassisch-zeitlose Schuhe. Sioux hat sich einen Namen gemacht mit handgenähten Mokassins. Apollo ist der Herrenschuh im hochpreisigen Segment.

# Die Indianer kommen

### Warenangebot

Sioux-Schuhe, jeweils Damen- und Herrenkollektionen, alles in B-Qualität, Apollo-Herrenschuhe, keine Kinderschuhe.

### Ersparnis

Ca. 20 bis 40%. Kein SSV, kein WSV.

### Ambiente

Zwei Räume mit Hochregalen, Selbstbedienung, man muss evtl. Leiter benutzen, wenn Schuhe im Regal auf 2,50 m Höhe stehen. Keine Beratung möglich.

### Adresse

Sioux, Fabrikverkauf, Finkenweg 2-4, 74399 Walheim, Telefon: 0 71 43/ 37 12 34, Fax: 37 12 19.

### Öffnungszeiten

Montag bis Freitag 9.00 bis 17.00 Uhr, Samstag 9.00 bis 11.30 Uhr.

### Anreise

Walheim liegt an der B27 Stuttgart/Heilbronn. Firmengebäude gegenüber vom Bahnhof Walheim (westlich der Gleise).

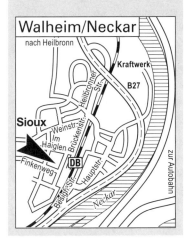

# SCHOPPEL WOLLE
## Fabrikverkauf

Das Unternehmen bezeichnet sich selbst als Deutschlands größter Hersteller in Wolle. Der Fabrikverkauf ist auch bekannt als Schoppel Wolle Fabrikverkauf. Sehr große Auswahl an Handstrickgarnen.

# Selbstgestricktes ist schöner

### Warenangebot

Umfangreiches Programm an trendigen Handstrickgarnen. Zwei Kollektionen pro Saison. Dazu Standardqualitäten wie Sockenwolle und Häkelgarne. Sehr große Auswahl.

### Ersparnis

Bis 50% Ersparnis. Kein SSV/WSV.

### Ambiente

Großzügige Warenpräsentation; freundliche, fachmännische Beratung selbst bei großem Trubel, Selbstbedienung möglich. Außergewöhnlich gute Beschreibung: Preis für 50-g-Knäuel, Kilogrammpreis, ungefähre Lauflänge und Nadelstärke jeweils angeschrieben. Kein Umtausch.

### Besonderheiten

Auslaufware ist in extra Regal (beschildert) mit dem Hinweis, genügend zu disponieren, da Ware ausläuft.

### Adresse

Hohenloher Wolle GmbH, Triftshäuser Straße 5, 74599 Wallhausen, Telefon/Fax: 079 55/30 06.

### Öffnungszeiten

Montag, Dienstag, Donnerstag, Freitag 14.00 bis 17.00 Uhr, Samstag 9.00 bis 12.00 Uhr. Betriebsferien im Sommer, vorher anrufen.

### Anreise

A6 Heilbronn-Nürnberg, Ausfahrt Crailsheim. Erster Ort nach Autobahnausfahrt Richtung Norden an der B290 ist Wallhausen. Im Ort dem Firmenwegweiser nachfahren.

# LUXORETTE

Mode fürs Bett: Beste Qualitäten wie Jersey, Satin und mercerisierte Baumwolle prägen den edlen Stil der Wäsche. Modische Muster und aktuelle Farbtöne runden die Optik von Bett und Tisch angenehm ab.

# Ein Hauch von Luxus

### Warenangebot

Bettwäsche in Jersey, Mako-Satin, Mako-Batist, Mako-Brokat, Baumwolle, Spannbettücher. Tischwäsche: Tischdecken in vielen Größen und Designs, Servietten. Handtücher in verschiedenen Größen und Farben; auch 1B-Ware und Stoffreste.

### Ersparnis

30 bis 50%, im SSV/WSV zusätzliche Preisersparnis 20%.

### Ambiente

Schlichte Präsentation, aber hervorragende Ware. Erweiterte Verkaufsfläche in renovierten Räumen.

### Adresse

Luxorette-Fabrikverkauf, Neue Textilveredelung Wangen, Ausrüstung 1-20, 88239 Wangen/Allgäu, Telefon: 0 75 22/76 37.

### Öffnungszeiten

Dienstag und Freitag 10.00 bis 18.00 Uhr.

### Weitere Verkaufsstellen

● 73240 **Wendlingen**, Luxorette Haustextilien GmbH, Gewerbepark Otto, Schäferhauserstraße 2, Telefon: 0 70 24/9 46-1 99.

● 77652 **Offenburg**, Luxorette-Herstellerverkauf, Verkauf in Spinnerei Offenburg GmbH, Wilhelm-Bauer-Straße 12, Telefon: 07 81/2 82 34.

### Anreise

Straße in Richtung Isny folgen, links über kleine Brücke, Einfahrt ist gut ausgeschildert.

Jugendliche sind markenbewusst. In Weil am Rhein, kurz vor der Schweizer Grenze, sind drei ihrer Favoriten im Factory Outlet zu haben. Mit kleinen Fehlern, aber auf jeden Fall mit dem begehrten Logo. Es gibt dort das Big Star Factory Outlet, die Big Star Kids Factory und das G-Star Factory Outlet.

# Trendmarken für Jugendliche

### Warenangebot

Big Star Factory Outlet: nahezu das gesamte Big-Star Sortiment: Jeans, Hemden, Sweatshirts, T-Shirts, Jacken, Pullover, Socken, Gürtel. Für junge Frauen die Girlslinie Broadway. Ein Viertel 1. Wahl, drei Viertel 2. Wahl und Musterteile oder Überproduktionen. Kids Factory: topmodische Kinderkonfektion in den Größen 68 bis 188, 1. und 2. Wahl. G-Star Factory: modische Jeans, Jacken, Shirts, Sweatshirts, Pullover, Damenteile von Turnover, Accessoires.

### Ersparnis

In der Regel 30%. Besonders günstig sind Musterteile und Restposten. Im SSV/WSV zusätzliche Preisreduzierung.

### Ambiente

Großzügiger und heller Verkaufsraum, ausreichend Umkleidekabinen. Gute Auszeichnung, freundliches Personal.

### Besonderheiten

Neben Carhartt Outlet; Kinderspielecke.

### Adresse

Big Star Factory Outlet, Blauenstraße 1-5, Weil am Rhein, Telefon: 07621/79 18 14, Big Star Kids, Hauptstraße 410, Weil am Rhein, Telefon: 07621/79 87 07, G-Star Factory Outlet, Hauptstraße 410, Weil am Rhein, Telefon: 07621/79 84 12.

### Öffnungszeiten

Montag bis Freitag 10.00 bis 20.00 Uhr, Samstag 9.00 bis 16.00 Uhr.

### Anreise

A5 (Karlsruhe-Basel), Ausfahrt Weil am Rhein. Richtung Friedlingen, nach Mc Donalds die 2. Straße links, zum Parkplatz des Factory Outlets.

# carhartt®

In Weil am Rhein, nahe der Grenze zu Frankreich und der Schweiz, befindet sich das Factory Outlet von Carhartt. Angeboten werden 2.-Wahl-Artikel dieser Marke, die stark auf Qualität setzt.

# Streetwear

### Warenangebot
Hosen, Jacken, Sweat- und T-Shirts, Mützen, Schuhe und Skateboards. Nur 2. Wahl und Musterteile.

### Ersparnis
30 bis 50%. Musterteile noch günstiger. Im WSV/SSV sind Einzelteile nochmals reduziert.

### Ambiente
Alte Fabrikhalle mit ca. 1500 m², laute Musik und Graffity-Design bringen Jugendliche in die richtige Einkaufsstimmung.

### Besonderheiten
Im Weil am Rhein haben wir folgende Marken entdeckt: Big Star, Carhartt, aem'kei, K2. In der Jeans Republic: Colorado, Lee, Edwin, Wrangler, Blend of America.

### Adresse
Carhartt-Outlet, Schusterinsel 20, 79576 Weil am Rhein, Telefon: 07621/ 7 68 46.

### Öffnungszeiten
Montag bis Freitag 11.00 bis 19.00 Uhr, Samstag 9.00 bis 16.00 Uhr.

### Anreise
A5 (Karlsruhe-Basel), Ausfahrt Weil am Rhein. Richtung Friedlingen, nach Mc Donalds die 2. Straße links, zum Parkplatz des Factory Outlets (ausgeschildert).

Im Dreiländereck, nur einen Katzensprung von der Schweizer und französischen Grenze entfernt, gibt es ein Designer-Outlet für ganz junge Mode. Neben den bekannten Factory Outlets von Big Star, Carhartt und G-Star siedelte sich jetzt „The Outlet" an: Auf einer Verkaufsfläche von 2500 m² gibt es noch mehr von Carhartt und Trendmarken wie K2, Mistral oder aem'kei.

# Ganz jung

### Warenangebot

K2: Der Sportartikelhersteller verkauft neben Sportgeräten wie Kickboards, Snowboards, Ski, Inlinern und Zubehör Outdoor-Mode für Damen und Herren – von Skiunterwäsche übers T-Shirt bis zu den Sportschuhen oder dem Anorak. Die Ware ist meist 1. Wahl und stammt aus Überproduktionen.

aem'kei: Hinter dem Label verbirgt sich die sehr junge Sportswear-Kollektion des deutschen Designers Markus Klosseck, die vor allem die Hip Hop Szene anspricht.

### Ersparnis

30 bis 70%. Im SSV/WSV nochmals reduziert.

### Ambiente

Das Ambiente ist mit einer großen Multimediawand, lauter Musik und Getränkebars auf das junge Zielpublikum zugeschnitten. Kostenlose Tiefgarage.

### Adresse

The Outlet, Colmarer Straße 2, 79567 Weil am Rhein, Telefon: 0 76 21/7 68 46. Telefon K2: 0 76 21/91 39 10.

### Öffnungszeiten

Montag bis Freitag 11.00 bis 19.00 Uhr, Samstag 9.00 bis 16.00 Uhr.

### Anreise

A5 (Karlsruhe-Basel), Ausfahrt Weil am Rhein. Richtung Friedlingen, nach Mc Donalds die 2. Straße links, zum Parkplatz des Factory Outlets (ausgeschildert).

Markennamen wie d-c-fix oder skai Kunstleder sind in der ganzen Welt ein Begriff. In Weißbach am Kocher werden diese praktischen Selbstklebefolien für Heim und Garten, Tisch und Boden hergestellt.

# Selbstklebefolien von Weltrang

### Warenangebot

D-c-fix deco Selbstklebefolien, d-c-fix table Tischbeläge und Tischsets, d-c-fix wall Bordüren und Wandbeläge, d-c-fix floor Bodenbeläge, skai Kunstleder, Tischdecken und vieles mehr.

### Ersparnis

Günstige Sonderpreise speziell bei 2.-Wahl-Ware, Sonderposten und Resteverkäufen. Preisnachlässe bis zu 40 %. Kein SSV, kein WSV.

### Ambiente

Erfahrene Verkäufer, die das Verkaufsprogramm kennen, beraten die Kunden und fertigen die erforderlichen Zuschnitte der ausgewählten Artikel. Kunden- und serviceorientiert, angenehme Einkaufsatmosphäre, übersichtliche Präsentation, jedoch sehr beengt durch die vielen Artikel in den verschiedenen Farben, Mustern und Breiten.

### Besonderheiten

Der Hornschuh-Markt führt neben den eigenen Kunststofferzeugnissen auch Bekleidung (Schiesser), Spielwaren, Bettwäsche und Schreibwaren. Einsicht in Prospekte, Musterkarten und Kataloge möglich.

### Adresse

Konrad Hornschuch AG, Salinenstraße 1, 74679 Weißbach, Telefon: 079 47/8 10, Fax: 8 13 00.

### Öffnungszeiten

Montag 13.30 bis 18.00 Uhr, Dienstag bis Freitag 8.45 bis 12.45 und 13.30 bis 18.00 Uhr, 1. Samstag im Monat 8.45 bis 12.00 Uhr.

### Anreise

A6 Nürnberg-Heilbronn, Ausfahrt Kupferzell, B19 bis Künzelsau, dann 15 km bis Weißbach.

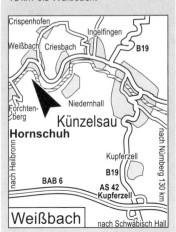

# LUXORETTE

Mode fürs Bett: Beste Qualitäten wie Brokat-Damast, Satin aus mercerisierter Baumwolle und Interlockjersey prägen den edlen Stil der Wäsche. Zeitlose Muster und pastellige Farbtöne runden die Optik von Bett und Tisch angenehm ab.

# Ein Hauch von Luxus

### Warenangebot

Bettwäsche in guter Qualität (auch in Übergrößen erhältlich): Mako-Satin, Brokat-Damast, Interlockjersey, Spannbetttücher. Tischwäsche: Tischdecken in vielen Größen und Designs, Servietten. Handtücher in verschiedenen Größen und Farben; Stoffreste.

### Ersparnis

Sehr lohnenswert vor allem die Wäsche in 1B-Qualität mit 50%. Im SSV/WSV zusätzlich 20%.

### Ambiente

Nach der Pforte geradeaus weitergehen bis zum 2. Gebäude (links). Neuer, großer Verkaufsraum mit guter Warenpräsentation. Eingang bei gelbschwarzer Fahne.

### Adresse

Luxorette Haustextilien GmbH, Gewerbepark Otto, Schäferhauser Straße 2, 73240 Wendlingen, Telefon: 07024/946199, Fax: 946105.

### Öffnungszeiten

Montag bis Freitag 9.00 bis 11.45 und 13.00 bis 16.45 Uhr, Samstag 9.00 bis 11.45 Uhr.

### Weitere Verkaufsstellen

● 77652 **Offenburg**, Wilhelm-Bauer-Straße 12, Telefon: 0781/28234.
● 88239 **Wangen/Allgäu**, Neue Textilveredelung Wangen, Ausrüstung 1-20, Telefon: 07522/7637.

### Anreise

A8 (Ulm-Stuttgart), Ausfahrt Wendlingen, Richtung Industriegebiet „Schäferhausen". Die Schäferhauser Straße beginnt nach der Brücke, Fabrik gegenüber Shell-Tankstelle.

Trachten- und Folkloremode für Individualisten, die schnelle Modetrends nicht akzeptieren. Pfiffige Mode, überhaupt nicht altbacken. Hauptsächlich reine Naturfasern. Nur 2. Wahl und Musterteile für Damen und neu: Herren.

# Spitzen-Folklore

## Warenangebot

Damen: Röcke, Blusen, Jacken, Kostüme im modischen Folklore- und Trachtenstil. Neu: Dirndl. Herren: Anzüge in Folkloremode, Hemden, Jacken, Hosen in Loden und Leder.

## Ersparnis

Bei Musterware und 2. Wahl Preisnachlässe je nach Größe des Fehlers zwischen 30 und 40%. Ständig wechselnde Angebote. Kein SSV, kein WSV.

## Ambiente

Selbstbedienung. Ware sehr übersichtlich nach Größen und Farben geordnet. Große Dirndl-Abteilung.

## Besonderheiten

Warenangebot am besten im Oktober/November für Herbst/Winterkollektion, im Juni/Juli für Sommerkollektion.

## Adresse

Perry Modelle GmbH, Fabrikverkauf, Antoniusstraße 2-6, 73249 Wernau, Telefon: 07153/9388325, Fax: 9388390, Internet: www.perry.de.

## Öffnungszeiten

Dienstag bis Freitag 10.00 bis 18.00 Uhr, Samstag 10.00 bis 13.00 Uhr.

## Anreise

Wernau liegt sehr verkehrsgünstig zwischen Stuttgart (B10), Metzingen (B313) und Göppingen (B10). Oder: A8, Ausfahrt Wendlingen. Eingang zum Fabrikverkauf unauffällig, da an der Nordseite.

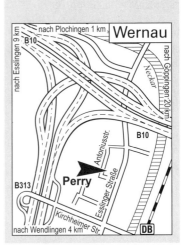

Das Sortiment an alfi-Isolierkannen im alfi-Commercial-Center deckt sämtliche Designs von klassisch-zeitlos bis hochmodern ab. Der doppelwandige, vacuumgepumpte Isolierglas- oder Edelstahleinsatz garantiert optimale Isolierleistung. Starkes Angebot auch an WMF-Haushaltswaren.

# Alles andere als kalter Kaffee

### Warenangebot
Isolierkannen, Flaschenkühler, Eisgefäße, Gläser, Porzellan, Bestecke, Küchenhelfer, Töpfe, Pfannen, Tischaccessoires, Tischwäsche, Espressomaschinen, Geschenkartikel.

### Ersparnis
2A-Ware ca. 25%, Sonderserien und Restposten günstiger.

### Ambiente
Ansprechender Werksverkauf im alfi-Commercial-Center mit ca. 300 m² Verkaufsfläche, mit Bistro.

### Adresse
alfi Zitzmann GmbH, Commercial Center, Ferdinand-Friedrich-Straße 9, 97877 Wertheim, Telefon: 0 93 42/ 87 74 70, Fax: 87 74 62, Internet: www.alfi.de.

### Öffnungszeiten
Montag bis Freitag 9.00 bis 18.00 Uhr, Samstag 10.00 bis 14.00 Uhr.

### Anreise
A3 aus Richtung Frankfurt: Ausfahrt Marktheidenfeld, NO 65 nach rechts, Richtung Wertheim, in Kreuzwertheim (T-Kreuzung) rechts Richtung Hasloch, über die Spessartbrücke Richtung Wertheim, Ampel: links Richtung Miltenberg, vor Ecke Autohaus Mercedes-Benz/ARAL: rechts Mühlenweg, später Ernst-Abbe-Straße. Am alfi-Werk: rechts Hüttenweg/Beschilderung Commercial Center, rechts Ferdinand-Friedrich-Straße, nach ca. 100 m links: alfi.

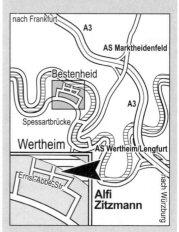

**Strickwarenfabrik**

Fischer-Mode ist meist aus Mischfasern mit überwiegendem Naturfaseranteil. Gut verarbeitet, modisch in Farbe und Stoff mit immer neuen Designs. Die Ware wird ausschließlich im eigenen Betrieb hergestellt.

# Maschenmode für Sie und Ihn

### Warenangebot
Hochwertige, eigene Strickkollektion. Damen: Pullover, Westen, Röcke, Strickjacken, Twin-Sets, Kombimode bis Gr. 54. Herren: Pullover, Pullunder, Westen, Strickjacken bis Gr. 64.

### Ersparnis
Ca. 40 bis 50%. Nach Saisonschluss ist die gesamte Kollektion reduziert. Zusätzliche Preisersparnis im SSV/WSV 10 bis 50%.

### Ambiente
Übersichtliche Präsentation im neuen, vergrößerten Verkaufsraum. Die Ware ist sortiert und ausgezeichnet. Fachkundige, freundliche Bedienung. Parkplatz im Hof. Vorsicht: Im Haus nebenan ist ein exklusives Modegeschäft. Nicht verwechseln.

### Besonderheiten
Änderungsarbeiten im Haus. Betriebsbesichtigung für Gruppen nach Vereinbarung.

### Adresse
Strickwarenfabrik Fischer, Industriegebiet Aufsee 27, 72589 Westerheim, Telefon: 0 73 33/94 90 90, Fax: 94 90 99.

### Öffnungszeiten
Montag bis Freitag 8.00 bis 12.00 und 13.00 bis 18.00 Uhr, Samstag 9.00 bis 12.00 Uhr.

### Anreise
Von A8 (Stuttgart) kommend Ausfahrt Mühlhausen/Wiesensteig/Westerheim; nach Ortseingang rechts, das ist bereits die Aufseestraße.

# kneer®

Die Qualität: feinste langstaplige Mako-Baumwolle von ausgewählten Provenienzen. Supergekämmt, gezwirnt, mercerisiert, in der Schweiz veredelt und ausgerüstet, in Deutschland sorgfältig konfektioniert. Die Farben: Bis zu 40 Farbtöne pro Edition inspirieren zum Kombinieren.

# Kultur der Nacht

### Warenangebot
Spannbettücher in Fein-Jersey und Frottee, Kissen- und Bettbezüge, Frottierhandtücher, naturbelassene Bettwaren, Matratzenschoner. Kleines Sortiment an Nachtwäsche.

### Ersparnis
Ca. 30 bis 50%. Zusätzliche Preisersparnis im SSV/WSV 30%.

### Ambiente
Fabrikverkauf im alten Fabrikgebäude. Ware großzügig, preisausgezeichnet und freundlich präsentiert.

### Adresse
Wäschefabrik Kneer GmbH, Fabrikverkauf: Falkenstraße 2, Firma: Vogelherd 45, 72589 Westerheim, Telefon: 0 73 33/80 60, Fax: 8 06 66.

### Öffnungszeiten
Dienstag und Freitag 14.00 bis 17.30 Uhr, Samstag 14.00 bis 16.00 Uhr.

### Anreise
A8 (Stuttgart-Ulm) Ausfahrt Mühlhausen/Wiesensteig/Westerheim. Zunächst in Ortsmitte fahren, dort weiter Richtung Donnstetten. Letzte Straße vor Ortsende rechts. Kneer rechte Seite. Fabrikverkauf beschildert.

**STEPPDECKEN•BETTEN•MATRATZEN**

Eines haben alle Artikel gemeinsam: erstklassige Verarbeitung und beste Qualitäten – das gehobene Genre für höchste Ansprüche.

# Exklusiver Schlafkomfort

### Warenangebot
Bettdecken, Daunendecken in Daunensatin, Daunenschlafsäcke, Einziehdecken (Daunen, Kamelhaar, Schurwolle, Seide), Anti-Rheuma-Steppbetten, Kinderbettwaren, Fellflorartikel, Allergiker-Bettwaren. Matratzen.

### Ersparnis
Ca. 30 bis 50%. Kein SSV, kein WSV.

### Ambiente
Am Eingang läuten (beschildert); professionelle Fachberatung, Preisauszeichnung; Service wie im Fachgeschäft.

### Adresse
Stefan Knupfer, Lindenstraße 2/1, 72589 Westerheim, Telefon: 07333/6710.

### Öffnungszeiten
Montag bis Freitag 9.00 bis 12.00 und 13.00 bis 17.00 Uhr, Samstag 9.00 bis 12.00 Uhr oder nach telefonischer Absprache.

### Anreise
Von der A8 von Stuttgart kommend Ausfahrt Mühlhausen/Wiesensteig/Westerheim; am Ortseingang rechts und sofort wieder rechts; Firma nach ca. 50 m rechts. A8 von München kommend Ausfahrt Merklingen/Laichingen/Westerheim, dann durch Ort Richtung Autobahn Stuttgart; am Ortsende links, nächste Straße rechts; Firma nach ca. 50 m rechts.

# Paradies

Alle Materialien und Herstellungsverfahren werden bei Paradies nach strengen ökologischen Leitlinien auf Schadstoffbelastung, Umweltfreundlichkeit und Gesundheitsverträglichkeit kontrolliert. Hochwertige Materialien, ökologisch unbedenklich.

# Schlafen – Träumen – Paradies

### Warenangebot

Steppbetten, Daunenbetten, Kissen, Nackenstützkissen, Unterbetten, Matratzen, Lattenroste, Bettwäsche, kleine Auswahl an Handtüchern. Auslaufprodukte der Vorjahreskollektion, Musterteile, 2. Wahl. Tag- und Nachtwäsche.

### Ersparnis

Ca. 50 %, kein SSV, kein WSV.

### Ambiente

Auf dem Firmengelände ist der Weg zum „Shop" ausgeschildert. Verkauf im UG. Ware preisausgezeichnet. Kundenparkplätze.

### Adresse

Paradies Shop, Brückenstraße 9, 71364 Winnenden, Telefon: 07195/180652.

### Öffnungszeiten

Montag und Dienstag 14.00 bis 17.00 Uhr, Mittwoch 9.30 bis 13.00 und 14.00 bis 17.00 Uhr, Donnerstag 9.30 bis 13.00 und 14.00 bis 18.00 Uhr, Freitag 14.00 bis 18.00 Uhr, Samstag 10.00 bis 13.00 Uhr.

### Anreise

B14 (Stuttgart-Schwäbisch Hall) über Waiblingen nach Winnenden. Zweite Ampel (an McDonald's) links, nächste rechts. Zweite Möglichkeit links (Brückenstraße). Paradies ist auf der linken Seite (bereits erkennbar).

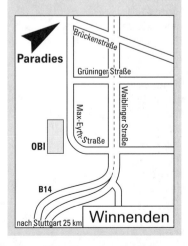

*Peter Hahn*

Peter Hahn konzentriert sich auf die klassisch-elegant dezent gekleidete Frau. Die Bekleidung aus hochwertigen Materialien, neuerdings auch aus Mischgeweben, bietet hohen Tragekomfort.

# Kompetenz in Qualität

### Warenangebot
Damen: Jacken, Mäntel, Kostüme, Kleider, Blusen, Shirts, Pullover, Hosen, Röcke, Nachtwäsche, Freizeitanzüge, Bademäntel. Herren: Sakkos, Hosen, Hemden, Pullis.

### Ersparnis
Ca. 30 bis 70%, Ware in 1. und 2. Wahl. Zusätzliche Preisersparnis im SSV/WSV bis zu 80%.

### Ambiente
Verkauf über zwei Stockwerke, weitgehend Selbstbedienung, großer Kundenandrang, Umkleidekabinen.

### Adresse
Peter Hahn, Schorndorfer Straße 18, 73650 Winterbach, Telefon: 071 81/ 70 82 07.

### Öffnungszeiten
Montag bis Freitag 9.30 bis 19.00 Uhr, Samstag 9.30 bis 13.00 Uhr.

### Weitere Verkaufsstellen
● 72411 **Bodelshausen**, im Center „M", Daimlerstraße 2, Telefon: 074 71/ 70 61 32, Fax: 70 61 40. Montag bis Freitag 10.00 bis 18.30 Uhr, Samstag 10.00 bis 13.00 Uhr.

● 72555 **Metzingen**, Outlet Center Samtfabrik, Nürtinger Straße 63, Telefon: 071 23/9 61 40. Öffnungszeiten: Montag bis Freitag 9.00 bis 18.00 Uhr, Samstag 9.00 bis 14.00 Uhr.

### Anreise
Winterbach liegt an der B29 (Stuttgart-Aalen), ca. 4 km vor Schorndorf; in Winterbach Ortsmitte Richtung Schorndorf-Weiler abbiegen, nach Rechtskurve ist das die Schorndorfer Straße.

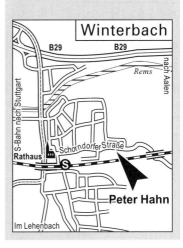

Hochwertige Bekleidung für Sport, Freizeit und Kur. Wer sich in diesen Anzügen nicht nur erholen möchte, findet durch modisches Design das „natürliche doping" für sportliche Aktivitäten.

# Aktuelle Freizeitmode

### Warenangebot
Für Damen und Herren: Freizeit-bekleidung, Web-, Jogging-, Kuranzüge, Einzelhosen, Musterteile, Auslaufmo-delle, 1B-Ware. Sport-Velours-Anzüge. Auch große Größen.

### Ersparnis
Ca. 40%, kein SSV, kein WSV.

### Ambiente
Verkauf im Untergeschoss des Ge-bäudes; Ware auf Verkaufsständern präsentiert; fachkundige, freundliche Beratung.

### Adresse
Manfred Cyrulla GmbH & Co. KG, Steigleweg 41, 72474 Winterlingen, Telefon: 07434/93650, Fax: 1497.

### Öffnungszeiten
Montag bis Donnerstag 8.00 bis 11.30 und 13.30 bis 17.30 Uhr, Freitag 8.00 bis 11.30 Uhr, Samstag geschlossen.

### Anreise
Winterlingen liegt östlich von Alb-stadt; in Winterlingen Richtung Bitz fahren, vor Ortsende Richtung Fach-bergsiedlung/Sportzentrum, Firma nach ca. 500 m links.

Die Marke Scherlana steht für schwäbische Qualitätsarbeit. Das Unternehmen ist bekannt für gute Passform und Wohlfühl-Qualität. Hier gibt es Tag- und Nachtwäsche vom Babyalter bis zur Wäsche für die ältere Generation.

# Wohlfühlwäsche

### Warenangebot

Damen- und Herrenunterwäsche und Nachtwäsche, Freizeitbekleidung, Haus- und Bademäntel, Baby- und Kindernachtwäsche. Restposten, Auslaufartikel, Saisonüberhänge, Einzelteile. Keine importierte Ware.

### Ersparnis

25 bis 50 % bei Auslaufartikeln und Einzelstücken. Im SSV/WSV nochmals 25 % reduziert.

### Ambiente

Schöner, 250 m² großer Verkaufsraum, übersichtliches Angebot, fachkundige Bedienung.

### Adresse

Scherlana-Wäscheladen, Ebinger Straße 32, 72472 Winterlingen, Telefon: 0 74 34/10 31, Fax: 26 17.

### Öffnungszeiten

Montag bis Freitag 9.30 bis 12.00 und 14.00 bis 18.00 Uhr, Samstag 9.30 bis 13.00 Uhr.

### Anreise

Winterlingen liegt direkt an der Umgehungsstraße B463 zwischen Albstadt-Ebingen und Sigmaringen. Die Ebinger Straße ist die Durchfahrtsstraße.

Die Marke Pfau-Modelle steht für höchste Qualität in Material, Schnitt und Verarbeitung. Das Unternehmen fertigt sichtbar schöne Nachtwäsche für Damen und Herren an.

# Feine Nachtwäsche

## Warenangebot

Damen- und Herrennachtwäsche, Schlafanzüge, Shortys und Morgenmäntel aus eigener Produktion. Unterwäsche, Bettwäsche, Kinderbekleidung, Frottierwaren, Tischwäsche, Socken, Hemden, Blusen, Röcke und Hosen vieler bekannter Hersteller.

## Ersparnis

Bei Eigenprodukten ca. 30 bis 50 % unter Ladenverkaufspreis, bei Fremdprodukten ca. 10 bis 40 %. Im SSV/WSV nochmals 10 bis 30 % reduziert.

## Ambiente

400 m² großer Verkaufsraum mit Umkleidekabinen. Zur individuellen Beratung steht Personal zur Verfügung. Ständig aktuelles Angebot in den Größen von 38 bis 60. Gemütliche Kaffee-Ecke, Kinderspielecke. Sämtliche Artikel sind preisausgezeichnet, die Ware ist übersichtlich geordnet.

## Adresse

Pfau GmbH, Friedrichstraße 5, 77709 Wolfach, Telefon: 0 78 34/3 60, Fax: 69 64.

## Öffnungszeiten

Montag bis Freitag 9.00 bis 17.00 Uhr, Samstag 9.00 bis 12.00 Uhr.

## Anreise

Wolfach liegt an der B294 zwischen Freiburg und Freudenstadt. Von Schiltach kommend vor Tunnel rechts abbiegen, von Hausach kommend nach Tunnel links abbiegen. Firma liegt nach ca. 600 m auf der rechten Seite.

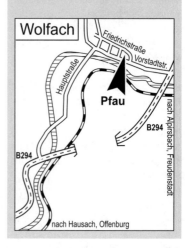

KerschWings ist weltweit ein Begriff für beste Qualität, Design, Ergonomie und Effektivität. Vollendet ausgereift von kleinsten bis hin zu größten Spannweiten.

# Über den Wolken

## Warenangebot

Aus eigener Produktion: Lenkdrachen, Standdrachen, Foils und Windspiele aller Art. Paravents und Deko-Rahmensysteme, individuelle Terrassen-Bespannungen, KerschWings-Verbinder-System, Holzspulen, Keep-Back-Systeme, Pins, Sticker. Handelsware: Kiter Buggy, Schnüre, Handschlaufen, Spulen, Taschen und sämtliches Baumaterial und Zubehör in großer Auswahl. Hochwertige, zum Drachenfliegen benötigte Artikel.

## Ersparnis

Große Rabatte beim Kauf von Gespannen. Sonderangebote bis zu 50%. Kostenlose Flugschulung für Kunden.

## Ambiente

Sehr schöne Drachenausstellung, fachkundige Beratung vom Hersteller selbst mit Videovorführung und Tipps und Tricks ohne Ende.

## Adresse

KerschWings Drachen, Max-Eyth-Straße 66, 72649 Wolfschlugen, Telefon: 0 70 22/ 95 95 81 oder 97 75 81, Fax: 95 95 82.

## Öffnungszeiten

Nach telefonischer Vereinbarung.

## Anreise

A8, Ausfahrt Esslingen, dann links durch Neuhausen ganz durch. Ortseinfahrt Wolfschlugen die erste Möglichkeit links.

# irise*tte*

Die Marke gehört mit zum Besten, was in Deutschland an Bett- und Tischwäsche hergestellt wird. Hinter der Marke stehen die Bierbaum Textilwerke in Borken, die Qualitäten „Made in Germany" bieten. Hier sind auch andere Bierbaum-Marken erhältlich. In Zell im Wiesental wird jedoch nicht mehr produziert.

# Schlafkomfort & Tischkultur

### Warenangebot
Bettwäsche, Tischwäsche, Bettwaren: Daunen, Edelhaar und Kunstfaser für Allergiker; Matratzen und Lattenroste; Heim- und Schlafdecken, Frottierwaren und Bademäntel; Geschirr- und Putztücher; Herren-Oberhemden und Unterwäsche/Schlafanzüge.

### Ersparnis
Bei Bettwäsche von Irisette bis 50 %, bei anderer Ware zwischen 30 und 40 %.

### Besonderheiten
Lohnende Fabrikverkäufe auch in der Nachbarschaft (Burlington in Schopfheim-Langenau, Angora-Laden in Kandern).

### Adresse
Irisette GmbH & Co. KG, Preis-Wert-Verkauf Zell, In der alten Spinnerei 1-5, 79669 Zell im Wiesental, Telefon: 07625/924305.

### Öffnungszeiten
Montag bis Freitag 9.00 bis 12.30 und 14.00 bis 18.00 Uhr, Samstag 9.00 bis 13.00 Uhr.

### Weitere Verkaufsstelle
In **Schönau-Brand** mit gleichen Öffnungszeiten, liegt zwischen Zell und Todtnau.

### Anreise
An der B317 direkt an der Ausfahrt Zell-Nord.

Das handgestaltete Spielzeug ist aus Ahorn- und Eschenholz, mit ungifti-
gen Farben transparent handbemalt und mit Walnussöl geölt. Für das
Kleinkind ab zwei Jahren sind die Schaukeltiere und Schafe naturbelassen
im Angebot.

# Fantasievolles Spielen

### Warenangebot
Nur 2. Wahl; Holzfiguren und -tiere:
Bauernhof-, Märchen- und Krippen-
figuren, Wild- und Waldtiere. Das
„Drumherum", wie Bäume usw. gibt's
auch aus Holz, Spieluhren.

### Ersparnis
Ca. 20%. Kein SSV, kein WSV.

### Ambiente
Ware auf Holzregalen präsentiert;
Preisauszeichnung; Selbstbedienung.
2.-Wahl-Ware ist vom Umtausch aus-
geschlossen. Bestes Angebot im Früh-
jahr und in den Sommermonaten. Ab
November zum Teil Regale leer. Im
Sommer auch Betriebsferien.

### Adresse
Margarete Ostheimer GmbH, Daim-
lerstraße 7 (dort Warenverkauf). Ver-
waltung: Boschstraße 23, 73119 Zell u.
Aichelberg, Telefon: 071 64/94 20 14,
Fax: 94 20 15.

### Öffnungszeiten
Montag bis Freitag 9.30 bis 12.30 und
14.00 bis 17.00 Uhr, Donnerstag bis
18.00 Uhr, Samstag 10.00 bis 13.00 Uhr.
Betriebsferien im Juli/August.

### Anreise
A8 (Stuttgart-Ulm), Ausfahrt Bad
Boll/Göppingen, dann Richtung Bad
Boll. Nach ca. 1,5 km links nach Zell
u. A., die 2. Querstraße rechts in die
Göppinger Straße. Dann 2. Querstraße links in die Daimlerstraße. Bis
zur Kreuzung Boschstraße, dann
gleich links Eingang Glashaus mit
2.-Wahl-Verkauf.

Zell unterm Aichelberg

Leifheit-Produkte sind für viele Haushalte ein Muss. Unter Berücksichtigung ergonomischer Kriterien strebt die Firma ein Höchstmaß an Arbeitserleichterung und perfekter Funktion an. Sehr gute Qualität.

# Sicherheit, Ordnung und Komfort im Haushalt

### Warenangebot
Bügelcenter, Bügeltische, Bügeltischbezüge und Zubehör. Haushaltsleitern, Klapptritte, Tritthocker, Kleiderständer, Servier- und Beistellwagen, Computertische. Wäschetrockner, Wäscheständer, Regalsysteme für den Haushalt. 2.-Wahl-Waren.

### Ersparnis
Ca. 20%. Kein SSV, kein WSV.

### Ambiente
Verkauf in einer großen Werkshalle; Ware preisausgezeichnet und übersichtlich in Regalen angeordnet, sozusagen vorbildlich für die Produkte, die im Haushalt für Ordnung sorgen sollen. Beratung möglich.

### Adresse
Leifheit, Gewerbegebiet, 74939 Zuzenhausen, Telefon: 0 62 26/52-1 60, Fax: 5 21 00.

### Öffnungszeiten
Nur am Mittwoch 14.00 bis 18.00 Uhr.

### Anreise
Zuzenhausen liegt an der B45 (Heidelberg-Sinsheim); in Zuzenhausen, von Sinsheim kommend, durch Ort Richtung Heidelberg und nach Ortsendeschild rechts ins Industriegebiet. Der Barverkauf ist auf dem Firmengelände beschildert; man kann durch Schranke bis vor den Verkauf fahren.

# Warenregister

# Marken- und Firmenregister